Livres et manuscrits anciens

Approche juridique

Volume 2

Logiques Juridiques

Fondée par Gérard Marcou

Dirigée par Jean-Claude Némery et Thomas Perroud

Le droit n'est pas seulement un savoir, il est d'abord un ensemble de rapports et pratiques que l'on rencontre dans presque toutes les formes de sociétés. C'est pourquoi il a toujours donné lieu à la fois à une littérature de juristes professionnels, produisant le savoir juridique, et à une littérature sur le droit, produite par des philosophes, des sociologues ou des économistes notamment.

Parce que le domaine du droit s'étend sans cesse et rend de plus en plus souvent nécessaire le recours au savoir juridique spécialisé, même dans des matières où il n'avait jadis qu'une importance secondaire, les ouvrages juridiques à caractère professionnel ou pédagogique dominent l'édition, et ils tendent à réduire la recherche en droit à sa seule dimension positive. À l'inverse de cette tendance, la collection « Logiques juridiques » des éditions L'Harmattan est ouverte à toutes les approches du droit. Tout en publiant aussi des ouvrages à vocation professionnelle ou pédagogique, elle se fixe avant tout pour but de contribuer à la publication et à la diffusion des recherches en droit, ainsi qu'au dialogue scientifique sur le droit. Comme son nom l'indique, elle se veut plurielle.

Dernières parutions

Athoumani YHOULAM, *Le contentieux administratif en droit de l'Union des Comores,* 2022.

Élise FRAYSSE, L'Etat dans la construction doctrinale du droit administratif, Tome 1, 2022.

Élise FRAYSSE, L'Etat dans la construction doctrinale du droit administratif, Tome 2, 2022.

Nabil MOUNIR, *La liberté d'expression publicitaire, Réflexions critiques*, 2022.

Jacques DELGA, *L'association syndicale libre (ASL). Un mode de gestion alternative de la copropriété,* 2022.

Sous la direction de

Xavier Cabannes

Livres et manuscrits anciens

Approche juridique

Volume 2

L'Harmattan

Du même auteur aux éditions L'Harmattan :

Xavier Cabannes, *Le financement public de la production cinématographique*, L'Harmattan, coll. Champs visuels, 2006

Xavier Cabannes (dir.), *Livres et manuscrits anciens. Approche juridique*, L'Harmattan, coll. Logiques Juridiques, 2020

5-7, rue de l'École-Polytechnique, 75005 Paris

http://www.editions-harmattan.fr

ISBN : 978-2-14-028153-2
EAN : 9782140281532

Sommaire

Quelques nouvelles considérations générales en guise d'introduction

par
Xavier CABANNES
Professeur de droit public
Université Paris Cité

Au mois de novembre 2020 paraissait, dans cette même collection, l'ouvrage collectif *Livres et manuscrits anciens. Approche juridique*. J'avais pu expliquer dans l'introduction donnée à cet ouvrage les circonstances de sa parution : une revue juridique spécialisée en droit de la culture et de l'art m'avait demandé un dossier sur les livres anciens, à paraître à l'automne 2020, et malheureusement au cours du printemps 2020, alors que le dossier était bouclé, l'éditeur a décidé d'arrêter la publication de cette revue, pour des raisons que l'on devine en plein premier confinement lié à la pandémie de Covid-19. Aussi, avec l'accord des auteurs, le dossier avait été transformé en ouvrage.

Au sommaire de cet ouvrage figuraient, outre l'introduction et la conclusion :

- Jean-Luc Albert, *Droit douanier et commerce des livres et manuscrits anciens*
- Xavier Cabannes, *Livres anciens et fiscalité*
- Agnès Maffre Baugé, *Livre (ancien) et faux : de quelques aspects juridiques*
- Claire Bosseboeuf-Hautefaye, *Musées et manuscrits anciens*
- Anne Lamort, *Vente de livres anciens. De quelques cas de conscience*
- Pierre Poulain, *Expert en livres de collection*
- Thierry Rambaud, *La « restitution » des manuscrits coréens*
- Eric Canal-Forgues, *Remarques profanes sur les manuscrits de la mer Morte*

Bien évidemment, les articles réunis dans cet ouvrage, à taille initiale de dossier de revue, ne faisaient pas le tour du sujet. D'où l'idée de ce second volume ; second volume et non second tome, car il faut bien reconnaître que la répartition entre les deux ouvrages n'obéit pas à une réelle logique, ce n'est là qu'une division physique due aux circonstances. Il est toujours possible de rêver à un futur, assez improbable tout de même, où les deux volumes seront réunis en un seul, autour d'un plan donnant une réelle structure à l'ensemble.

Dans l'introduction au premier volume, avait été posée la question de savoir ce que l'on va appeler « livres et manuscrits anciens », car il n'en existe pas en soi de définition juridique. Nous nous permettons ici de reproduire ces lignes : « *La notion de livres et manuscrits anciens n'est pas une notion juridique. La perception des choses peut donc être ici multiple. Bien souvent, les particuliers, non amateurs de tels objets, considèrent qu'un livre ayant plus de 50 ans est ancien, ce qui en soi n'est pas faux. Une solution plus simple, et souvent retenue, est d'assimiler le livre ancien à une antiquité, c'est-à-dire à un objet ayant plus de 100 ans, et (...) cette solution peut être retenue, notamment, en matière fiscale. Mais évidemment, plus l'on avance dans le temps, plus la palette des livres anciens s'étoffe et dès lors le nombre de livres anciens explose, comme celui des antiquités d'ailleurs. Enfin, d'un point de vue bibliophile, il est souvent considéré qu'un livre ancien a été publié entre 1455 et 1799, le passage au XIX*ème *siècle (ou du moins l'apparition d'une date de publication commençant par 18..) servant de frontière. Les bibliophiles plus perfectionnistes pourront aller jusqu'aux années 1830, car, entre la création européenne de l'imprimerie au XV*ème *et les années 1830, la « fabrication n'a guère été modifiée »*[1] *; après les années 1830 commencent les livres dits « romantiques », puis dans les années 1880 les livres dits « modernes », pour arriver au XX*ème *siècle, avec de nouvelles méthodes de fabrication, aux livres*

---

[1] Anne Lamort, *Tout ce que vous avez toujours voulu savoir sur la bibliophilie sans jamais avoir osé le demander*, Éditions Ipagine, 2012, p. 7.

que nous pourrions appeler « contemporains ». Quelle approche retenir ? Cela dépendra ; il y aura une large part de subjectivité. D'ailleurs, la norme juridique ne s'encombrera pas de ce genre de détail, ne voyant dans un livre soit seulement un tel objet soit une antiquité. Pour les manuscrits, la chose est soit plus simple soit plus complexe. Un livre manuscrit antérieur à l'imprimerie sera, dans tous les cas et selon toutes les approches, un livre ancien, tout comme un manuscrit non relié datant d'avant le milieu du XVème siècle. Même si le droit ne définit pas l'« ancien », le bon sens permet de percevoir ainsi des biens qui ont plusieurs siècles. On regardera de même, sans problème, les manuscrits (qu'ils soient reliés sous forme de livres ou non) datant des XVIème au XVIIIème voire XIXème siècles. Ensuite la chose sera peut-être plus complexe pour les manuscrits datant du début du XXème siècle et on se réfèrera alors volontiers à la notion d'antiquité, tant utile en droit fiscal et en droit douanier... On l'aura compris, le rattachement à la catégorie « antiquités » aura pour conséquence de détacher la perception juridique du livre de sa perception bibliophilique. Le droit pourra regarder comme ancien, un livre que le bibliophile regardera comme « moderne » voire « contemporain »... il y a là deux logiques différentes ».

Les livres anciens, et même, au-delà, tous les livres « papier », restent, même dans un monde où le numérique prend de plus en plus de place et les livres électroniques plus aucune place dans les bibliothèques, des objets d'études et de fascination. Et les ouvrages autour du livre, de l'imprimerie, des libraires qui sont publiés le prouvent bien. Ainsi, pour ne donner que quelques exemples, au cours des derniers mois ont rejoint les tables des librairies : *Petite histoire de la librairie française*, par Patricia Sorel, en janvier 2021[2] ; *Histoire des libraires et de la librairie de l'Antiquité jusqu'à nos jours*, par Jean-Yves Mollier, en mars 2021[3] ; *Histoire du livre et de l'édition*, par Yann Sordet, en mars 2021[4] ; *D'encre et de*

[2] La Fabrique Éditions.

[3] Imprimerie nationale Éditions.

[4] Albin Michel.

papier : une histoire du livre imprimé, par Olivier Deloignon, Jean-Marc Chatelain et Jean-Yves Mollier, en octobre 2021[5] ; ou encore, dans un genre différent, *Eloge des libraires*, par Maël Renouard, en mars 2022[6]. Et que dire du déferlement actuel de livres, véritables valeurs refuges en temps de crise sanitaire, dont l'intrigue, quel que soit le genre littéraire (policier, romantique, historique…), a pour toile de fond librairies et livres, anciens ou non : *Le cercle des derniers libraires*, *La librairie de Wigtown*, *La librairie de la place aux herbes*, *Le libraire de Cologne*, etc. ? Jusqu'à une superbe bande dessinée, parue fin 2021, autour de la bibliothèque de Cordoue et de ses livres…[7]

Le livre fascine. Peut-être que certains (cela resterait largement à prouver) y sont plus sensibles que d'autres ; et Lucien Polastron écrivait qu'« *enrichir sa bibliothèque est la compulsion partagée par les maîtres du monde et ceux qui cherchent à percer les secrets du monde. Elle consiste dans tous les cas à conserver, juxtaposer les livres, encore et encore, jusqu'à l'infini, à rassembler « parallèlement », comme dit le poète, l'essentiel ou le total de ce qui est dit, étudier et raconté* »[8].

Les livres ont des ennemis : l'eau et l'humidité, le feu, les tremblements de terre et éboulements de terrain, les insectes, les vandales de tout poil qui mutilent par jeu, ennui ou fainéantise, ou encore, parfois, les enfants qui innocemment colorient ou raturent. Et puis il y a les guerres, les révolutions et les dictatures qui anéantissent bibliothèques publiques ou privées, parfois involontairement, au hasard de frappes et de tirs, parfois de manière voulue et plus ou moins systématique. Volontairement parce qu'un peuple instruit est dangereux, parce qu'un peuple instruit conserve ses racines, parce qu'un peuple instruit ne change pas facilement de croyances, de repères et d'opinions. Le livre fascine, souvent en bien mais aussi parfois en mal ; il est symbole de savoir, d'instruction, de culture,

---

[5] Imprimerie nationale Éditions.

[6] Rivages poche.

[7] Wilfrid Lupano et Léonard Chemineau, *La bibliomule de Cordoue*, Dargaud.

[8] Lucien X. Polastron, *Livres en feu*, Folio essais, n° 519, 2004, p. 11.

d'identité. Il faut faire disparaître ce qui ne plait pas au Pouvoir ou à l'envahisseur. Le feu se veut alors purificateur mais il n'est qu'annihilateur, avilissant. Mais, au-delà de la destruction, guerres, révolutions et dictatures peuvent être aussi l'occasion de vols de masse, de véritables razzias dans les bibliothèques, que ce soit celles de particuliers ou d'institutions.

Cela peut nous paraître un sujet de préoccupation bien lointain dans la France de ce premier quart du 21ème, et pourtant, la loi du 21 février 2022 relative à la restitution ou la remise de certains biens culturels aux ayants droit de leurs propriétaires victimes de persécutions antisémites, qui ne concerne pas des livres spoliés[9], nous rappelle que les séquelles d'une guerre sont longues à réparer[10]. D'ailleurs, « *des œuvres d'art et des livres spoliés sont toujours conservés dans les collections publiques, des objets qui ne devraient pas être là, qui n'auraient jamais dû être là* »[11]. Cependant, comme le souligne la Commission pour l'indemnisation des victimes des spoliations intervenues du fait des législations antisémites en vigueur pendant l'Occupation (CIVS), « *les livres spoliés pendant la période de l'Occupation n'ont pas fait l'objet de la même attention que les spoliations d'œuvres d'art* »[12]. Les plaies des bibliothèques, sans aucun doute bien moins douloureuses que d'autres, ne sont pas refermées presque 80 ans après la fin de la Seconde Guerre mondiale.

Les livres n'ont pas échappé pendant la Seconde Guerre mondiale aux spoliations[13]. Ils ont été des objets de fascination ;

---

[9] Mais les livres spoliés ne sont pas oubliés dans l'étude d'impact sur le projet de loi, 22 octobre 2021, p. 8 (NOR : MICB2124079L/Bleue-1).

[10] Loi n° 2022-218, *JORF* du 22 février 2022. On peut aussi lire sur ce même sujet, loin du droit, Pauline Baer de Perignon, *La collection disparue*, Stock, 2020.

[11] Propos tenus par la ministre de la culture, Mme Roselyne Bachelot, le 15 mars 2021, lors de l'annonce de l'intention du Gouvernement de restituer le tableau *Rosiers sous les arbres*, de Gustav Klimt, v. l'étude d'impact précitée, p. 4.

[12] CIVS, *Rapport public d'activité 2020*, p. 42.

[13] L'Académie française (8ème éd. de son *Dictionnaire*, 1935) définit la spoliation comme une « *action par laquelle on dépossède par violence*

pour certains d'entre eux, traités comme des objets précieux et pour d'autres, véritables objets de répulsion, traités comme des objets haïs, par les nazis, pour ce qu'ils représentaient et pour les mots qu'ils contenaient, et les écrits juifs, maçonniques, « dégénérés » (ou du moins jugés comme tels) ou encore de la plume d'auteurs « ennemis » du régime ont payé le prix fort des spoliations puis des destructions. Les spoliations en tous genres ont été condamnées fermement par les Alliés dans le cadre d'une déclaration solennelle signée à Londres le 5 janvier 1943 et dès le 12 novembre 1943 le Comité français de la Libération nationale promulguait une ordonnance sur la nullité des actes de spoliation accomplis par l'ennemi ou sous son contrôle[14]. Selon la déclaration solennelle, « *les Gouvernements signataires de cette déclaration et le Comité National Français se réservent tous droits de déclarer non valables tous transferts ou transactions relatifs à la propriété, aux droits et aux intérêts, de quelque nature qu'ils soient, qui sont ou étaient dans les territoires sous l'occupation ou le contrôle, direct ou indirect des gouvernements avec lesquels ils sont en guerre, ou qui appartiennent ou ont appartenu aux personnes (y compris les personnes juridiques) résidant dans ces territoires. Cet avertissement s'applique, tant aux transferts ou transactions se manifestant sous forme de pillage avoué ou de mise à sac, qu'aux transactions d'apparence légale, même lorsqu'elles se présentent comme ayant été effectuées avec le consentement des victimes* »[15]. En France, entre 1940 et 1945, entre 5 et

---

ou par fraude ». Le *Vocabulaire juridique*, sous la direction de Gérard Cornu (P.U.F., 1ère éd., 1987, p. 756), y voit un « *acte accompli dans les territoires occupés par l'ennemi, sur son ordre ou sous son inspiration et qui, même d'apparence légale, a eu pour résultat de dépouiller d'un bien ou d'un droit un national, un allié ou un neutre* ».

[14] Ordonnance et texte de la déclaration solennelle se trouvent au *JORF* du 18 novembre 1943, p. 277.

[15] L'article 1er de l'ordonnance, quant à lui, disposait : « *Recevra sa pleine et entière exécution la déclaration solennelle signée le 5 janvier 1943 à Londres par le Comité national français et par dix-sept gouvernements alliés, déclaration dont le texte est annexé à la présente ordonnance* ».

10 millions de livres ont été spoliés, sur un total probable de 12 millions de livres pillés et déplacés en Europe[16]. En France la spoliation de livres a pris un caractère « *systématique à partir de 1942 dans le cadre du pillage de logement* »[17]. Comme le relevait Martine Poulain, « *[b]ien des documents précieux ont effectivement suscité la convoitise aiguë des Allemands qui s'en emparent avec célérité, moins dans des collections publiques que chez des collectionneurs privés, en général d'origine juive* »[18]. Sur ces millions de livres et documents spoliés seule une petite partie a pu être restituée, et ce malgré la mise en place d'une véritable structure administrative pour tenter de procéder à des restitutions, avec une Sous-Commission des livres, dès juin 1945[19], au sein de la Commission de récupération artistique mise en place, elle, en 1944[20]. On peut noter que l'ordonnance du 11 avril 1945 relative à la dévolution de certains biens meubles récupérés par l'État à la suite d'actes de pillage commis par l'occupant réservait un traitement particulier aux livres[21]. Selon Martine Poulain, environ 1,6 million de livres spoliés ont été retrouvés en France et quelques

---

[16] Camille Noé Marcoux, « Livres spoliés : « L'effarante dispersion », Gazette-drouot.com [en ligne], 8 janvier 2021 ; Martine Poulain, *Livres pillés, lectures surveillées. Les bibliothèques françaises sous l'Occupation*, Gallimard, 2008. Voir aussi, Claude Lorentz, *La France et les restitutions allemandes au lendemain de la Seconde Guerre mondiale (1943-1954)*, Paris, La documentation française, 1998 p. 237-240.

[17] CIVS, *Rapport public d'activité 2020*, p. 42.

[18] Martine Poulain, « Restituer leurs bibliothèques aux spoliés, un impératif toujours actuel », *in Où sont les bibliothèques spoliées par les nazis ?*, Paris, 23-24 mars 2017, Villeurbanne, École nationale supérieure des sciences de l'information et des bibliothèques, 2019, p. 2 : <https://www.enssib.fr/bibliotheque-numerique/documents/68733-restituer-leurs-bibliotheques-aux-spolies-un-imperatif-toujours-actuel.pdf>.

[19] Voir le décret n° 45-1946 du 28 août 1945 qui précise l'organisation administrative de cette Sous-Commission, *JORF* du 30 août 1945, p. 5421.

[20] Arrêté du 24 novembre 1944, *JORF* des 22-23 janvier 1945, p. 315.

[21] Ordonnance n° 45-624, *JORF* du 12 avril 1945, p. 2010.

773 000 volumes ont été rapatriés d'Allemagne par train[22]. Le premier convoi ferroviaire organisé pour rapatrier des livres vers la France comprenait 13 wagons pour 1 100 caisses[23]. Au total, selon le rapport final d'activité de la Sous-Commission des livres, il y a eu 1,03 million de volumes récupérés et sur ce total un peu plus de 68 500 ont été restitués à leurs propriétaires ou attribués[24]. Mais Martine Poulain, allant bien plus loin, étudiant restitutions et attributions[25], précise qu'en s'appuyant sur les dossiers de réclamation des spoliés une base de données a été constituée, *« répertoriant les noms de 2312 personnes et 412 institutions, auxquelles il a été restitué ou attribué environ 555 000 livres ou périodiques imprimés, manuscrits, documents iconographiques ou archives »*[26].

---

[22] Martine Poulain, « Restituer leurs bibliothèques aux spoliés, un impératif toujours actuel », précité, p. 5.

[23] *Manuscrits et livres précieux retrouvés en Allemagne. Exposition organisée par la Commission de récupération artistique,* Bibliothèque nationale, 1949, p. 5.

[24] Jean-Claude Labracherie, « La Sous-Commission des livres et les spoliations allemandes pendant l'occupation de 1940-1944 », *Gazette des archives*, 1973, n° 82, p. 159. Martine Poulain précise que la Sous-Commission a traité 1,1 million de livres (« Restituer leurs bibliothèques aux spoliés, un impératif toujours actuel », précité, p. 5).

[25] Tous les livres récupérés des spoliations allemandes ne portaient pas nécessairement de marques permettant d'en identifier le propriétaire. Des attributions de livres non précieux, dont les propriétaires n'étaient pas identifiables, ont été effectuées (tous les propriétaires spoliés n'en ont d'ailleurs pas bénéficié). De nombreux ouvrages spoliés non restitués ou non attribués ont été acquis par le Domaine, donnés à des bibliothèques publiques ou alors vendus. Les livres spoliés sont encore présents sur les rayonnages des bibliothèques publiques ; d'ailleurs de 2013 à 2019 (ce qui montre bien que la question est toujours actuelle) la BNF a identifié, dans ses fonds, les livres spoliés durant la Seconde Guerre mondiale et déposés auprès d'elle lors de la dissolution de la Commission de récupération artistique en 1950 ; elle annonçait alors en avoir retrouvé 70 %, v. BNF, *Rapport d'activité 2019*, p. 155.

[26] Martine Poulain, « Restituer leurs bibliothèques aux spoliés, un impératif toujours actuel », précité, p. 5. Selon l'étude d'impact précitée sur le projet de loi relative à la restitution ou la remise de certains biens culturels aux ayants droit de leurs propriétaires victimes de persécutions antisémites, « *[p]our les livres et manuscrits, on*

Il faut aller consulter les listes des personnes et institutions dont les bibliothèques ont été spoliées pour prendre conscience à la fois de l'ampleur du phénomène et de faible part des restitutions[27]. Les particuliers dont les bibliothèques ont été pillées sont issus de toute la société (médecin, dentiste, avocat, professeur, instituteur, éditeur, antiquaire, relieur, militaire, employé des PTT, journaliste, cultivateur, rabbin, ouvrier tailleur, haut-fonctionnaire ou encore, dans cette liste non limitative, homme politique -et on voit ici défiler les bibliothèques de Vincent Auriol, Léon Blum, Gatien Candace, Pierre Cot, Justin Godart, Léo Lagrange, Georges Mandel[28], Albert Milhaud, Jules Moch, Abraham Schramek, Jean Zay). Les spoliations peuvent porter sur des centaines voire des milliers d'ouvrages ou seulement sur quelques ouvrages : « *Spolié de deux dictionnaires des luthiers* » ; « *Les deux exemplaires de sa thèse, qu'il s'apprêtait à soutenir en 1939, volés chez lui et chez Mme Faure, à Trouville lors du pillage de leurs maisons* » ; « *Spolié de deux livres : La Rotisserie de la Reine Pedauque, dédicacé par Anatole France, et Pêcheur d'Islande de Loti, reliure précieuse* » ; « *Deux Bibles lui ont été volées* » ; « *Spoliée d'un livre de messe ancien et de deux petits livres anciens des Contes de La Fontain*e ». On trouve, dans ces spoliations, livres et manuscrits anciens et livres contemporains. A titre d'exemple, un particulier (n° OBIP 38817) s'est vu « *spolié d'une bibliothèque de 13 000 à 14 000 volumes de*

---

estime à 2,4 millions le nombre d'ouvrages spoliés retrouvés en Allemagne ou en France, et entre 554 000 et 700 000 le nombre de livres ou périodiques imprimés restitués ou attribués à des personnes ou des institutions spoliées », p. 8.

[27] Base « Bibliothèques spoliées », réalisée par Martine Poulain : <https://www.memorialdelashoah.org/archives-et-documentation/le-centre-de-documentation/les-archives-du-memorial/les-bibliotheques-spoliees.html>
(voir aussi de Martine Poulain, *Livres pillés, lectures surveillées. Les bibliothèques françaises sous l'Occupation*, Gallimard, coll. NRF Essais, 2008).

[28] La CIVS a, en 2020, adopté une recommandation en vue de la restitution de trois livres aux ayants droit de Georges Mandel, *Rapport public d'activité 2020*, p. 44.

littérature classique et moderne, éditions rares originales, belles collections de Balzac, Flaubert, de Gourmont, Mérimée, quelques classiques russes et allemands, beaux papiers, belles reliures » et s'est vu restituer 35 volumes entre 1947 et 1948 et attribuer 20 autres entre 1946 et 1950 ; tel autre (n° OBIP 32025) s'est vu spolier « *20 000 volumes de bibliophilie (17e et 18e siècles) et de musique* » et restituer ou attribuer, entre 1947 et 1950, 3 990 livres ; ou encore ce particulier (n° OBIP 44225) « *spolié d'un dictionnaire, d'oeuvres littéraires (notamment Hugo, Goethe, Shakespeare et Shiller), d'une bible du XVème siècle dédicacée et d'une autre précieuse* » et qui ne se vit rien restituer ou attribuer ; ou enfin tel autre particulier (n° OBIP 37353 ou 37953) a été « *spolié de sa collection d'œuvres d'art et de 2 000 livres des 16ème au 18ème siècles* ». Parmi les institutions dont les bibliothèques ont fait l'objet de spoliations, on trouve des bibliothèques municipales, des ministères (ainsi le ministère de l'intérieur a été « *spolié de sa bibliothèque de 110 000 volumes, en grande partie juridique* »), des associations (ainsi l'Alliance Israélite universelle a été spoliée « *de plusieurs milliers de volumes, dont des livres rares, manuscrits, incunables, fragments de la Gueniza du Caire* »), des écoles, etc.

Évidemment dans ses pillages, tout n'était pas livres et manuscrits anciens, il y avait aussi un très grand nombre de livres « courants », mais manuscrits et livres précieux constituaient une partie du sinistre « butin ». Dans un rapport de 2018 à la ministre de la Culture, David Zivie écrivait : « *Certes, la majorité des ouvrages volés n'a pas de grande valeur vénale. Mais ce pillage illustre précisément, plus encore peut-être que celui des œuvres d'art, le caractère total du crime nazi et la volonté d'annihilation non seulement des hommes et des femmes mais aussi de leur pensée, de leurs traces et de leur culture* »[29]. Comme il était écrit dans l'opuscule *Manuscrits et livres précieux retrouvés en Allemagne. Exposition organisée*

---

[29] David Zivie, *« Des traces subsistent dans les registres... », Bien culturels spoliés pendant la Seconde Guerre mondiale : une ambition pour rechercher, retrouver, restituer et expliquer*, Rapport à la ministre de la Culture, février 2018, p. 58.

par la Commission de récupération artistique, « *[l]es chefs-d'œuvres les plus exquis, les exemplaires les plus rares ont été enlevés pêle-mêle avec les romans policiers et les manuels scolaires* » ; *[u]n livre de la Bibliothèque Rose avec sa dédicace évoquant l'anniversaire d'une petite fille de chez nous, retrouvé dans un château en Allemagne, est peut-être plus lourd de reproche que tout autre* »[30]. Et ce catalogue d'exposition (consultable sur Gallica[31]) égraine, avec une sélection de seulement 80 titres, des manuscrits notamment des 14ème et 15ème siècles, des documents autographes, des livres imprimés, dont plusieurs incunables, et des livres à belle reliure, « à la fanfare », à dentelle ou aux armes, qui avaient été spoliés et retrouvés, donnant ainsi une idée de l'ampleur du pillage opéré.

On le comprend bien, les livres en général, et les livres et manuscrits anciens en particulier, sont des objets spéciaux... ils suscitent du seul fait de leur existence, parfois sans les lire ni même les ouvrir, amour, envie, convoitise ou haine, pour ce qu'ils sont, pour leur apparence, pour leur seule ancienneté, pour ce qu'ils représentent, pour les mots qu'ils contiennent.

Les livres et manuscrits anciens, qui ont traversé les ans et même les siècles, n'échappent pas pour autant au droit contemporain, comme nous l'écrivions déjà en introduction du premier volume. Aussi, en neuf contributions, qui viendront compléter celles parues en novembre 2020, ce second volume permet d'explorer des sujets qui intéresseront tous les bibliophiles et amateurs de livres, qu'ils soient ou non juristes. Il est ici question, au fil des pages, d'édition et réédition, de revendication, d'assurance et de destruction, de succession, d'investissement, de préemption, de mécénat, de contrefaçon, d'escroquerie…

---

[30] Précité, pp. 6 et 7.

[31] <https://gallica.bnf.fr/ark:/12148/bpt6k5837686h/f10.item.texteImage>

*

* *

Je tiens tout particulièrement à remercier les auteurs, dont certains ont déjà pris part au premier volume, pour avoir accepté de participer à ce projet « passion » et ce dès le début de l'année 2021. Ont pris la plume un avocat, un notaire, une libraire-experte et des universitaires spécialisés en droit privé, droit public ou histoire du droit. C'est à eux que revient tout l'honneur de la parution de ce second volume, et non à celui qui l'a dirigé (c'est-là un bien grand mot !) sans lui-même y écrire un article de fond. Par ordre d'apparition dans l'ouvrage : Emmanuel Pierrat, Céline Husson-Rochcongar, Agnès Maffre Baugé, Charlotte Broussy, Régis Casso, Ronan Bretel, Céline Viessant, Christophe Aubertin et Anne Lamort. Ce projet a vu sa concrétisation quelque peu retardée par les périodes compliquées que nous avons traversées tout au long de l'année 2021 ; ainsi, l'élaboration des deux volumes aura été marquée par la crise sanitaire.

Je remercie aussi très sincèrement le Centre Maurice Hauriou de l'Université Paris Cité pour avoir une nouvelle fois apporté un soutien matériel pour la publication du présent ouvrage.

La protection de l'édition de textes anciens

par
Emmanuel PIERRAT
Avocat et écrivain
Spécialiste en droit de la propriété intellectuelle

A priori, il apparaît antinomique de parler de « protection » de textes anciens, dès lors que la durée légale de protection des œuvres de l'esprit par le droit d'auteur est de 70 ans *post-mortem auctoris* et que celles-ci sont donc « tombées » dans le domaine public.

En réalité, la propriété intellectuelle peut concerner, sous de multiples formes, les éditions modernes et contemporaines des textes anciens. Et d'autres techniques juridiques -de l'action en concurrence déloyale au droit des bases de données- permettent bel et bien de protéger, avec certes moins d'efficacité que le droit d'auteur, certaines rééditions.

L'apparat critique ou la réédition originale de textes anciens

L'édition de textes classiques peut générer une nouvelle protection : transcription en français moderne, glossaire, notes, apparat critique, mise en page, maquette… sont autant de créations couvertes par le droit d'auteur.

Rééditer, de nos jours, les *Essais* de Montaigne pour le grand public nécessite un important investissement.

Toutefois, seules les éditions « originales », au sens du droit d'auteur, peuvent bénéficier d'une protection par la propriété littéraire et artistique.

Bien que la condition de l'originalité ne soit pas définie par le Code de la propriété intellectuelle, les juridictions l'assimilent à « *l'empreinte de la personnalité de l'auteur* ».

Il s'agit donc de la marque de la sensibilité de l'auteur, de sa perception d'un sujet, des choix qu'il a effectués et qui ne lui étaient pas imposés par ledit sujet. C'est une sorte d'intervention de la subjectivité dans le traitement d'un thème. L'auteur a choisi de peindre le soleil en violet, d'écrire un chapitre sur deux en alexandrins, de transposer le petit chaperon rouge dans l'espace, etc. Tous ces partis-pris témoignent de l'originalité, au sens juridique du terme.

De même, une œuvre peut être originale tout en devant contribution à une autre œuvre. Il en est ainsi des traductions, adaptations, etc. À la différence de la nouveauté, notion objective qui s'apprécie chronologiquement -est nouvelle l'œuvre créée la première-, l'originalité est donc une notion purement subjective. Dès l'instant qu'une œuvre porte l'empreinte de la personnalité de son auteur, qu'elle fait appel à des choix personnels, elle est protégée par le droit d'auteur.

À l'aune de cette acception juridique, la Cour d'appel de Paris a statué sur la protection d'éditions de textes du Moyen Âge le 9 juin 2017[1], dans le cadre d'un litige entre deux éditeurs versés dans l'histoire littéraire et la réédition de textes anciens.

En l'occurrence, une maison d'édition, dont le catalogue est composé d'œuvres du Moyen Âge et de la Renaissance, a intenté une action en contrefaçon après avoir découvert que 197 textes provenant de recueils, dont elle est l'éditeur, étaient repris sur un site internet.

Or, les juges de première instance ont estimé que la société d'édition n'apportait pas la preuve que les textes litigieux, édités sans apparat critique, étaient encore protégés par le droit d'auteur[2] ; étant précisé que la notion d'apparat critique renvoie à l'ensemble des notes fournies par l'auteur de l'édition pour justifier des choix opérés entre les versions des divers manuscrits et éditions anciennes, qu'il a comparées pour établir le texte de son édition.

L'éditeur a interjeté appel contre ce jugement, soutenant que les textes médiévaux en cause disposeraient d'un statut particulier : « *ce sont des œuvres orales que les scribes ont coupées, modifiées, voire mal comprises ou développées car*

---

[1] Cour d'appel de Paris, Pôle 5, Chambre 2, 9 juin 2017, RG n° 16/00005.

[2] Tribunal de grande instance de Paris, 27 mars 2014, RG n° 11/0144, JAC n° 15/2014, p. 9.

nombre de textes manuscrits ont été en partie perdus de sorte que l'œuvre transcrite va reposer sur des choix propres de l'éditeur reflétant sa personnalité quand bien même il effectuera aussi un travail scientifique pour retranscrire fidèlement les œuvres en cause ».

Cependant, les magistrats d'appel ont coupé court à cette argumentation, soutenant que l'examen de l'originalité doit être réalisé texte par texte et qu'il appartient à l'éditeur de rapporter la preuve que les transcriptions des textes qu'il revendique sont différentes de celles existantes et porteraient l'empreinte de sa personnalité.

Ils relèvent que la maison d'édition n'a réalisé aucun travail d'adaptation dans la langue française actuelle, son public étant celui d'érudits qui ne recherchent pas une traduction mais un texte intelligible pour eux grâce notamment aux commentaires, annotations, glossaire, critiques des éditions antérieures qui accompagnent le texte et que les spécialistes qualifient d'"apparat critique", « *qui fait la richesse d'un recueil et qui n'est pas en cause pour apprécier l'originalité de l'œuvre* ».

De plus, la Cour d'appel retient que les analyses produites « *émanent notamment d'auteurs qui sont liés contractuellement avec la société et présentent un caractère général sur le travail effectué par l'éditeur sans distinguer le texte et l'apparat critique* » ; qu'en outre « *ces comparaisons portent sur des éditions réalisées à des époques différentes, avec des connaissances ayant évolué, expliquant ainsi les divergences sans démontrer qu'elles sont le fruit de la créativité de leur auteur* ».

En clair, il existe bel et bien un domaine public qu'il est difficile -et c'est souvent heureux- de privatiser, en tout cas par le biais de la propriété littéraire et artistique.

L'adaptation de textes anciens

Les textes anciens peuvent être notamment protégés par le biais de leur adaptation.

L'article L.112-3 du Code de la propriété intellectuelle, consacré aux œuvres dites « dérivées », accorde une protection aux adaptations d'une œuvre préexistante, précisant que : « les auteurs de traductions, d'adaptations, transformations ou arrangements des œuvres de l'esprit jouissent de la protection instituée par le présent code sans préjudice des droits de l'auteur de l'œuvre originale. Il en est de même des auteurs d'anthologies ou de recueils d'œuvres ou de données diverses, tels que les bases de données, qui, par le choix ou la disposition des matières, constituent des créations intellectuelles. »

Sont donc dites « *dérivées* » les œuvres qui empruntent à une œuvre existante. Cet emprunt peut porter sur l'expression (c'est le cas, entre autres, des anthologies), sur la composition (les adaptations...), ou sur les deux à la fois (traductions...).

Dès lors que l'emprunt fait appel de façon substantielle à une œuvre préexistante, l'auteur et l'éditeur de l'œuvre dérivée se doivent d'en tenir compte juridiquement. Quelle que soit son importance, ils doivent bien souvent obtenir l'autorisation du titulaire des droits sur la première œuvre.

Toutefois, lorsque l'œuvre première est tombée dans le domaine public, l'auteur de l'œuvre seconde est dispensé de demander l'autorisation du titulaire des droits.

Malgré cela, l'auteur d'une œuvre dérivée devra veiller à respecter le droit moral de l'auteur de l'œuvre première[3].

Les œuvres dérivées sont protégeables en tant que telles : anthologies[4], adaptations[5], traductions[6], etc.[7].

---

[3] Tribunal de grande instance de Paris, 8 mars 1968, *Dalloz*, 1968, 742.

[4] P. Frémond, « Les anthologies réalisées par sélection de photographies », *Cahiers du droit d'auteur*, n° 20, 1989, p. 1. Tribunal civil de la Seine, 5 novembre 1953, *Revue internationale du droit d'auteur*, 1954, n° II, p. 3.

[5] Civ. 1ère, 9 février 1994, *Revue internationale du droit d'auteur*, juillet 1994, n° CLXI, p. 335, note Pierre-Yves Gautier.

[6] Cour d'appel de Paris, 10 mai 1995, *Gazette du Palais*, 15-16 mars 1998, p. 17.

[7] Tribunal de grande instance de Lyon, 16 février 1961, *Gazette du Palais*, 1961, I, 264. Cour d'appel de Paris, 3 novembre 1933, *Annales de la propriété industrielle, artistique et littéraire*, 1939, 287. Tribunal de grande instance de la Seine, 31 mars 1966, *Dalloz*, 1966, Sommaires, 97. Première chambre civile de la Cour de cassation, 11 février 1970, *Dalloz*, 1970, 227.

Devant la diversité des œuvres dérivées, il est parfois difficile de déterminer lesquelles sont véritablement protégeables par le droit d'auteur. Là encore -et la règle est valable pour tout ce qui concerne le droit d'auteur- c'est la condition d'originalité qui est déterminante.

La jurisprudence a ainsi pu ajouter à l'énumération de l'article L. 112-3 du Code de la propriété intellectuelle, non exhaustive, des œuvres aussi diverses qu'une sélection de documents publicitaires, une mise à jour (notes ou feuillets ajoutés) ou une révision. Une adaptation d'une œuvre du domaine public peut donc être à son tour protégée. Des juges ont cependant estimé que la suppression des passages descriptifs d'un roman -considéré en tant qu'œuvre de départ- ne pouvait donner naissance à une œuvre dérivée originale[8].

Ainsi, l'adaptation d'une œuvre littéraire ancienne dans un autre médium artistique ou encore son intronisation dans une anthologie littéraire constituent des œuvres nouvelles protégeables par le droit d'auteur, sous réserve de leur originalité.

L'agencement en deux livres d'une traduction de saint Thomas n'a ainsi pu être reconnu comme original par les juges car il était imposé par la structure de l'œuvre de départ[9].

En revanche, il ne fait ainsi guère de doute qu'une traduction est protégeable dès lors qu'elle ne consiste pas en une transcription brute -mot à mot- ni en un pur travail technique -tel qu'une machine pourrait le réaliser[10].

Il est parfois bon -en tout cas utile- de rappeler que les traducteurs bénéficient, aux termes du Code de la propriété intellectuelle et d'une jurisprudence désormais constante, d'un statut juridique très précis. L'éditeur qui, par méconnaissance ou négligence, choisit d'ignorer cet état de droit s'expose à de sérieux et coûteux déboires.

---

[8] Cour d'appel de Paris, 7 juin 1982, *Dalloz*, 1983, Informations rapides, n° 97, note Claude Colombet.

[9] Cour d'appel de Grenoble, 1er décembre 1981, *Gazette du Palais*, 1982, Sommaires, 100.

[10] Tribunal de grande instance de Paris, 23 septembre 1975, *Revue internationale du droit d'auteur*, janvier 1975, n° LXXXIII, p. 132.

L'article L. 112-3 du Code de la propriété intellectuelle dispose expressément que « *les auteurs de traductions [...], des œuvres de l'esprit jouissent de la protection instituée par le présent code sans préjudice des droits de l'auteur de l'œuvre originale* ».

Par conséquent, l'ensemble des œuvres classiques traduites ou « modernisées » sont protégées par le droit d'auteur du simple fait de leur traduction, et alors même que l'œuvre originaire daterait de l'Antiquité ou du Moyen Âge.

Le traducteur se doit toutefois, en théorie, de respecter le droit moral de l'auteur de l'œuvre originaire, droit imprescriptible.

C'est ainsi qu'il a déjà été jugé que la publication d'une mauvaise traduction viole le droit moral et peut à ce titre être sanctionnée[11].

S'agissant de textes anciens, le respect du droit moral de l'auteur originaire est un principe illusoire et impraticable ; on imagine difficilement le prétendu descendant de François Rabelais s'ériger en défendeur du droit moral de son aïeul face à une traduction libre de *Pantagruel*. Au mieux, les spécialistes de l'auteur décrieront une traduction infidèle, et le marché en fera son affaire.

La divulgation de textes anciens inédits

Il n'est pas si rare que soient exhumés des manuscrits, même très anciens, jamais divulgués au public.

Cette œuvre posthume ne pourra, en principe, être divulguée au public par le propriétaire de son support que si son auteur avait manifesté, de son vivant, son intention de la diffuser.

En effet, si on présume d'ordinaire que l'auteur souhaitait voir son œuvre acquérir le plus grand rayonnement possible et qu'il désirait notamment que soit divulguée son œuvre posthume, celui-ci pourrait tout à fait avoir exprimé sa volonté de garder l'œuvre confidentielle.

---

[11] Tribunal de grande instance de Paris, 6 décembre 1976, *Revue internationale du droit d'auteur*, janvier 1978, p. 160.

Si quelqu'un s'oppose à la divulgation, il devra alors renverser la présomption et démontrer la volonté de l'auteur de ne pas être divulgué. À l'inverse, l'abus de divulgation devra être prouvé par le demandeur en justice. Il lui faudra démontrer que l'auteur n'entendait pas voir publiée telle œuvre restée inédite au jour de son décès.

L'exemple classique reste celui de l'interdiction formulée par un auteur d'une divulgation de son œuvre érotique, interdiction qui s'impose à tous. Les raisons de pure morale (au sens commun du terme) sont en revanche à écarter. Un autre type d'abus possible réside dans l'irrespect manifesté à l'égard d'une œuvre. C'est le cas d'une édition bâclée (par exemple, une impression sur du mauvais papier, des ventes forcées par correspondance, un éditeur douteux quant au reste de ses publications).

Cette volonté peut s'exprimer dans un contrat de publication signé de son vivant, dans un testament ou encore dans tout autre écrit délimitant le sort souhaité pour son œuvre.

Bien entendu, lorsqu'il s'agit d'un écrit particulièrement ancien, il peut paraître difficilement concevable de retrouver de telles traces de l'intention de l'auteur telle qu'exprimée de son vivant.

Il apparait dès lors nécessaire de se tourner vers les ayants droit de l'auteur, si ceux-ci sont identifiables.

Et, alors qu'un des principes fondateurs de la propriété intellectuelle est celui de la distinction entre la propriété corporelle et la propriété intellectuelle des œuvres, le législateur a prévu un régime d'exception pour les œuvres posthumes divulguées après la période de 70 ans *post-mortem auctoris*.

En effet, l'article L. 123-4 du Code de la propriété intellectuelle investit le propriétaire du support de l'écrit inédit d'un droit patrimonial spécifique, limité à une durée réduite de 25 ans. Celui-ci pourra dès lors publier l'écrit inédit et bénéficier des redevances afférentes à son exploitation.

Toutefois, la théorie de l'abus de droit sanctionne ceux qui attendront l'expiration de la période légale de protection pour divulguer leurs trésors et bénéficier de quelque vingt-cinq ans de redevances. De plus, en 1990, la Cour d'appel de Paris a estimé que celui qui procède à la publication d'un inédit ne peut exiger la mention de son nom sur chaque reproduction de cet inédit[12].

Il est toutefois nécessaire de prouver que l'écrit inédit exhumé constitue le support original de l'œuvre, et que la propriété du support ne soit pas contestée ou contestable.

Les interrogations se font par ailleurs nombreuses face à la multiplication des différents états (ébauches, brouillons, etc.) d'un même texte, voire de ses copies manuscrites successives ; sans compter que, dans l'avenir, le cas des écrivains qui ne passent pas par une étape manuscrite entraînera de nouveaux conflits. Un arrêt de la Cour de cassation de 1993, rendu à propos d'un inédit de Jules Verne[13], a tranché en faveur du propriétaire du manuscrit original et non de celui de la copie.

L'article L. 123-4 du Code de la propriété intellectuelle précise que « *Les œuvres posthumes doivent faire l'objet d'une publication séparée, sauf dans le cas où elles ne constituent qu'un fragment d'une œuvre précédemment publiée. Elles ne peuvent être jointes à des œuvres du même auteur précédemment publiées que si les ayants droit de l'auteur jouissent encore sur celles-ci du droit d'exploitation.* »

Une telle prohibition trouve son origine dans la peur de voir certains collectionneurs de manuscrits procéder à un amalgame trompeur entre les deux parties et s'arroger des droits sur des œuvres déjà tombées dans le domaine public.

La pratique invite les éditeurs prudents qui souhaitent réunir les inédits à obtenir l'accord aussi bien du propriétaire du manuscrit que des ayants droit de l'auteur. Car, en tout état de cause, ceux-ci conservent un droit moral sur l'ensemble de l'œuvre, droit qui ne connaît pas le domaine public puisqu'il est transmissible perpétuellement.

Enfin, c'est ce même droit de divulgation qui empêche également la simple citation, sans autorisation expresse, de textes inédits.

---

[12] Paris, 4ème ch., 22 novembre 1990, *D.* 1991. IR. 35 ; *JCP* 1991. II. 21736, note Gautreau ; JurisData n°1990-003157.

[13] Civ. 1e, 9 novembre 1993, n° 91-16.286, *Bull. civ.* I, n° 319 ; *Revue internationale du droit d'auteur* janvier 1994, n° 159, p. 322, note Gautier.

Les compilations de textes anciens : une base de données protégeable ?

La loi du 1er juillet 1998, insérée au Code de la propriété intellectuelle dans un chapitre *ad hoc*, a instauré un mécanisme de protection renforcé en faveur des producteurs de bases de données. La loi française définit désormais la base de données comme un « *recueil d'œuvres, de données ou d'autres éléments indépendants, disposés de manière systématique ou méthodique, et individuellement accessibles par des moyens électroniques ou par tout autre moyen* ».

La grande innovation de la loi de 1998 consiste en l'instauration d'un droit juridiquement distinct de la concurrence déloyale et des agissements parasitaires, destiné à protéger le producteur de la base contre l'appropriation par un tiers des résultats obtenus de l'investissement déployé pour collecter et rassembler le contenu de la base et éviter un usage abusif par un concurrent ou un utilisateur.

Les dispositions de l'article L. 342-1 du Code de la propriété intellectuelle instaurent donc un droit permettant d'interdire l'extraction « *par transfert permanent ou temporaire de la totalité ou d'une partie qualitativement ou quantitativement substantielle du contenu d'une base de données sur un autre support, par tout moyen et sous toute forme que ce soit* ». L'article L. 342-1 prévoit également la faculté d'interdire « *la réutilisation, par la mise à disposition du public de la totalité ou d'une partie qualitativement ou quantitativement substantielle du contenu de la base, quelle qu'en soit la forme* ».

Le titulaire des droits est le « producteur » de la base, c'est-à-dire celui qui prend l'initiative et assume le risque d'effectuer l'investissement financier, matériel ou humain substantiel nécessaire à la constitution, à la vérification ou à la présentation du contenu d'une base de données (article L. 341-1 du CPI). C'est donc « *l'investissement substantiel* » qui constitue le critère de protection, par opposition aux critères classiques du droit de la propriété littéraire et artistique qui excluent toute référence à l'importance du travail ou de l'effort et s'attache au contraire à la créativité.

Ce droit dure quinze ans à compter du 1er janvier de l'année qui suit la date d'achèvement de la base de données. La référence dans l'alinéa premier du nouvel article L. 342-5 du Code de la propriété intellectuelle, à « *l'achèvement* » de la base comme point de départ des droits, ne manquera pas également d'entraîner quelques approximations et discussions sur les moyens de prouver une telle date.

Cependant, le législateur a prévu que « lorsqu'une base de données a fait l'objet d'une mise à la disposition du public avant l'expiration de la période prévue à l'alinéa précédent, les droits expirent quinze ans après le 1er janvier de l'année civile suivant celle de cette première mise à disposition ».

Par surcroît, en présence d'un « *nouvel investissement substantiel* », la protection expirera quinze ans après le 1er janvier de l'année civile suivant celle de ce nouvel investissement.

La notion d'investissement substantiel -et le flou qui la caractérise- ne manque pas là encore de susciter d'âpres discussions jurisprudentielles, dont l'enjeu est le prolongement d'une première durée de protection relativement brève.

Il pourrait être considéré, à l'aune de la définition légale d'une base de données, que la compilation de textes anciens sur une base de données accessible puisse être considérée comme une œuvre à part entière bénéficiant d'une protection par le droit d'auteur.

La bibliothèque numérique *Gallica* de la Bibliothèque Nationale de France, regroupant plus de six millions de documents et notamment des livres et manuscrits anciens, devrait, par conséquent, être protégée au titre du droit *sui generis* des bases de données.

Encore une fois, si ce n'est pas le texte ancien en tant que tel qui bénéficie d'une protection par le droit d'auteur, c'est le contenu de la base de données, et donc une sélection particulière, une mise en forme ou un formulaire d'extraction originaux qui seront protégés par le droit *sui generis*.

*
* *

L'ancienneté d'un texte n'est pas un critère suffisant pour lui refuser toute protection. Une réédition originale ou une traduction en français moderne sont autant d'éléments conférant à l'œuvre classique une « nouvelle » originalité.

Egalement, le droit moral de l'auteur, imprescriptible, peut protéger un manuscrit confidentiel de toute publication par son propriétaire.

On l'aura compris : il paraît plus prudent, pour toute exploitation d'un manuscrit, même ancien, de vérifier au préalable si l'œuvre est véritablement disponible ou si elle bénéficie d'un nouveau (ou perpétuel) souffle protecteur.

La protection juridique contre les livres anciens.
***Mein Kampf* et les temporalités de la démocratie**

par
Céline HUSSON-ROCHCONGAR
Maître de conférences en droit public
Université de Picardie Jules Verne, CURAPP-ESS

« *L'incompréhension du présent naît fatalement de l'ignorance du passé. Mais il n'est peut-être pas moins vain de s'épuiser à comprendre le passé, si l'on ne sait rien du présent* »[1]. Fréquemment évoqués et invoqués, parfois amputés du second mouvement qui en enrichit pourtant sensiblement le sens, les propos de Marc Bloch servent à étayer des idées si diverses que l'on pourrait les croire devenus guère plus que la formule facile de qui cherche à justifier une approche historique. Pourtant, examinant le regard que nous portons sur d'anciens écrits et sur leur pouvoir de nuisance -réel ou supposé- dans le monde contemporain, c'est bien à Marc Bloch que l'on songe, comme à l'incarnation de la manière dont, parfois, l'Histoire-discipline scientifique rejoint l'Histoire-réalité sociale. Sans doute est-ce très largement lié au fait qu'un ouvrage semble à lui seul cristalliser les difficultés qui se posent en la matière : *Mein Kampf*.

Écrit par Adolf Hitler en 1924 au cours de son emprisonnement à Landsberg, suite à l'échec du putsch de la Brasserie qui avait eu lieu à Munich le 8 novembre précédent, l'ouvrage est publié en Allemagne à partir de 1925 par la maison d'édition du parti nazi Franz Eher Verlag, dirigée par Max Amann[2]. Ce galimatia, dont les analystes s'accordent à constater qu'il « *tombe des mains tout seul* »[3] tant il est mal

---

[1] M. Bloch, « Apologie pour l'Histoire », *L'Histoire, la Guerre, la Résistance*, Paris, Gallimard, Quarto, 2006, p. 879.

[2] Le premier tome paraît le 18 juillet 1925, le second le 11 décembre 1926.

[3] C. Quétel, « Conclusion. Faut-il brûler *Mein Kampf* ? », *in Tout sur* Mein Kampf, Paris, Perrin, 2017, p. 272. Le compte rendu qu'en livre

écrit, aurait-il connu le moindre écho sans la propagande qui l'a diffusé à grande échelle, d'abord à travers l'Allemagne[4] avant que son éditeur n'assure sa publication à l'étranger ? La question importe finalement peu, tant les conditions de cette diffusion font en elles-mêmes partie intégrante du problème, non seulement parce qu'elles ont fait connaître l'ouvrage, mais aussi car, selon les contextes et les époques, ses diverses éditions et rééditions soulèvent des difficultés partiellement différentes. Dans quelle mesure sa parution aujourd'hui en Turquie[5], en Inde[6] ou au Brésil[7] s'avère-t-elle réellement comparable avec celle de l'Allemagne des années 1930 ? Sans s'aventurer sur le terrain de la science politique ou de la psychologie sociale, il importe pour le juriste d'avoir conscience des limites de son art et de sa discipline.

En tant que processus de régulation sociale, le droit ne saurait s'affranchir du contexte dans lequel il est forgé car c'est de ce contexte, des valeurs qui y prédominent et de la

---

la revue *20 & 21* (anciennement *Vingtième Siècle*) évoque un ouvrage *« mal écrit au plan de la langue outre son caractère intellectuellement nul »* (« 20 & 21 signale », *20 & 21. Revue d'histoire*, Presses de Sciences Po, 2019/4, n° 144, p. 208).

[4] Etudié au sein du parti nazi comme dans la Jeunesse hitlérienne, il fut aussi offert aux jeunes mariés à partir de 1933.

[5] Où elle interroge sur les formes contemporaines d'antisémitisme (V. la question au Gouvernement de la députée Chantal Robin-Rodrigo n° 89152, *JO*, 21 mars 2006, p. 2906 et la réponse de la Ministre déléguée aux Affaires européennes, Catherine Colonna, *JO*, 26 décembre 2006, p. 13565).

[6] Où l'ouvrage, publié par 13 éditeurs différents, semble faire l'objet d'une forme de « *fascination kitsch* » en parallèle d'une relecture haineuse dirigée contre les Musulmans de la part d'une frange aryaniste de la population hindoue (O. Postel-Vinay, « "Mein Kampf", best-seller en Inde », *Libération*, 26 avril 2016). V. ég. N. Himmelsbach, « Geld verdienen mit dem Führer. "Hitler"-Bekleidungsgeschäft in Indien », *Süddeutsche Zeitung*, 30 août 2012 et « Inde : un livre pour enfants considère Hitler comme un leader inspirant », 13 juin 2018 [<https://www.rtbf.be>].

[7] Où un éditeur en ligne contribue puissamment à sa diffusion (« "Mein Kampf" : un éditeur brésilien fait exploser les ventes sur internet », *Le Parisien*, 10 janvier 2014).

conception du monde qui y est collectivement partagée qu'il tire sa substance même. C'est dire par-là que, puisqu'il ne saurait être question de prétendre examiner le traitement juridique réservé à *Mein Kampf* dans l'ensemble des États du monde depuis sa parution initiale, le point de vue développé ici s'appuiera essentiellement sur le droit français, tel qu'il résulte notamment de la Convention européenne de sauvegarde des droits de l'homme et des libertés fondamentales (CEDH), qui en fait partie intégrante en vertu de l'article 55 de la Constitution du 4 octobre 1958. Pourtant, si les connaissances du passé et du présent s'enrichissent mutuellement, il en va de même de la comparaison *de présent à présent* ou *de passé à passé*. Aussi le droit comparé apportera-t-il un éclairage supplémentaire[8], en renseignant notamment sur des évolutions plus larges et en fournissant exemples et contre-exemples comme autant de pistes complémentaires pour élucider les évolutions normatives.

Utilisé comme un instrument permettant de protéger les manuscrits et livres anciens, le droit peut-il l'être également pour protéger *contre* ces livres ? La question n'est provocatrice qu'en apparence car, dans l'un et l'autre cas, l'enjeu s'avère identique, et avant tout culturel : il s'agit de chercher à préserver -le plus efficacement possible- un patrimoine en en entretenant une mémoire. Dans les deux cas, l'on prête au livre le pouvoir essentiel de *donner à penser*. Toutefois, alors que les efforts consacrés à sa sauvegarde reposent implicitement sur l'idée que le livre offre à son lecteur la possibilité de s'instruire, se cultiver, et participer ainsi à son tour à l'enrichissement permanent de la connaissance du monde, le déploiement d'un arsenal juridique destiné à en empêcher la diffusion repose au contraire sur l'idée que le livre pourrait parfois également anéantir chez son lecteur tout esprit critique et susciter en lui le déferlement de passions malsaines et dangereuses : du livre rédempteur au livre corrupteur, le droit se trouve alors mobilisé dans des perspectives très différentes.

---

[8] R. Vachon, « L'étude du pluralisme juridique. Une approche diatopique et dialogale », *Journal of Legal Pluralism and Unofficial Law*, 1990, n° 29, p. 163-173.

La question n'est donc pas de déterminer ici s'il convient ou non de chercher à se protéger contre les livres anciens ni si cette protection devrait être juridique, mais plutôt d'examiner dans quelle mesure le droit paraît susceptible d'offrir les moyens d'une telle protection. L'actualité récente a offert une illustration de la manière dont les problèmes s'enchevêtrent puisque *Mein Kampf* a fait l'objet d'une réédition critique en mai 2021 chez Fayard sous la direction de Florent Brayard et Andreas Wirsching[9]. Intitulé *Historiciser le mal. Une édition critique de Mein Kampf*, l'ouvrage propose une nouvelle traduction assortie d'une annotation critique et d'une analyse historique. Il se veut « *une adaptation et un prolongement de* Hitler. Mein Kampf. Eine kritische Edition »[10], publié à Munich par l'*Institut für Zeitgeschichte* sous la direction de Christian Hartmann, Thomas Vordermayer, Othmar Plöckinger et Roman Töppel en 2016, lorsque l'ouvrage est tombé dans le domaine public alors que la gestion des droits d'auteurs par le Ministère des finances du Land de Bavière en empêchait précédemment toute republication licite[11].

---

[9] F. Brayard et A. Wirsching (dir.), *Historiciser le mal. Une édition critique de Mein Kampf : nouvelle traduction, annotation critique, analyse historique*, Paris, Fayard (en collaboration avec l'*Institut für Zeitgeschichte*), 2021, 847 p. L'édition a été établie par Anne-Sophie Anglaret, David Gallo, Johanna Linsler, Olivier Baisez, Dorothea Bohnekamp, Christian Ingrao, Stefan Martens, Nicolas Patin et Marie-Bénédicte Vincent et la nouvelle traduction par Olivier Mannoni, en collaboration avec l'équipe scientifique française, avec la participation de Dorit Brixius, Jörg Echternkamp, Andreas Guidi, Marie-Pierre Harder, Aurélie Audeval, Diane Carron, Ugo Pagani et Nicolas Thervet.

[10] Comme le précise l'ours, l'Institut munichois et les éditions Fayard partagent le copyright concernant l'Introduction générale et l'appareil critique, Fayard en étant en revanche le seul titulaire concernant la traduction française et les introductions de chapitres.

[11] Suite à son interdiction par les autorités d'occupation alliées en octobre 1945, l'éditeur Eher Verlag a vu ses biens transférés en 1948 au Land de Bavière, qui fut également dépositaire des droits de propriété intellectuelle d'Adolf Hitler sur l'ouvrage de 1965 -date à laquelle ils lui furent transférés après avoir été saisis après-guerre- jusqu'à leur extinction, fin 2015.

Les nombreuses précautions qui entourent cette réédition témoignent immédiatement -si besoin en était- de ce que l'on n'a manifestement pas affaire à un document comme un autre. S'ouvrant par un encadré consacré à la présentation de la Fondation Auschwitz-Birkenau (percevant des droits au premier exemplaire vendu et à laquelle sont reversés la totalité des bénéfices réalisés à la vente[12]), il a donné lieu à un *Livret de présentation* ainsi qu'à la rédaction d'une *Lettre aux libraires*[13], dans laquelle Sophie de Closets, Présidente Directrice Générale des éditions Fayard, en appelle à ces derniers pour « *l'accompagnement indispensable à la diffusion* »[14], le choix ayant été fait de ne rendre l'ouvrage disponible qu'à la commande auprès d'eux et non directement dans les rayonnages des librairies[15].

Dans cette édition critique -dont l'ambition, affichée dès les premières lignes, est de « *vivre avec* Mein Kampf » et de « *combattre ce mal-ci en pariant résolument sur l'intelligence*

---

[12] « *En plein accord avec les buts de la Fondation Auschwitz-Birkenau et afin de soutenir pleinement ses actions, les éditions Fayard ont tenu, dans le cadre d'une convention, à lui reverser la totalité des bénéfices résultant de la commercialisation de* Historiciser le mal. »

[13] Les deux documents sont disponibles sur le site de l'éditeur.

[14] « *Pour commercialiser cet ouvrage, nous avons choisi de ne pas procéder à une mise à l'office comme c'est l'usage, mais de proposer* Historiciser le mal *à la commande chez vous, chers libraires : sans vous, sans votre relais sur le terrain pour expliquer notre démarche, dans le chaos des réseaux sociaux et des fake news, nos efforts risquent d'être en partie compromis. Nous savons notre chance de pouvoir compter sur un réseau dense de professionnels du livre passionnés, compétents et sérieux qui sont autant de repères pour les lecteurs. Nous avons plus que jamais besoin de vous, et je vous remercie de l'effort que représente l'accompagnement indispensable à la diffusion d'*Historiciser le mal. »

[15] La question de la vente en librairie de l'édition originale de *Mein Kampf* a été abordée par la libraire Anne Lamort dans le premier volume de cet ouvrage : « Vente de livres anciens. De quelques cas de conscience », *in* Xavier Cabannes (dir.), *Livres et manuscrits anciens. Approche Juridique*, Paris, L'Harmattan, 2020, p. 69.

du lecteur »[16]- chaque phrase, chaque expression et parfois chaque mot sont pesés, disséqués et commentés, d'une manière qui entend tout à la fois les replacer dans le contexte de leur rédaction, leur restituer le sens susceptible d'être alors évident pour le lectorat de l'époque et rétablir la vérité historique lorsque -fréquemment- l'auteur prend avec elle des libertés servant son propos[17]. Cette spécificité du texte réédité est explicite dès l'*Introduction générale* de l'ouvrage, qui mêle étroitement argumentation scientifique démontrant la valeur de *Mein Kampf* en tant qu'« objet historique » et condamnation morale la plus ferme de son contenu (dont « *de nombreux passages [...] constituent des incitations à la haine raciale, pénalement répréhensibles* ») aussi bien que du « *monde qu'il a contribué à faire naître -ce "III*ème *Reich" qui, en dépit de sa brièveté, a constitué le régime le plus criminel jamais connu, laissant derrière lui des dizaines de millions de victimes dont certaines ont été assassinées en application expresse des logiques racistes que ce livre justement explicite* »[18].

En effet, il n'est plus possible de lire aujourd'hui *Mein Kampf* sans tenir compte du désastre qui a suivi sa publication et, particulièrement, de la mise en œuvre du projet de *destruction des Juifs d'Europe*[19], présenté comme « *solution finale au problème juif* »[20] lors de la Conférence de Wannsee

---

[16] « Introduction générale », *in* F. Brayard et A. Wirsching (dir.), *Historiciser le mal*, *op. cit.*, p. 3.

[17] Comme le note la PDG de Fayard dans sa *Lettre aux libraires*, le « *comité d'historiens, dirigé par Florent Brayard, a traduit, adapté, prolongé les 3000 notes de l'édition allemande et rédigé une introduction générale et 27 introductions de chapitres. Dans la forme [...] les notes encadrent la traduction et sont indissociables de sa lecture. L'ensemble compte près de 1000 pages et constitue un jalon historiographique sur la genèse du nazisme. En définitive, l'appareil scientifique est deux fois plus volumineux que le texte de Hitler* ».

[18] « Introduction générale », *in Historiciser le mal*, *op. cit.*, p. 3.

[19] R. Hilberg, *La destruction des Juifs d'Europe*, Paris, Fayard-Gallimard, coll. Folio Histoire, 1988 [1961].

[20] V. C. R. Browning (avec la coll. de J. Matthäus), *Les origines de la solution finale. L'évolution de la politique antijuive des nazis, septembre 1939-mars 1942*, Paris, Les Belles Lettres, 2007 [2004].

réunissant des dignitaires du IIIème Reich[21] et qualifié de « *crime de génocide* » par le droit international, l'Assemblée générale des Nations unies approuvant à l'unanimité le 9 décembre 1948 l'adoption d'une convention à vocation universelle destinée à le prévenir et à le réprimer[22]. D'un point de vue juridique, il est certes impossible d'établir un lien de causalité direct entre l'ouvrage et la commission des actes que, par la force des choses, le Tribunal militaire international de Nuremberg ne devait qualifier que 20 ans après sa publication de *Crimes contre la Paix*, *Crimes de Guerre* et *Crimes contre l'Humanité* (tous définis à l'article 6 du Statut du Tribunal, établi par l'Accord de Londres[23] du 8 août 1945)[24]. Il s'avère néanmoins tout aussi impossible de parvenir à penser de tels actes -et de chercher à éviter leur répétition- en les dissociant de l'ouvrage qui en constitue à bien des égards les prémices : s'il ne saurait expliquer à lui seul ce qui allait suivre, il en annonce cependant le caractère haineux autant que la démesure.

Ainsi, le traitement contemporain de *Mein Kampf* est avant tout affaire de mémoire. Toutefois, « *[l]e souvenir ne*

---

[21] P. Longerich, *La conférence de Wannsee. Le crime à l'échelle industrielle*, Paris, Éditions Héloïse d'Ormesson, 2019.
[22] Convention pour la prévention et la répression du crime de génocide (Rés. AG 260 A (III) du 9 décembre 1948), entrée en vigueur le 12 janvier 1951, définissant le génocide, « *crime du droit des gens* », en contradiction avec l'esprit et les fins des Nations Unies, comme « *l'un quelconque des actes ci-après, commis dans l'intention de détruire, en tout ou en partie, un groupe national, ethnique, racial ou religieux, comme tel : a) Meurtre de membres du groupe ; b) Atteinte grave à l'intégrité physique ou mentale de membres du groupe ; c) Soumission intentionnelle du groupe à des conditions d'existence devant entraîner sa destruction physique totale ou partielle ; d) Mesures visant à entraver les naissances au sein du groupe ; e) Transfert forcé d'enfants du groupe à un autre groupe* » (art. 2).
[23] Accord concernant la poursuite et le châtiment des grands criminels de guerre des Puissances européennes de l'Axe.
[24] La notion de *génocide* n'existe pas encore lors du Procès, qui se déroula du 20 novembre 1945 au 1er octobre 1946.

défend ni ne protège de rien »[25]. Dans cette perspective, c'est la voie du droit qui a été privilégiée par la communauté internationale avec l'adoption, le 26 juin 1945, de la Charte de San Francisco établissant l'Organisation des Nations Unies et, le 10 décembre 1948, de la Déclaration universelle des droits de l'homme (DUDH), non pas « *dénominateur commun minimal* » *mais « proclam[ant] au contraire "l'idéal commun à atteindre"* »[26]. Comme l'a souligné René Cassin quelques heures à peine après l'adoption de la Convention sur le génocide, « *constitu[ant] la plus vigoureuse des protestations de l'humanité contre l'oppression* », cette Déclaration « *doit être un phare pour l'espoir des peuples* »[27]. C'est dans ce contexte mêlé de désolation et de sidération, et avec un objectif proclamé de reconstruction, que s'élabore le droit européen des droits de l'homme, destiné à assurer la mise en œuvre régionale de la DUDH et formant aujourd'hui le cadre normatif en vigueur d'Islande en Azerbaïdjan.

Dans la mesure où l'on ne saurait dissocier artificiellement la norme juridique des raisons mêmes qui fondent son existence, on peut dire que le droit international et européen des droits de l'homme repose indéniablement sur la condamnation du IIIème Reich et, particulièrement, du message de haine développé par Hitler dès *Mein Kampf*. Comme l'a noté l'historien Enzo Traverso, « *[l]e passé se transforme en mémoire collective après avoir été sélectionné et réinterprété selon les sensibilités culturelles, les interrogations éthiques et les convenances politiques du présent [...] ce qu'Eric Hobsbawm a appelé "l'invention de la tradition" : un passé réel ou mythique autour duquel on construit des pratiques ritualisées visant à renforcer la cohésion d'un groupe ou d'une communauté, à donner une légitimité à certaines institutions, à inculquer des valeurs au sein de la société. Autrement dit, la*

---

[25] G. Bensoussan, *Auschwitz en héritage ? D'un bon usage de la mémoire*, Paris, Éditions Mille et une nuits, coll. Les petits libres, 1998, p. 18.

[26] Livre Bleu, *Les Nations unies et les droits de l'Homme. 1945-1995*, Nations unies, 1995, p. 27.

[27] Troisième session de l'Assemblée générale des Nations unies, *Rapport analytique*, 180e séance, 9 décembre 1948, p. 864 et 867.

mémoire tend à devenir le vecteur d'une religion civile du monde occidental, avec son système de valeurs, de croyances, de symboles et de liturgies »[28].

Organisation internationale dédiée à la protection de la démocratie, le Conseil de l'Europe assume cette fonction dans l'Europe de l'immédiat après-guerre. Dès les premières lignes de son Statut, les gouvernements des États fondateurs s'affirment à la fois « *[p]ersuadés que la consolidation de la paix fondée sur la justice et la coopération internationale est d'un intérêt vital pour la préservation de la société humaine et de la civilisation* » et « *[i]nébranlablement attachés aux valeurs spirituelles et morales qui sont le patrimoine commun de leurs peuples et qui sont à l'origine des principes de liberté individuelle, de liberté politique et de prééminence du droit, sur lesquels se fonde toute démocratie véritable* »[29]. C'est sur cette base qu'est adoptée la Convention européenne des droits de l'homme (CEDH) le 4 novembre 1950 et que la Cour éponyme (CourEDH) voit le jour à Strasbourg en 1959, chargée de reconstruire autant que de préserver un modèle démocratique européen en contrôlant le respect de la Convention par les États membres et redéfinissant ainsi jour après jour l'État de Droit sur le continent[30].

C'est dire combien le traitement juridique réservé à *Mein Kampf* requiert une attention particulière, qui prenne en compte les multiples temporalités de la démocratie européenne depuis sa parution. En effet, ce n'est pas seulement la réglementation s'appliquant à l'ouvrage lui-même qui doit être considérée, mais aussi celle qui concerne les propos et les actes susceptibles de trouver en lui leurs racines. Or, envisager cette double dimension impose de prendre en compte l'écoulement

---

[28] E. Traverso, *Le passé, modes d'emploi. Histoire, mémoire, politique*, Paris, La Fabrique Éds., 2005, p. 10-12, renvoyant à E. Hobsbawm, « Introduction: Inventing Traditions », *in* E. Hobsbawm et T. Ranger (éd.), *The Invention of Tradition*, Cambridge, Cambridge University Press, 1983, p. 9.

[29] Statut du Conseil de l'Europe, Londres, 5 mai 1949.

[30] C. Husson-Rochcongar, « La redéfinition permanente de l'État de Droit par la Cour européenne des droits de l'homme », *Civitas Europa*, vol. 37, n° 2, 2016, p. 183-220 [disponible en ligne].

du temps sans que l'évolution du contexte n'empêche de saisir l'essentiel de la régulation sociale opérée par la voie du droit. Se pencher en juriste sur la réédition de *Mein Kampf*, c'est donc poser la question de la fonction sociale du droit et de son efficacité en confrontant les effets du temps à la permanence des valeurs qui en fondent les normes.

En tant que symbole persistant de ce que l'homme peut faire à l'homme[31], l'ouvrage apparaît comme le fondement paradoxal du droit européen des droits de l'homme (I). Il nécessite ainsi une approche juridique différenciée car le droit se trouve ici confronté non seulement au symbole qu'est devenu *Mein Kampf* mais aussi à sa portée et à ses conséquences contemporaines (III). C'est dire qu'au-delà de l'ouvrage lui-même, sa diffusion -aux effets aussi polymorphes que difficiles à évaluer- s'inscrit dans un contexte plus vaste impliquant la mise en place de dispositifs juridiques destinés à réprimer non seulement les *propos* mais aussi les *actes* haineux susceptibles de trouver en lui leur origine.

I.- *Mein Kampf*, fondement paradoxal du droit international et européen des droits de l'homme

Si *Mein Kampf* peut être vu comme le fondement paradoxal du droit international et européen des droits de l'homme, c'est en tant qu'ouvrage programmatique de l'un des pires crimes que l'Humanité ait connu. Par son ampleur, évidemment. Mais aussi et surtout, dans la mesure où la gravité des crimes commis ne se limite pas à leur aspect quantitatif, par le projet génocidaire qu'il porte en lui (bien qu'il n'y soit pas écrit en toutes lettres) et l'intention haineuse qu'il traduit. Cette négation de l'humanité même de l'homme a entraîné les efforts combinés des historiens et des juristes pour lutter contre le

---

[31] V. P. Wachsmann, « La jurisprudence récente de la Commission européenne des droits de l'homme en matière de négationnisme », *in La Convention européenne des droits de l'homme : développements récents et nouveaux défis, Actes de la journée d'études à la mémoire de Marc-André Eissen*, Bruxelles, Bruylant, coll. Droit & Justice, n° 19, 1997, p. 101-112, évoquant « *ce que l'homme a fait à l'homme* » (p. 101).

risque de voir un jour de telles atrocités se reproduire en Europe : les historiens ont cherché à expliquer les processus politiques, économiques et sociaux ayant porté Hitler au pouvoir et à analyser le fonctionnement de la vaste machinerie nationale-socialiste ; les juristes ont procédé à la qualification juridique des actes commis pour les réprimer en traduisant les responsables en justice (A). Mais, plus encore, en amenant la Communauté internationale de l'immédiat après-guerre à choisir la voie combinée de l'internationalisation et de la juridicisation de la protection des droits de l'homme considérée comme le plus sûr moyen d'en éviter la répétition, cet affront à l'Humanité a fait des camps de concentration et des centres de mise à mort nazis le « *berceau de la Cour européenne des droits de l'homme* »[32] (B).

---

[32] « *La Convention européenne des droits de l'homme a été élaborée par des hommes clairvoyants, intègres et intelligents. Mais le berceau de cet instrument ne se trouve ni à Rome [lieu de signature de la Convention] ni à Strasbourg [où siège la Cour éponyme].*

À Auschwitz et Bergen-Belsen
À Birkenau et Buchenwald
À Dachau et Dora
À Mauthausen et Neuengamme
À Ravensbrück et Sachsenhausen
À Struthof et Stuthof
À Sobibor et Treblinka
Et j'en passe

C'est dans les camps de concentration et d'extermination de l'Europe asservie que l'idée d'une Europe libre s'est concrétisée. C'est dans ce monde infernal, où les SS ont essayé de fabriquer une société à leur botte, que les résistants de tous les pays occupés ont découvert des anti-nazis allemands pour qui ces camps étaient destinés au début. L'Homme a fini par vaincre l'homme - ou la bête. Ainsi est née la Convention européenne des Droits de l'Homme. C'est "là" que se trouve le berceau de la Cour européenne des droits de l'homme » (A. Spielmann, « Quelques réflexions sur la Cour européenne des droits de l'homme », *Euro-perspectives*, n° 3, 1985, p. 6-7).

A.- Le Droit dans le sillage de l'Histoire : qualifier juridiquement pour punir et prévenir

Sur le plan philosophique, l'impression de sidération ressentie devant tant d'horreurs s'est fréquemment traduite, comme chez Vladimir Jankélévitch, par le constat de l'impossibilité même de rendre compte de *« [c]ette chose indicible dont on hésite à nommer le nom »*, ce crime qui n'est pas plus « *à l'échelle humaine* » que ne le sont « *les grandeurs astronomiques et les années-lumière. [Car] Auschwitz n'est pas, ainsi que les pillages, bombardements et ennuis de ravitaillement, un de ces bons et braves malheurs communs à tous les sinistrés honorables. Auschwitz est inavouable [...] c'est une abomination métaphysique* »[33]. Pourtant, par-delà le respect porté aux survivants, auxquels il a souvent été impossible de témoigner, d'autres auteurs comme Giorgio Agamben ont souligné que garder collectivement le silence reviendrait à « *conférer à l'extermination le prestige de la mystique* » en refusant de la nommer : « *Dire qu'Auschwitz est "indicible" ou "incompréhensible", cela revient à euphēmein, à l'adorer en silence comme on fait d'un dieu ; cela signifie donc, malgré les bonnes intentions, contribuer à sa gloire. Nous, au contraire, nous n'avons "pas honte de regarder en face l'inénarrable" [...] Et nous n'aurons compris Auschwitz que lorsque nous aurons compris qui est, ou ce qu'est le musulman, lorsque nous aurons appris à regarder avec lui la Gorgone* »[34].

L'Histoire et le Droit offrent tous deux les moyens de dépasser cet *« abîme de l'imparlable »*[35] en permettant de *« briser la tendance persistante à "insulariser" la période de*

---

[33] V. Jankélévitch, « Pardonner ? », *L'imprescriptible*, Paris, Seuil, Coll. Points, 1986, p. 19, 29, 34 et 40.

[34] G. Agamben, *Ce qui reste d'Auschwitz, Homo Sacer III*, Paris, Rivages, 1999, p. 39-40 et 64, renvoyant aux notions de *musulman* et de *Gorgone* forgées par Primo Lévi pour évoquer l'indicible (*Si c'est un homme*, Paris, Robert Laffont, Coll. Pavillons, 1996 [1947], p. 120-121).

[35] P. Legendre, « Droit, communication et politique », Entretien avec D. Dayan et J.-M. Ferry, *HERMÈS*, n° 5-6, 1989, p. 31.

1933-1945 pour des raisons morales »[36] : la première grâce à l'emploi d'« *une méthode scientifique capable de s'affranchir du "souvenir mythique" des victimes* »[37], le second en forgeant des notions susceptibles d'autoriser une qualification juridique des faits et, ainsi, la poursuite et la condamnation des responsables. Historicisation[38] et juridicisation doivent ici s'envisager comme complémentaires. Il ne s'agit pas seulement de tenter de comprendre « *ce que Auschwitz a donc ajouté à ce qu'on a toujours pu savoir de la terrible, de l'horrible quantité de méfaits que des humains sont capables de commettre et ont depuis toujours commis envers d'autres humains* »[39] -car une telle entreprise mobilise la Société tout entière. Il s'agit d'en rendre toute répétition impossible, aussi bien en actes qu'en pensées.

Aux historiens -comme Ian Kershaw, qui a consacré de nombreux travaux à Hitler[40]- il revient de formuler des hypothèses, comme celle selon laquelle « *"Auschwitz" constituerait inévitablement le point de départ d'un examen critique de ce qu'on appelle la civilisation moderne et de cette mince couche de vernis qui la recouvre : la "normalité"* »[41].

---

[36] E. Traverso, *op. cit.*, p. 30.

[37] *Ibid.*

[38] V. M. Broszat, « Plädoyer für eine Historisierung des Nationalsozialismus », *Merkur*, n° 39, 1985, p. 373-385 (reproduit in M. Broszat, *Nach Hitler. Der schwierige Umgang mit unserer Geschichte*, Munich, 1986, p. 159-173) et M. Broszat et S. Friedländer, « Um die "Historisierung des National-sozialismus". Ein Briefwechsel », *Vierteljahreshefte für Zeitgeschichte*, 1988, n° 36 (tr. fr. « Sur l'historisation du national-socialisme. Échange de lettres », *Bulletin trimestriel de la Fondation Auschwitz*, 1990, n° 24, p. 43-86).

[39] H. Jonas, *Le Concept de Dieu après Auschwitz*, Paris, Rivages poche, Petite Bibliothèque, 1994 (conférence tenue en 1984 lors de la remise à l'auteur du prix Leopold Lucas, à l'Université de Tübingen), p. 10.

[40] Not. I. Kershaw, *Hitler*, t. 1, *1889-1936. Hubris* et t. 2, *1936-1945. Némésis*, Paris, Flammarion, 2008 [1998 et 1999].

[41] I. Kershaw, *Qu'est-ce que le nazisme ? Problèmes et perspectives d'interprétation*, Paris, Gallimard, Coll. Folio Histoire, 2e éd., 1997 [1985], p. 359.

Aux juristes, il incombe de proposer des solutions juridiques susceptibles de garantir -le plus efficacement possible- ce qui sera socialement identifié comme essentiel. Là encore, l'écoulement du temps constitue une donnée primordiale à considérer.

Ainsi, dans son ouvrage *The Nazi Dictatorship - Problems and Perspectives of Interpretation,* Kershaw s'interrogeait en 1985 : « *plus de quarante ans après l'effondrement du III^{ème}Reich, est-il possible de traiter de l'époque nazie de la même façon que l'on traite d'autres périodes du passé -entendez comme de l'"histoire"- et qu'exigerait, en termes de concepts et de méthodes, un tel changement de perspective ?* » Près de quarante ans plus tard, la question demeure et l'évolution des normes juridiques reflète la difficulté soulignée alors concernant « *la possibilité, même théorique, d'envisager une telle entreprise sans perdre de vue les caractères fondamentaux du nazisme qui lui ont conféré sa dimension morale et sa durable signification pour l'histoire universelle* »[42] : d'un côté, rester aujourd'hui focalisés sur un ouvrage paru en 1925 n'aurait guère de sens ; de l'autre, ne plus y penser est impossible.

B.- La voie de la juridicisation : la construction d'un système juridique dédié à la protection de la démocratie

En effet, l'idée même d'un encadrement des actes des États par le droit international et, plus encore, l'instauration d'un mécanisme de contrôle juridictionnel admettant les recours individuels contre les États ont constitué une véritable *révolution* dans une sphère juridique régie par le principe d'égalité souveraine entre États. Certes, le fait même de choisir de se lier pour l'avenir par un traité international constitue à n'en pas douter un acte de souveraineté de l'État[43]. Toutefois, le

---

[42] *Ibid.*, p. 334-335.

[43] Cour Permanente de Justice Internationale, *Affaire du Vapeur « Wimbledon »*, 17 août 1923, Rec. CPJI, Série A, n° 1, p. 25 : « *La Cour se refuse à voir dans la conclusion d'un traité quelconque, par lequel un État s'engage à faire ou à ne pas faire quelque chose, un abandon de sa souveraineté. Sans doute, toute convention engendrant*

caractère évolutif de l'interprétation de la Convention européenne des droits de l'homme réalisée par la Cour éponyme contribue à le prendre de plus en plus étroitement dans la toile du droit. Grâce à l'utilisation de notions autonomes permettant la mise en œuvre juridique d'un modèle démocratique européen, la Cour a progressivement élaboré, dans les domaines les plus divers, un ensemble de standards démocratiques dont on ne saisit la cohérence générale aussi bien que la force (autant symbolique que juridique) qu'en gardant en mémoire l'origine de la protection développée[44].

C'est dans cette perspective que s'inscrit la lutte juridique contre la haine -cette haine incarnée par *Mein Kampf.* Devenu objet historique, l'ouvrage « *n'a jamais été expulsé du présent [...] Depuis près d'un siècle, et pour de très longues années encore, [il] est le contemporain du monde qui l'entoure -notre monde* »[45]. Pourtant, avec l'écoulement du temps, il n'est plus en lui-même le véritable enjeu : ce sont davantage sa réception et ses usages qui sont à considérer.

Du point de vue des historiens, comme le souligne Florent Brayard, l'on peut continuer à « *redouter que, survivance du passé dans notre présent, le livre de Hitler ait conservé les mêmes potentialités, qu'il ne soit en somme pas moins dangereux aujourd'hui qu'il ne l'était hier* » -et ce d'autant plus que « *la résurgence d'une pensée raciste et antisémite apparaît aujourd'hui avérée en politique, dans la sphère publique ou dans la criminalité terroriste* »[46]- mais, « *[s]i la qualification juridique n'est pas douteuse, la nocivité actuelle de* Mein Kampf *ne doit cependant pas être*

---

une obligation de ce genre, apporte une restriction à l'exercice des droits souverains de l'État, en ce sens qu'elle imprime à cet exercice une direction déterminée. Mais la faculté de contracter des engagements internationaux est précisément un attribut de la souveraineté de l'État ».

[44] C. Husson-Rochcongar, *Droit international des droits de l'homme et valeurs. Le recours aux valeurs dans la jurisprudence des organes spécialisés*, Bruxelles, Bruylant, 2012.

[45] F. Brayard et A. Wirsching, « Introduction générale », *loc. cit.*, p. 3.

[46] *Ibid.*

surestimée »[47]. Il n'en va pas tout à fait de même pour les juristes, qui savent que cette qualification se construit par la technique juridique et qu'avec le passage du temps, l'efficacité de la norme juridique implique son évolutivité. Ainsi, en droit, *Mein Kampf* reste doublement à considérer : non seulement dans la mesure où il continue à être diffusé, que ce soit en version papier ou sur internet, et parfois réédité ; mais aussi en tant que point de référence ayant mené à la cristallisation dans le droit des valeurs démocratiques sur lesquelles sont fondées les normes contemporaines. Certes, c'est désormais au-delà de *Mein Kampf* que porte l'essentiel de l'effort juridique destiné à empêcher les propos et les actes qui peuvent en être considérés comme des prolongements -directs ou indirects- mais c'est *au nom du refus de ce qu'il a pu incarner*.

En considérant le traitement juridique réservé à *Mein Kampf*, on touche en fait au cœur même du droit international et européen des droits de l'homme et à l'« *universel normatif* » (dont Mireille Delmas-Marty a souligné qu'il était « *en germe déjà dans la Déclaration "universelle" des droits de l'homme de 1948, qui consacre en effet des valeurs communes* »[48]), à travers la capacité du droit à constituer une protection efficace contre tout *ennemi du genre humain*[49]. Conçu comme la

---

[47] *Ibid.*

[48] M. Delmas-Marty, « Les crimes internationaux peuvent-ils contribuer au débat entre universalisme et relativisme des valeurs ? », *in* A. Cassese et M. Delmas-Marty (dir.), *Crimes internationaux et juridictions internationales*, Paris, PUF, 2002, p. 59-67, sp. 60.

[49] Comme l'a souligné L. Hennebel, l'idée d'*ennemi du genre du humain* -qu'il nomme quant à lui « *cannibale de l'humanité* »- est loin d'être récente dans le droit. Traduite dans le droit romain par la qualification juridique d'*hostis humani generis*, elle est alors toutefois d'un usage essentiellement politique à l'encontre d'un tyran et sera par la suite déclinée pour s'appliquer également au pirate et à l'esclavagiste, avant que le droit international ne cherche à réintégrer cet ennemi dans la société qu'il incarne, qu'il s'agisse du criminel contre l'humanité, du criminel de guerre, du tortionnaire ou, plus récemment, du terroriste international (L. Hennebel, « Le complexe du cannibale : l'ennemi du genre humain face au droit », *in* L. Hennebel et H. Tigroudja (dir.), *Humanisme et Droit. En hommage au Pr. Jean Dhommeaux*, Paris, Pedone, 2013, p. 63-77, renvoyant not. à

matérialisation juridique du souffle démocratique s'élevant des décombres d'Auschwitz, ce droit est l'outil dont les États européens traumatisés entendent, aujourd'hui encore, qu'il leur permette d'« *intervenir avant qu'il ne soit trop tard* », cette « *conscience [...] qui sonne l'alerte pour les opinions nationales menacées de cette gangrène progressive, leur montre le péril et leur signale qu'ils s'engagent sur une route qui va très loin, parfois jusqu'à Buchenwald ou Dachau* »[50]. Il s'agit de préserver une certaine vision du monde, incarnée par le modèle démocratique européen[51]. Ici, le fond et la forme se révèlent donc indissociables[52], comme le montre le traitement juridique réservé à *Mein Kampf*, destiné à protéger la démocratie à la fois contre elle-même et contre ses ennemis.

II.- Le droit face à la persistance du symbole *Mein Kampf* : la protection juridique de la démocratie

Affirmer que *Mein Kampf* est avant tout un symbole persistant des atteintes les plus graves susceptibles d'être portées aux droits fondamentaux de l'individu, et à travers celui-ci à l'idée même d'*Humanité* à laquelle il fait affront, c'est se donner un moyen de comprendre ce qui explique le traitement juridique dont il a pu faire l'objet depuis sa parution. Guère comparable à celui des ouvrages dont la diffusion peut être interdite pour protéger la démocratie contre elle-même,

---

D. Edelstein, "*Hostis Humani Generis*: Devils, Natural Right, and Terror in the French Revolution", *Telos*, 141, Winter 2007, p. 63).

[50] P.-H. Teitgen, « Recueil des "Travaux préparatoires" », *Aux sources de la Cour et de la Convention européennes des droits de l'homme*, Nantes, Éditions Confluences, coll. Voix de la cité, 2000, p. 37-38.

[51] C. Husson-Rochcongar, « La démocratie, cœur de l'identité européenne ? », *Civitas Europa*, 2018/1, n° 40, p. 67-87.

[52] Certes, c'est « *la "dépersonnalisation" de la victime qui, aboutissant à la négation de son humanité, fonderait le crime contre l'Humanité, y compris dans certains des cas qualifiés aujourd'hui de terrorisme* ». Mais « *les questions de méthode et de procédure semblent indissociables de la recherche d'un contenu substantiel, que l'on se place d'un point de vue juridique, éthique ou philosophique* » (M. Delmas-Marty, *loc. cit.*, p. 67).

dans le cas d'atteintes portées aux droits individuels garantis ou en vue de protéger ponctuellement l'intérêt général (A), ce traitement découle au contraire de la nécessité -plus fondamentale encore- de protéger la démocratie contre ses ennemis en refusant leurs méthodes (B). Ainsi réinséré dans le contexte élargi de la protection des droits de l'homme sur le continent, il se révèle moins paradoxal qu'il n'en n'a l'air.

A.- Protéger la liberté d'expression pour protéger la démocratie contre elle-même : l'édition d'ouvrages, un cadre d'exercice parmi d'autres

En droit français comme en droit européen, la liberté d'expression est considérée comme essentielle. Proclamée par la Déclaration des droits de l'homme et du citoyen du 26 août 1789 (art. 11) et réaffirmée par la Déclaration universelle de 1948 (art. 19), elle est protégée en tant que droit subjectif, dont tout individu doit pouvoir jouir sans aucune discrimination, par l'article 10 de la Convention européenne des droits de l'homme comme par l'article 11 de la Charte des droits fondamentaux de l'Union européenne du 18 décembre 2000 qui s'en inspire. Dans la mesure où elle protège le droit de communiquer et de recevoir les opinions et les informations les plus diverses, elle constitue la condition d'existence du débat public et s'envisage comme la véritable « *pierre angulaire* »[53] de la société démocratique, avec laquelle elle forme un cercle vertueux, aucune des deux ne pouvant exister sans l'autre.

Dans cette perspective, comme en témoigne la structure de l'article 10[54], la liberté est le principe ; un principe *essentiel*

---

[53] ComEDH, *G. v. the Federal Republic of Germany*, report, may 11th 1984, § 110 et *Leander c. Suède*, n° 9248/81, rapport, 17 mai 1985, § 69. Dès son premier arrêt consacré à la question, la Cour européenne des droits de l'homme a souligné qu'elle « *constitue l'un des fondements essentiels [de la société démocratique], l'une des conditions primordiales de son progrès et de l'épanouissement de chacun* » (CourEDH, *Handyside c. Royaume-Uni*, n° 5493/72, 7 décembre 1976, § 49).

[54] « *1. Toute personne a droit à la liberté d'expression. Ce droit comprend la liberté d'opinion et la liberté de recevoir ou de*

auquel les restrictions légales, envisagées comme des exceptions, ne doivent en aucun cas porter atteinte. Garanti à tout individu, le droit à la liberté d'expression fait ainsi l'objet d'une protection encore renforcée lorsque se trouve en jeu l'intérêt de la société dans son ensemble. Cela concerne les hommes et les femmes politiques en tant que représentants du peuple (qu'ils fassent usage de leur liberté à la tribune parlementaire ou ailleurs[55]) mais aussi la presse (dont le « *rôle essentiel* »[56], faisant d'elle le « *chien de garde de la société démocratique* », l'autorise notamment à recourir « *à une certaine dose d'exagération, voire de provocation* »[57]) et les artistes (puisque « *[c]eux qui créent, interprètent, diffusent ou*

---

communiquer des informations ou des idées sans qu'il puisse y avoir ingérence d'autorités publiques et sans considération de frontière. Le présent article n'empêche pas les États de soumettre les entreprises de radiodiffusion, de cinéma ou de télévision à un régime d'autorisations. 2. L'exercice de ces libertés comportant des devoirs et des responsabilités peut être soumis à certaines formalités, conditions, restrictions ou sanctions, prévues par la loi, qui constituent des mesures nécessaires, dans une société démocratique, à la sécurité nationale, à l'intégrité territoriale ou à la sûreté publique, à la défense de l'ordre et à la prévention du crime, à la protection de la santé ou de la morale, à la protection de la réputation ou des droits d'autrui, pour empêcher la divulgation d'informations confidentielles ou pour garantir l'autorité et l'impartialité du pouvoir judiciaire. »

[55] CourEDH, *Castells c. Espagne*, n° 11798/85, 23 avril 1992.

[56] V. not. CourEDH, *Observer et Guardian c. Royaume-Uni*, n° 13585/88, 26 novembre 1991, § 59 : « *si elle ne doit pas franchir certaines limites, s'agissant notamment de la protection de la réputation et des droits d'autrui, il lui incombe néanmoins de communiquer, dans le respect de ses devoirs et responsabilités, des informations et des idées sur toutes les questions d'intérêt général* ». Selon la Cour, « *la liberté de la presse fournit à l'opinion publique l'un des meilleurs moyens de connaître et juger les idées et attitudes des dirigeants. Plus généralement, le libre jeu du débat politique se trouve au cœur même de la notion de société démocratique qui domine la Convention tout entière* » (CourEDH, *Lingens c. Autriche*, n° 9815/82, 8 juillet 1986, § 42).

[57] CourEDH, *Prager et Oberschlick c. Autriche*, n° 15974/90, 26 avril 1995, § 38.

exposent une oeuvre d'art contribuent à l'échange d'idées et d'opinions indispensable à une société démocratique »[58]).

Cette approche qui fait de la liberté d'expression la clé de voûte de la démocratie ne suffit pas cependant, à elle seule, à justifier la non-interdiction de diffusion de *Mein Kampf*. Car cette liberté renforcée ne va jamais jusqu'à délier ceux qui en font usage des « *devoirs et responsabilités* » que cet exercice implique selon l'article 10 § 2. Certes, la liberté d'expression vaut « *non seulement pour les "informations" ou "idées" accueillies avec faveur ou considérées comme inoffensives ou indifférentes, mais aussi pour celles qui heurtent, choquent ou inquiètent l'État ou une fraction quelconque de la population. Ainsi le veulent le pluralisme, la tolérance et l'esprit d'ouverture sans lesquels il n'est pas de "société démocratique"* »[59]. Mais cette reconnaissance de son importance au cœur du système démocratique n'empêche en rien sa limitation, dès lors que l'atteinte portée au droit garanti est prévue par la loi, vise un but légitime et répond de manière proportionnée à un « *besoin social impérieux* »[60], ce qui pourrait bien être le cas s'agissant de *Mein Kampf*...

En matière de publication comme pour tout autre de ses usages[61], la liberté d'expression de l'auteur peut donc (tout comme celle de son éditeur) être légalement restreinte si cette restriction est nécessaire à la sauvegarde de l'un des buts légitimes mentionnés à l'article 10 §2, c'est-à-dire « *à la sécurité nationale, à l'intégrité territoriale ou à la sûreté publique, à la défense de l'ordre et à la prévention du crime, à la protection de la santé ou de la morale, à la protection de la réputation ou des droits d'autrui, pour empêcher la divulgation d'informations confidentielles ou pour garantir l'autorité et l'impartialité du pouvoir judiciaire* ».

---

[58] CourEDH, *Müller et a. c. Suisse*, n° 10737/84, 24 mai 1988, § 33.

[59] CourEDH, *Handyside c. Royaume-Uni*, n° 5493/72, 7 décembre 1976, § 49.

[60] CourEDH, *Sunday Times c. Royaume-Uni (n° 1)*, n° 6538/74, 26 avril 1979, § 59.

[61] Nous concentrant sur les publications écrites, nous n'évoquerons spécifiquement ni les œuvres cinématographiques ni les œuvres musicales.

En termes de volume, l'hypothèse concerne surtout l'atteinte aux droits ou à la réputation d'autrui, qui donne lieu à de nombreux contentieux, relatifs à des biographies non-autorisées ou à toute autre forme de « révélations » susceptibles de porter atteinte au droit à la vie privée d'un individu, qui est alors reconnu comme ayant un intérêt à agir en justice pour empêcher la divulgation des informations ou des propos le concernant. La presse à sensation se trouve ici particulièrement en cause, la publication de photographies étant jugée plus grave encore que celle de contenus écrits, *a fortiori* lorsqu'il s'agit de clichés « volés » obtenus grâce au harcèlement des paparazzi, et plus encore lorsqu'elles ne concernent pas des questions d'intérêt public[62]. Bien que les critères de sa mise en œuvre aient évolué, cette jurisprudence distinguant vie publique et vie privée des personnages publics est bien établie depuis longtemps[63] et sait tenir compte de la manière dont l'écoulement du temps modifie l'équilibre entre intérêt public et intérêts privés (car « *le passage du temps doit nécessairement être pris en compte pour apprécier la compatibilité avec la liberté d'expression d'une mesure aussi grave que l'interdiction, en l'espèce elle aussi générale et absolue, d'un livre* »[64]). Elle prend aujourd'hui une ampleur différente du fait

---

[62] CourEDH, *Von Hannover c. Allemagne*, n° 59320/00, 24 juin 2004, § 14 : « *il convient d'opérer une distinction fondamentale entre un reportage relatant des faits -même controversés- susceptibles de contribuer à un débat dans une société démocratique, se rapportant à des personnalités politiques, dans l'exercice de leurs fonctions officielles par exemple, et un reportage sur les détails de la vie privée d'une personne qui, de surcroît, comme en l'espèce, ne remplit pas de telles fonctions* ».

[63] V. not. G. Fauré, « Le visage blessé et le droit à l'image », *in* G. Fauré (dir.), *Le visage et le droit*, Bordeaux, LEH Édition, 2016, p. 85-96, étudiant l'évolution de cette jurisprudence depuis « *l'affaire "Rachel"* », célèbre tragédienne dont la diffusion de dessins la représentant sur son lit de mort en 1858 « *est à l'origine de la création prétorienne du droit à l'image* » (p. 85).

[64] CourEDH, *Éditions Plon c. France*, n° 58148/00, 18 mai 2004, § 53. Dans cet arrêt, relatif à la parution de l'ouvrage du Dr Gubler retraçant la maladie de François Mitterrand, la Cour a ainsi souligné que « *plus le temps passait, plus l'intérêt public du débat lié à*

de la résonance apportée par internet aux propos et informations qui y sont diffusés, suscitant de nouvelles normes (relatives aussi bien au droit à l'oubli numérique qu'à la protection des lanceurs d'alerte, dérivée de celle des journalistes et de leurs sources) mais multipliant aussi les risques d'atteintes aux droits fondamentaux générés par de nouvelles pratiques comme le *name and shame*, particulièrement fréquent depuis le mouvement #MeToo.

Bien sûr, la question du secret peut également concerner des intérêts publics, lorsqu'il s'agit de protéger la sécurité nationale, l'intégrité territoriale, la sûreté publique, la défense de l'ordre ou de prévenir le crime, comme le prévoit l'article 10 §2 de la Convention. Là encore, l'écoulement du temps doit être pris en compte, la Cour de Strasbourg jugeant notamment que l'interdiction -même temporaire- de reproduire dans un journal britannique des extraits d'un ouvrage publié aux États-Unis par un ancien haut responsable du MI5 évoquant ses structures, ses méthodes et son personnel avait empêché les journaux « *d'exercer leur droit, et de remplir leur devoir, de donner des renseignements -déjà accessibles- sur une matière présentant un intérêt public légitime* ». En effet, « *l'information est un bien périssable et en retarder la publication, même pour une brève période, risque fort de la priver de toute valeur et de tout intérêt* »[65]. Bien que les mêmes règles s'appliquent à l'ensemble des publications écrites, c'est ainsi surtout la presse qui, par la nature des informations qu'elle communique autant que par leur périodicité, se trouve évidemment la plus fréquemment concernée.

De plus, si certains livres peuvent, en raison de leur sujet ou de la manière dont ils le traitent, en être rapprochés, il en va différemment de ceux qui s'apparentent à des œuvres littéraires[66]. Dans ce registre, ce fut longtemps la non-

---

l'histoire des deux septennats accomplis par le président Mitterrand l'emportait sur les impératifs de la protection des droits de celui-ci au regard du secret médical ».

[65] CourEDH, *Sunday Times (n° 2), c. Royaume-Uni*, n° 13166/87, 26 novembre 1991, § 55 et § 51.

[66] On notera qu'à mi-chemin entre l'art et l'information, la publication de dessins de presse ou l'exposition de fresques satiriques se trouvent

conformité aux mœurs de l'époque qui fut relevée. Ici, les exemples ne manquent pas, les plus célèbres datant sans doute de 1857, qui vit se succéder devant le Tribunal correctionnel de la Seine les procès concernant *Madame Bovary* et *Les Fleurs du mal* : furent poursuivis pour outrage à la morale publique et religieuse ou aux bonnes mœurs (sur le fondement de l'article 8 de la loi du 17 mai 1819), le 7 février, non seulement Flaubert, auteur du roman, mais aussi Laurent-Pichat, Directeur gérant de la *Revue de Paris* qui le publiait en feuilleton, et Pillet, son imprimeur ; et, le 20 août, Baudelaire, Poulet-Malassis et De Broise. Les premiers seront acquittés, les seconds condamnés (avant que la Chambre criminelle de la Cour de Cassation, saisie par son procureur général en vertu d'un ordre exprès du ministre de la Justice agissant à la requête du président de la Société des Gens de Lettres, ne prononce la révision du jugement... le 31 mai 1949).

Or, sans avoir disparu de la Convention européenne des droits de l'homme (qui date de 1950), la notion d'*atteinte à la morale publique* (qui aurait peut-être pu être mobilisée dans le cas de *Mein Kampf* si l'on n'avait pas craint de complexifier encore la réglementation en risquant de provoquer une résurgence de la notion de *morale* dans un droit dont les artisans luttent au contraire quotidiennement pour s'en débarrasser) se trouve toutefois interprétée aujourd'hui de manière beaucoup plus restrictive. Elle a pu, certes, donner lieu à des interdictions de diffusion d'ouvrages -et surtout d'œuvres artistiques- destinées à protéger l'intérêt supérieur de l'enfant (soit que le livre interdit ait été directement destiné à un public mineur[67] soit que les œuvres picturales lui aient été facilement accessibles sans avertissement préalable relatif à leur contenu[68]) ou se trouver mobilisée pour préserver le sentiment religieux des croyants, susceptibles de se sentir offensés par exemple par

---

particulièrement protégées (not. CourEDH, *Vereinigung Bildender Künstler c. Autriche*, n° 68354/01, 25 janvier 2007).

[67] Le premier arrêt rendu à Strasbourg en matière de liberté d'expression concernait l'interdiction d'un manuel d'éducation sexuelle (*Handyside*, 1976, *précité*).

[68] CourEDH, *Müller et a. c. Suisse*, n° 10737/84, 24 mai 1988.

une représentation érotique de Jésus-Christ[69]. En revanche, elle ne permet plus d'interdire la diffusion ni la traduction d'œuvres littéraires -même érotiques- faisant partie du « *patrimoine littéraire européen* »[70].

Ce rapide aperçu du droit positif et de ses évolutions permet de mieux saisir la situation en faisant apparaître en creux la spécificité de *Mein Kampf* : l'ouvrage ne porte pas seulement atteinte à l'un des buts légitimes visés par l'article 10 § 2 de la Convention, il bafoue les *valeurs mêmes de la démocratie* sur lesquelles la Convention est fondée.

B.- Protéger la liberté d'expression pour protéger la démocratie contre ses ennemis : le traitement juridique d'un ouvrage *pas comme les autres*

En dépit de l'affront qu'il constitue aux valeurs démocratiques les plus fondamentales, l'ouvrage ne tombe pas sous le coup d'une quelconque censure, cette « *opération ou procédure de contrôle qui peut avoir un caractère préventif [ou] s'exercer* a posteriori *[et entraîne] refus d'autorisation, suppression d'un passage, occultation [ou] cassation* »[71]. Pourquoi ? N'étant pas une œuvre littéraire, il ne saurait évidemment bénéficier de la protection renforcée accordée à la liberté d'expression artistique. Et il n'est guère envisageable de se contenter d'y voir une contribution comme une autre au débat public. En fait, si *Mein Kampf* présente un intérêt public indéniable, ce n'est pas en tant qu'argument porté dans l'espace public (puisque cet espace est désormais pensé et construit comme un rempart contre la haine raciale, religieuse et

---

[69] CourEDH, *Wingrove c. Royaume-Uni*, n° 17419/90, 25 novembre 1996, § 52 : parmi les devoirs et responsabilités découlant de l'exercice de la liberté d'expression, « *dans le contexte des croyances religieuses, peut légitimement figurer l'obligation d'éviter autant que faire se peut des expressions qui sont gratuitement offensantes pour autrui et profanatrices* ».

[70] CourEDH, *Akdas c. Turquie*, n° 41056/04, 16 février 2010, concernant *Les onze mille verges* de Guillaume Apollinaire.

[71] G. Cornu (dir.), *Vocabulaire juridique*, Paris, PUF, coll. Quadrige, 9ème éd., 2011.

ethnique) mais en tant que symbole de *ce contre quoi* la démocratie contemporaine se prétend fondée -comme objet historique plutôt que comme œuvre politique.

Le régime juridique qui lui est appliqué en témoigne : si l'ouvrage est interdit de réédition en Allemagne et en Autriche après 1945, ce n'est pas le cas en France. Après sa publication en 1934 par les Nouvelles Éditions Latines[72], *Mein Kampf* a été diffusé en France pendant des années de manière plus ou moins clandestine[73]. Et ce n'est qu'en 1979, suite à une plainte déposée par la Ligue Contre le Racisme et l'Antisémitisme dans un contexte de développement du négationnisme[74], qu'a été prononcée par la première chambre du Tribunal de grande instance de Paris l'obligation de reproduire dans chaque exemplaire un avertissement légal de 8 pages, rédigé par la Ligue des Droits de l'Homme[75]. Depuis lors, le développement d'internet et la facilité avec laquelle l'ouvrage se trouve désormais disponible à la lecture comme à la vente ont amené à penser différemment le risque relatif à sa diffusion, et c'est dans

---

[72] A. Hitler, *Mein Kampf (Mon combat),* tr. J. Gaudefroy-Demonbynes et A. Calmettes, Paris, Nouvelles Éditions Latines, [1934], 685 p.

[73] Il existe ainsi au moins une version éditée par La Défense française. Librairie critique (Paris), apparemment publiée en 1936 puis en 1939. Les références bibliographiques sur la question paraissent toutefois sujettes à caution. Ainsi, par exemple, l'ouvrage de Pierre Lunel intitulé *Les magiciens fous de Hitler. Enquête sur la fascination des nazis pour l'occulte* (Paris, Éditions First, 2015) mentionne cette version traduite en français comme datant de 1924 alors que la version originale ne paraît qu'en 1925 et 1926... Parallèlement, reprenant les NEL, Sorlot réimprime *Mein Kampf* en 1952, continuant à le vendre « *d'abord sous le manteau puis ouvertement lorsque Hachette accepte de le diffuser* » (C. Quétel, « Qu'est devenu *Mein Kampf* jusqu'à nos jours ? », *in Tout sur Mein Kampf, op. cit.*, p. 246).

[74] Comme le rappelle Claude Quétel, l'ancien Commissaire général aux questions juives sous Vichy, Louis Darquier de Pellepoix, alors réfugié en Espagne, donne à *L'Express* une interview publiée le 28 octobre 1978, dans laquelle il « *confie* » : « *Je vais vous dire, moi, ce qui s'est exactement passé à Auschwitz. On a gazé. Oui, c'est vrai. Mais on a gazé les poux* » (*ibid.*).

[75] Le recours visait à faire interdire de diffusion la version de 1934, éditée sans appareil critique ni dépôt légal.

ce contexte que son basculement dans le domaine public a mené à sa réédition critique en format papier en toute légalité[76].

En mars 2022, le site de la Bibliothèque Nationale de France répertorie 33 ouvrages différents, dont une brochure de 32 pages éditée par le Comité de Défense républicaine et française[77] en réponse à la publication de *Ma doctrine*, « *sorte de faux* Mein Kampf [de 140 pages] *dans lequel les citations sont constamment tempérées, voire remplacées par des déclarations ultérieures et apaisantes, vraies ou supposées de Hitler devenu chancelier [afin] d'atténuer [...] la menace contre la France* »[78], publiée... chez Fayard, en 1938, et rééditée en 1941[79]. Parmi les 32 ouvrages, 4 sont en allemand, 1 en anglais, 5 font mention d'une traduction intégrale[80] et 4 au contraire d'une version réduite[81] ou commentée[82], même si le

---

[76] Il s'écoule aujourd'hui quelques milliers d'exemplaires papier chaque année, en fonction des contextes et de « l'actualité » de la question, « *en augmentation régulière : 4 360 exemplaires en 2009, 5 155 en 2011, 6 944 à mi-chemin de l'année 2016... ce qui, dans la crise que connaît l'édition depuis plusieurs années, est beaucoup, surtout au prix de 36 euros* » (C. Quétel, « Qu'est devenu *Mein Kampf* jusqu'à nos jours ? » in *Tout sur* Mein Kampf, *op. cit.*, p. 250-251).

[77] *Adolf Hitler. Mein Kampf, ce qui ne figure pas dans les éditions françaises publiées par les amis du Führer* (sans date).

[78] C. Quétel, « La France a-t-elle ignoré *Mein Kampf* ? », *in Tout sur* Mein Kampf, *op. cit.*, p. 197.

[79] Il existe également une réédition par Déterna éditions (Paris, 2011).

[80] *Mon combat. Traduction intégrale de « Mein Kampf »*, tr. J. Gaudefroy-Demombynes et A. Calmettes, Paris, NEL, 1938, 687 p. ; *Mein Kampf (Mon combat), traduction exacte de l'édition intégrale*, Paris, La Défense française, Librairie critique, 6 janvier 1939, 637 p. ; *Mein Kampf, complete and un-abridged, fully annotated*, New York, Reynal and Hitchcock, 1941 (nombre de pages non mentionné) ; *Mein Kampf. Traduction J. Gaudefroy-Demombynes et A. Calmettes. Édition non expurgée à l'usage des Français* [Avant-propos de l'édition d'Alger, 1943], Alger, Éditions France, 1943, 352 p. et 1946, 352 p.

[81] *Mein Kampf. Mon combat. Extraits et résumé commenté par L. Claudel*, Paris, R. Simon, 1938, 224 p. ; *Mein Kampf, pages choisies et classées par Valdo Durrleman*, Carrières-sous-Poissy, La Cause, 1939, 48 p. ; *Mein Kampf, impartialement condensé par Marcel de Firs*, Courtrai/Paris, J. Vermaut/G. Ratier, mai 1939, 254 p.

nombre de pages des différents ouvrages (lorsqu'il est mentionné) laisse envisager une répartition réelle toute différente[83].

Le contexte dans lequel doivent être appréhendées la publication et la diffusion de l'ouvrage a été rendu progressivement différent par le passage des ans, reflétant au moins quatre temps distincts de la démocratie : le temps de la guerre et de sa propagande ; le temps de la Libération, de ses règlements de comptes et de la construction d'un droit international et européen des droits de l'homme ; le temps de l'émergence du négationnisme ; le temps du développement de l'utilisation d'internet. Sans surprise eu égard à la fonction sociale du droit, l'évolution de la réglementation juridique reflète cette évolution. En la matière, deux facteurs s'avèrent réellement déterminants : le décès de l'auteur, qui modifie évidemment les sanctions encourues, et le fait que, s'inscrivant désormais dans une Histoire de la guerre, du national-socialisme et de ses crimes, *Mein Kampf* ne peut plus être lu aujourd'hui comme il le fut jusqu'en 1945.

En effet, lorsqu'il est vivant, la publication de propos haineux peut entraîner des sanctions pénales envers leur auteur (et son éditeur) pour *injure publique à caractère raciste ou*

---

[82] *La Doctrine hitlérienne, Hitler et la France (« Mein Kampf »). Commentaires de C.-Louis Vignon*, Paris, Gagey, 1962, nombre de pages non mentionné.

[83] Ainsi, la version éditée par F. Sorlot (Paris) en 1938 (il en existe également une de 1934) ne fait mention d'aucune sélection mais ne « pèse » cependant que 160 pages, soit nettement moins que certaines versions se présentant elles-mêmes comme des « extraits » (comme celle de R. Simon datant de la même année : 224 p.). De même, l'*Édition non expurgée à l'usage des Français* des Éditions France ne pèse, dans ses deux versions successives (1943 et 1946) que 352 pages. On notera également le « tour de force » récent d'un éditeur qui parvient à en proposer une édition bilingue pour 428 pages ! (*Mein Kampf (Mon combat),* éd. bilingue, Mouzeuil-Saint-Martin, Bès éditions, coll. Les Marginaux / Dictateur et écrivain (n° 3), 2014, 428 p.). Les éditions allemandes originales pesaient quant à elles XXXII+782 pages... (München, F. Eher Nachf., 1933 et München, Zentralverlag der NSDAP Frz. Eher Nachf., 1935), ce qui ne variera pas avec les rééditions (1942 et 1943).

antisémite (les propos cherchent à blesser leur cible par une expression outrageante, un terme de mépris ou une invective raciste[84]), *diffamation publique raciste* (il s'agit d'accuser un groupe d'un fait précis en portant atteinte à l'honneur de ses membres par cette imputation) ou *incitation publique à la haine raciale* (visant à pousser des tiers à manifester leur haine envers un groupe ou une communauté). Les peines encourues sont aujourd'hui en France de 6 mois d'emprisonnement et 22 500 euros d'amende pour la première, d'1 an de prison et/ou 45 000 euros d'amende pour les deux autres (demeure néanmoins pour l'auteur la possibilité d'écrire un nouvel ouvrage et, bien sûr, les moyens ne lui manquent pas, dans un monde hyper-connecté, de faire connaître ses positions). Mais, surtout, l'on sait désormais de quelle manière les idées professées par Hitler dès *Mein Kampf* ont été par la suite mises en œuvre, ce qui rend totalement impossible de n'en pas tenir compte. Mais qu'implique, en réalité, cette connaissance ? Impose-t-elle d'interdire la diffusion de l'ouvrage ou au contraire de l'encourager ?

Faut-il lire et faire lire *Mein Kampf* ? La question n'a cessé de se poser depuis sa publication. Sa lecture permet-elle de s'en prémunir ou fait-elle peser sur ceux qui s'y aventureraient un risque inconsidéré ? Là encore, cette perception du risque a elle-même évolué. En 1936, Berthe Fouchère dénonçait ainsi dans *Le Populaire* la tendance belliciste qu'aurait pu faire naître l'entretien du sentiment de détestation de l'Allemagne qui n'aurait pas manqué de saisir les écoliers français auxquels on en aurait infligé inconsidérément la lecture[85]. Au contraire, par une « mise en garde » publiée le

---

[84] V. Cour d'appel de Paris, 17 mars 2011, *M'Bala M'Bala.*

[85] « *Le bureau politique du parti communiste, dans sa réunion du 27 août, prenait la décision de charger le camarade George Cogniot, député de Paris, d'adresser à M. Jean Zay, ministre de l'Éducation nationale, une lettre proposant que le livre de Hitler, intitulé* Mein Kampf, *soit expliqué et commenté dans toutes les écoles de France, afin que la jeunesse française sache que l'anéantissement de la France demeure la tâche fondamentale du gouvernement de Hitler. Nous avons dit bien souvent -et nos camarades communistes avec nous- que le fascisme allemand créait une psychose de guerre en*

11 novembre 1938, *L'Humanité* invitait à cette lecture[86], sous réserve seulement d'éviter les « *éditions réduites [...] dont le contenu a été tendancieusement déformé et les passages les plus importants omis* » et avec lesquelles « *certaines maisons commerciales abusent le public en innondant le marché* » au point que l'« *[o]n se demande même si la Gestapo n'y est pas pour quelque chose* ». Destiné à alerter contre la propagande nazie, l'article va jusqu'à en recommander[87] une version éditée par une officine du Parti communiste -et à préciser où adresser sa commande-, version décrite comme « *une édition abrégée de "MEIN KAMPF" où sont traduites très fidèlement et commentées toutes les parties importantes de "MEIN KAMPF"* ». Mais « importantes » pour qui ? Quarante ans plus tard, c'est la tendance à rejeter le nazisme au-delà de la *normalité* -et donc dans le monde de l'incompréhensible- qui apparaît lorsque *Le Quotidien de Paris* interroge : « *Faut-il brûler* Mein Kampf, *bréviaire pour génocide, manuel de délire collectif et instrument de la folie d'un peintre en bâtiment devenu monstre de l'Histoire ?* »[88]

Or, destiné à protéger la démocratie aussi bien contre elle-même que contre ses ennemis, le droit européen des droits de l'homme ne peut faire l'économie de prêter attention à sa

---

entretenant chez les enfants et les jeunes gens la haine de la France. La proposition du bureau politique du parti communiste aboutissait à créer la même psychose de guerre en développant dans l'enfance et la jeunesse françaises la haine de l'Allemagne. [...] nous avons trop souvent demandé que l'enseignement donné dans les écoles de la République soit imprégné de l'esprit de paix, pour ne pas dire combien nous trouvons regrettable et dangereuse la proposition communiste » (B. Fouchère, « Contre l'esprit de guerre », *Le Populaire*, 10 septembre 1936, p. 4).

[86] « Mise en garde », *L'Humanité*, 11 novembre 1938, p. 4 : « *Après l'"accord de Munich", le public français, inquiet, manifeste un grand intérêt pour "MEIN KAMPF", ce livre de Hitler qui est devenu la bible de l'Allemagne actuelle. Nous ne pouvons qu'encourager cet intérêt légitime* ».

[87] « *Réclamez donc l'édition abrégée de "MEIN KAMPF" éditée par le Comité Thaelmann et mise en vente au prix de 5 francs.* »

[88] *Le Quotidien de Paris*, 22 juin 1978.

supposée fragilité[89]. C'est pourquoi il ne saurait autoriser les États à opter -au nom de la démocratie- pour une interdiction de diffusion qui ressemblerait par trop aux autodafés organisés par le régime nazi à l'encontre des ouvrages qu'il jugeait lui-même dangereux ou *dégénérés*. Dans cette perspective, la Cour de Strasbourg a d'ailleurs élaboré de longue date une jurisprudence reposant sur l'idée de *démocratie apte à se défendre* en affirmant qu'en dépit de l'existence d'une menace « *les États contractants ne disposent pas pour autant d'une latitude illimitée [...]. Consciente du danger, inhérent à pareille loi, de saper, voire de détruire, la démocratie au motif de la défendre, elle affirme qu'ils ne sauraient prendre, au nom de la lutte contre l'espionnage et le terrorisme, n'importe quelle mesure jugée par eux appropriée* »[90]. Bien qu'elle ne concerne pas le droit à la liberté d'expression mais le droit à la vie privée et familiale, dans un contexte de surveillance secrète des communications à des fins de lutte contre le terrorisme, le principe défendu est bien le même que dans le cas de *Mein Kampf*.

Désormais, c'est l'appropriation des propos les plus haineux qu'il comprend et la résurgence des idées qu'il véhicule que les régimes démocratiques redoutent. Dans cette perspective, l'interdiction de diffusion d'un ouvrage censé contenir le programme politique qui devait conduire à la mort de plus de 60 millions de personnes, dont certaines en vertu d'un programme d'anéantissement planifié, ne paraît donc pas plus défendable que toute tentative d'en expurger certains passages jugés particulièrement insoutenables, car risquer d'illusionner ses potentiels lecteurs ne contribuerait en rien à la

---

[89] « *La démocratie oscillera toujours entre une trop grande faiblesse consistant à accorder la liberté à ceux qui veulent la détruire (Goebbels s'en réjouissait ironiquement), et une force exagérée qui la transformerait insidieusement en régime autoritaire* » (G. Haarscher, « Conclusions. Pas de liberté pour les ennemis de la liberté ? », *in* H. Dumont, P. Mandoux, A. Strowel et F. Tulkens (dir.), *Pas de liberté pour les ennemis de la liberté ? Groupement liberticides et droit*, Bruxelles, Bruylant, 2000, p. 491-497, sp. 493).

[90] CourEDH, *Klass et a. c. Allemagne*, n° 5029/71, 6 septembre 1978, § 49.

protection des droits de l'homme en Europe et ce, quelles que soient les intentions de l'éditeur -pour autant qu'elles soient lisibles[91].

Les réglementations ne reflètent plus la crainte que les ouvrages n'incitent leurs lecteurs à penser -comme lorsque la lecture d'Aristote et des *Livres naturels* était interdite par l'Église comme susceptible de mener au remplacement de la foi par la raison avant que Thomas d'Aquin ne cherche à en établir la complémentarité- mais celle qu'au contraire ils les empêchent de penser selon une raison commune partagée, celle de la démocratie et du respect de la dignité humaine. La morale religieuse a donc cédé la place à une forme de *morale démocratique* partagée[92] car c'est « *dans la conscience universelle* » qu'il s'agit de fonder le droit des droits de l'homme[93].

---

[91] Concernant par exemple l'ouvrage de l'écrivain collaborationniste Lucien Rebatet *Les décombres*, on comparera les choix opérés par les éditeurs Jean-Jacques Pauvert et Robert Laffont. Le premier le réédita en 1976 sous le titre -explicite- *Les mémoires d'un fasciste*, mais en l'expurgeant de passages « *où l'auteur de 1942 attaquait violemment certaines personnes à l'égard desquelles son appréciation avait, visiblement, changé -ainsi François Mauriac, qui avait fini par signer la pétition demandant la grâce du condamné à mort Rebatet* » et de sa dernière partie, intitulée « Petite méditation sur quelques grands thème », qui représentait les 127 dernières pages, les plus brutalement antisémites, de l'édition Denoël originale de 1942 et tenait davantage « de la déclaration d'intention » voire du « programme » que de la « foucade » (P. Ory, « Préface », *in Le dossier Rebatet. Les décombres. L'inédit de Clairvaux*, Édition établie et annotée par B. Vergez-Chaignon, Paris, Robert Laffont, coll. Bouquins, 2015, p. 8). Le second décida d'éditer « évidemment » (*ibid.*, p. 9) la version intégrale de 1942, complétée par un texte inédit de 644 pages manuscrites, première version des *Mémoires* de l'auteur rédigée lors de sa détention à la centrale de Clairvaux, afin de donner à voir ainsi successivement « le livre d'un vainqueur et celui d'un vaincu » (*ibid.*).

[92] C. Husson-Rochcongar, *Droit international des droits de l'homme et valeurs, op. cit.*

[93] J. Hersch, « Les fondements des droits de l'homme dans la conscience universelle », *in La Déclaration universelle des droits*

Le traitement juridique de *Mein Kampf* est ainsi entièrement différent de celui qui a pu être réservé, au cours des siècles, aux ouvrages jugés diffamatoires ou contraires aux bonnes mœurs. Car le crime contre l'Humanité n'a rien de commun avec ces incriminations. D'une part, il n'est pas seulement question de protéger des individus menacés dans la jouissance de leurs droits mais bien, à travers eux, la Société tout entière. D'autre part, ce n'est pas contre un supposé dévoiement moral ou religieux que cette protection doit être déployée, mais contre les tendances les plus noires de l'âme humaine, le droit étant ici conçu comme ultime rempart contre l'intolérable. Ne pas en interdire la diffusion ne signifie donc pas l'inexistence de toute protection juridique contre *Mein Kampf.* Toutefois, cette protection n'a guère à voir avec la censure consistant à « *soumettre à un examen le contenu des différentes formes d'expression ou d'information avant d'en permettre la publication, la représentation ou la diffusion* »[94]. Elle est plus subtile et bien plus *essentielle*.

C'est dans cette perspective que s'inscrit le traitement juridique réservé aujourd'hui à *Mein Kampf.* Il impose de distinguer clairement l'ouvrage -ouvertement haineux (et dont une partie des propos entraîneraient la condamnation pénale de leur auteur s'il le publiait aujourd'hui) mais devenu un document d'archive (et donc diffusable sous conditions d'explications critiques)- et les actes susceptibles d'être commis de nos jours qui s'en revendiquent expressément ou s'en inspirent implicitement. Certes, s'il est relativement aisé d'identifier les propos qui le glorifient, il paraît plus délicat d'y rattacher certains comportements violents motivés par la haine, qu'elle soit religieuse, raciale ou ethnique... Qu'importe ! Devenu symbole de la haine et du fanatisme, c'est bien au-delà de toute forme de nostalgie du national-socialisme que *Mein Kampf* sert désormais d'étalon pour chercher à mettre la haine hors la loi.

---

de l'homme 1948-1998. Avenir d'un idéal commun, Paris, La Documentation française, 1999, p. 35-44.

94 CNRTL, disponible en ligne.

III.- Le droit face à la portée contemporaine de l'ouvrage : par-delà *Mein Kampf*, mettre la haine hors la loi

Par-delà les temporalités de la démocratie, c'est bien le lien entre passé et présent qu'examiner le traitement juridique réservé à *Mein Kampf* invite à saisir. À travers la manière dont les enjeux s'enchevêtrent dans la construction de la jurisprudence, on constate en effet qu'en droit européen des droits de l'homme comme plus largement « *le passé n'est jamais totalement derrière nous, [...] nous sommes reliés à lui par mille liens [et]* Mein Kampf *est l'un de ces liens* »[95]. Ainsi, pour le juriste, « *[s]upposer que ce livre serait encore opératoire aujourd'hui* », ce n'est pas « *oublier que le danger vient d'ailleurs, d'une pensée raciste multiforme qui, pour prospérer, doit sans cesse se réactualiser* »[96]. C'est au contraire chercher à bâtir aujourd'hui une protection efficace pour l'avenir en en enfouissant profondément les racines dans les valeurs qui fondent le système de protection tout entier. Dans cette perspective, la protection juridique contemporaine se donne à voir dans une double dimension dans laquelle passé, présent et futur s'entremêlent étroitement : il s'agit à la fois de *respecter le passé* en condamnant les discours négationnistes (A) et de *bâtir l'avenir* en interdisant les actes violents motivés par la haine (B).

A.- Respecter le passé : la condamnation des discours négationnistes

Bien que la communauté juive n'ait pas été la seule à subir le déchaînement de la haine nazie, la lutte contre le négationnisme[97] s'envisage comme un prolongement du traitement juridique de *Mein Kampf*. En effet, dans le discours négationniste, « *la négation du génocide perpétré par les nazis et leurs complices à l'encontre des Juifs fait partie du projet*

[95] F. Brayard, « Introduction générale », *loc. cit.*, p. 3.
[96] *Ibid.*
[97] P. Vidal-Naquet, *Les assassins de la mémoire*, La Découverte, coll. Points Essais, 1987.

génocidaire lui-même »[98]. Qu'est-ce qui justifie alors ce qui pourrait être perçu comme une différence d'approche en termes de réglementation entre l'interdiction de diffusion de certains ouvrages plus récents et la non-interdiction de diffusion de *Mein Kampf* ?

Si le présent nous rattache certes au passé, celui-ci est toutefois derrière nous. Ainsi, progressivement, au fil du temps, des faits sont connus -et *certains*. C'est sur ce fondement que prend appui la réglementation juridique relative au négationnisme. Car, de la publication de *Mein Kampf* en 1925-26 à la fin de la guerre, la haine s'est transmuée de déclarations politiques en actes criminels. Le problème lié à la publication passée de propos haineux par un auteur désormais mort s'est mué en un problème lié à la négation des crimes dont cet auteur a justement été l'instigateur et l'ordonnateur au nom des principes politiques contenus dans l'ouvrage. Juridiquement, l'on est donc passé du *discours de haine* à l'*acte criminel* -ce qui constitue une différence notable[99].

En France comme en Europe, le droit a accompagné ce que l'historien Pascal Ory nomme la marque de « *l'évolution culturelle de l'Occident depuis le milieu des années 1970* »[100]

[98] P. Wachsmann, « Liberté d'expression et négationnisme », *Revue Trimestrielle des Droits de l'Homme*, n° 46, n° spécial, Le droit face à la montée du racisme et de la xénophobie, 31 mars 2001, p. 585. V. également T. Hochmann, *Le négationnisme face aux limites de la liberté d'expression*, Paris, Pedone, 2013.

[99] La qualification de *discours de haine*, postérieure à la parution de l'ouvrage, n'implique pas l'existence d'une *intention* de passer à l'acte.

[100] Ainsi, dans ce « *long pamphlet haineux adoptant en toutes choses le point de vue dit "collaborationniste"* », on trouve pêle-mêle « *rejet absolu du régime républicain, aboli en juillet 1940 ; critique virulente du régime successeur, l'"État français", jugé insuffisamment révolutionnaire et d'une trop grande tiédeur dans sa collaboration, pourtant officielle, avec l'Allemagne ; admiration, sans réserve, du modèle nazi ; appel véhément à la répression de toutes les oppositions à l'occupation allemande ; anticommunisme proclamé ; anticléricalisme, voire antichristianisme revendiqués ; antisémitisme obsédant* ». Pourtant, « *c'est cette dernière dimension qui a été mise en avant quand il s'est agi de caractériser Rebatet* », à l'encontre

au sujet de la réception de la réédition du « best-seller de l'Occupation » de Lucien Rebatet *Les décombres*. À l'adoption de la loi Pleven du 1er juillet 1972 contre l'incitation à la haine raciale s'est ainsi ajoutée celle de la loi Gayssot du 13 juillet 1990 tendant à réprimer tout acte raciste, antisémite ou xénophobe, dont l'article 9 introduit dans la loi de 1881 sur la liberté de la presse un article 24 *bis* qui qualifie de délit la contestation de l'existence des crimes contre l'humanité définis dans le Statut du Tribunal de Nuremberg. Mais l'émergence de courants négationnistes de plus en plus visibles dans les médias comme dans les rayonnages des librairies accompagne le développement de ce droit nouveau[101], destiné à mettre la haine hors la loi.

Lorsqu'elles se trouvent peu à peu saisies, à partir des années 1970, des premiers recours déposés par des auteurs de propos niant la réalité du génocide des Juifs, la Commission européenne des droits de l'homme (chargée du filtrage des requêtes jusqu'en 1998) et la Cour du même nom doivent faire face à un choix difficile : décider de faire prévaloir la liberté d'expression envers et contre tout, en tant que pierre angulaire de la démocratie -et laisser ainsi prospérer des discours contestant leur raison d'être même et susceptibles de fragiliser le système de protection tout entier- ou faire une application classique de l'article 10 § 2 de la Convention et, jugeant que les propos incriminés portaient atteinte à l'un au moins des buts

---

duquel l'histoire a donc retenu, plutôt que le « *critère, patriotique, de la trahison -celui des juges de la Libération, en France comme ailleurs- [...] celui, humaniste, de la xénophobie* » (P. Ory, *loc. cit.*, p. 7-8).

[101] Dans la même perspective, les menaces à raison de l'appartenance ou de la non-appartenance, vraie ou supposée, de la victime à une ethnie, une nation, une race ou une religion déterminée sont punies de 2 ans d'emprisonnement et 30 000 euros d'amende (5 ans et 75 000 euros s'il s'agit de menaces de mort), les violences commises avec les mêmes motivations sont punies de 3 ans d'emprisonnement et 45 000 euros d'amende si elles entraînent moins de 8 huit jours d'incapacité de travail (5 ans et 75 000 euros dans le cas contraire), tout comme l'apologie des crimes contre l'Humanité et la contestation de leur existence.

légitimes qui y sont visés, constater que les sanctions infligées à leurs auteurs par les juridictions internes reposaient bien sur des motifs pertinents et suffisants -prenant alors le risque de « *transformer des zéro intellectuels en martyrs* »[102].

Conscients que des difficultés de ce type risquaient de se faire jour, les rédacteurs de la Convention y avaient toutefois inséré un article 17 prohibant l'abus de droit, destiné à empêcher quiconque de se prévaloir de la Convention pour tenter d'en détruire l'esprit[103]. Comme l'a souligné l'un des anciens procureurs au Procès de Nuremberg, devenu représentant du Gouvernement britannique lors des travaux préparatoires de la Convention, il s'agissait alors de ne pas, « *en faisant preuve de trop de sentimentalisme, donner à des personnes mal intentionnées la possibilité de créer un gouvernement totalitaire qui anéantirait complètement les droits de l'homme* »[104].

La Commission et la Cour avaient donc également la possibilité de constater un abus de droit pour refuser la protection de la Convention à ses ennemis revendiqués. Pourtant, loin de se contenter de mobiliser l'article 17 -qui, incarnation du paradoxe souligné par Karl Popper (« *Il nous faut donc réclamer, au nom de la tolérance, le droit de ne pas tolérer l'intolérant* »[105]) et se voulant le prolongement de l'idée formulée plus radicalement par Saint-Just « *Pas de liberté pour*

---

[102] P. Vidal-Naquet, *Le Monde*, 4 mai 1996.

[103] « *Aucune des dispositions de la présente Convention ne peut être interprétée comme impliquant pour un État, un groupement ou un individu, un droit quelconque de se livrer à une activité ou d'accomplir un acte visant à la destruction des droits ou libertés reconnus dans la présente Convention ou à des limitations plus amples de ces droits et libertés que celles prévues à ladite Convention.* »

[104] Sir David Maxwell Fyfe, *Recueil des Travaux Préparatoires*, I, 119, cité par J. Velaers, « Quelques réflexions sur la "démocratie combative" en droit public belge », *in* H. Dumont, P. Mandoux, A. Strowel et F. Tulkens (dir.), *Pas de liberté pour les ennemis de la liberté ? Groupement liberticides et droit*, *op. cit.*, p. 319-330, sp. 321.

[105] K. Popper, *The Open Society and Its Enemies*, 1963, cité par A. Strowel, « La lutte contre les activités liberticides sur internet », *in ibid*, p. 411-448, sp. 411.

les ennemis de la liberté ! », aurait pu être instrumentalisé comme signifiant une forme de défaite de la démocratie, obligée de se bafouer elle-même pour se défendre-, elles choisirent d'ancrer leur jurisprudence dans les entrailles mêmes du système de protection, tirant du Préambule de la Convention les valeurs fondamentales qui sont l'essence du dispositif juridique.

Ainsi, ce n'est ni uniquement au nom du respect de l'un des buts légitimes envisagés par l'article 10 §2, ni même au nom de l'objet et du but de la Convention (art. 17) qu'elles refusèrent aux requérants négationnistes la possibilité de se prévaloir du droit à la liberté d'expression, mais directement au nom des « *valeurs fondamentales de la Convention, [...] à savoir la justice et la paix* »[106]. C'est donc toute la force du symbole démocratique -élaboré pour s'opposer au symbole haineux qu'incarne *Mein Kampf*- que les juges européens décidèrent d'opposer à cette première forme de résurgence de la barbarie sur le continent, en vue non seulement de défendre l'ordre et de prévenir le crime mais aussi pour protéger les droits et la réputation du peuple Juif, qui se trouvait à la fois dénigré et calomnié. Il s'est agi ainsi de fixer grâce au droit une limite symbolique -se voulant infranchissable- ancrée dans l'histoire, en renvoyant à la même forme de transcendance que l'idée d'*Humanité* : générations passées et à venir se trouvent ici réunies sous l'étendard de la justice et de la paix. Cette approche sera par la suite adoptée dans toutes les affaires relatives à des propos[107] ou à des comportements[108] négationnistes.

Pourtant, au fil du temps, ce n'est pas seulement la mémoire des victimes du IIIème Reich, et particulièrement de la communauté juive victime de la Shoah, qu'il a fallu protéger. Bientôt, les juges européens furent amenés à envisager bien

---

[106] Not. ComEDH, *Marais c. France*, n° 31159/96, dc., 24 juin 1996.
[107] CourEDH, *Garaudy c. France*, n° 65831/01, dc, 24 juin 2003 et *Pastörs c. Allemagne*, n° 55225/14, 3 octobre 2019.
[108] CourEDH, *M'Bala M'Bala c. France*, n° 25239/13, dc., 20 octobre 2015.

plus largement la protection offerte[109] en étendant progressivement leur jurisprudence à un ensemble de discours de haine[110] de plus en plus décorrélés du génocide et de l'ensemble des crimes perpétrés par les Nazis, s'attachant en cela à tenter de réduire les risques de violences motivées par la haine[111].

B.- Bâtir l'avenir : la prohibition des actes violents motivés par la haine

Dans la régulation juridique contemporaine, l'encadrement des propos haineux, étroitement lié au passé, s'articule à la prohibition de tout acte de violence à l'encontre des groupes visés. La Cour n'ayant pas vocation à unifier les droits internes mais seulement à contrôler que les États membres s'acquittent effectivement de leurs obligations découlant de la Convention, les réglementations peuvent néanmoins être variées, pourvu seulement qu'elles respectent la lettre et surtout l'esprit du texte. Ainsi, c'est en tant qu'il risque de susciter des comportements violents que la diffusion de *Mein*

---

[109] Sur la construction et l'évolution de la jurisprudence : C. Husson-Rochcongar, *Droit international des droits de l'homme et valeurs, op. cit.*, p. 236 et s.

[110] Selon l'annexe à la Recommandation n° R(97)20 du Comité des Ministres aux États membres, « *le terme "discours de haine" doit être compris comme couvrant toutes formes d'expression qui propagent, incitent à, promeuvent ou justifient la haine raciale, la xénophobie, l'antisémitisme ou d'autres formes de haine fondées sur l'intolérance, y compris l'intolérance qui s'exprime sous forme de nationalisme agressif et d'ethnocentrisme, de discrimination et d'hostilité à l'encontre des minorités, des immigrés et des personnes issues de l'immigration* ».

[111] Et ce, même si le délit de provocation à la discrimination, à la haine ou à la violence envers un groupe de personnes à raison de leur origine ou de leur appartenance ou de leur non appartenance à une ethnie, une nation, une race ou une religion déterminée [art. 24 de la loi du 29 juillet 1881 sur la liberté de la presse] peut être constitué sans avoir donné lieu à des actes concrets de discrimination ou de violence (CourEDH, *Jean-Marie Le Pen c. France*, n° 18788/09, dc, 20 avril 2010).

Kampf a pu être valablement limitée, de différentes manières selon les pays et les contextes : en Allemagne et en Autriche, l'après-guerre a signifié immédiatement l'interdiction des symboles et objets susceptibles de faire référence au nazisme, dont l'ouvrage faisait bien sûr partie ; aux Pays-Bas, où la lutte contre les idées apparentées au national-socialisme est également ancienne, sa vente est interdite (et pénalement punissable depuis 1987) mais pas sa possession[112] ; en Russie, le parquet général n'a décidé de le faire figurer sur la liste des livres interdits en raison de leur caractère « extrêmiste » qu'en mars 2010, suite à la décision d'un tribunal local le qualifiant de tel[113].

Pourtant, à nouveau, c'est bien au-delà de ces interdictions, aussi spécifiques que ponctuelles, que s'étend en réalité la protection juridique contre *Mein Kampf*. Car c'est dans chaque propos haineux que la Cour européenne des droits de l'homme traque aujourd'hui le risque de résurgence d'actes violents. D'abord étendue au cadre de l'incitation à la violence[114], la jurisprudence développée en matière de négationnisme, qui mobilise conjointement article 17 et valeurs de la Convention, s'est peu à peu ramifiée en s'appliquant toujours à la forme la plus grave des discours de haine, recouvrant aujourd'hui un ensemble d'incriminations complémentaires : haine religieuse[115], haine ethnique[116], incitation à la violence et au soutien d'activités terroristes[117].

---

[112] J.-P. Stroobants, « Faut-il autoriser "Mijn Kamp" ? », *Le Monde*, 19 septembre 2007.

[113] Jusqu'alors, il n'était pas explicitement mentionné parmi les livres écrits par des dirigeants de l'ancien parti nazi allemand, considérés comme un tout (*Dépêche AFP*, 26 mars 2010).

[114] ComEDH, *Karatas et Sari c. France*, n° 8396/97, dc, 21 octobre 1998 : « *l'implication avérée du requérant dans une politique d'action terroriste va à l'encontre des valeurs fondamentales de la Convention, tel que l'exprime son préambule, à savoir la justice et la paix* » (irr.).

[115] CourEDH, *Norwood c. Royaume-Uni* (n° 23131/03, 16 novembre 2004) et *Belkacem c. Belgique* (n° 34367/14, 27 juin 2017) : actes incriminés jugés « *contraires aux valeurs proclamées et garanties par la Convention, à savoir la tolérance, la paix sociale et la non-discrimination* » (irr.).

Parallèlement, l'article 10 §2 permet également toujours aux États de condamner les propos haineux sans que les juges européens ne constatent systématiquement l'irrecevabilité des requêtes déposées par leurs auteurs en recourant à l'article 17 ou au référentiel axiologique fondateur du système de protection dans le contrôle qu'ils opèrent. Certaines incriminations sont ici immédiatement dérivées des problématiques antérieures : c'est le cas de l'incitation à la discrimination ou à la haine raciale[118], de l'apologie de la violence et de l'incitation à l'hostilité[119], de l'incitation à l'intolérance religieuse[120], de l'incitation à la haine ethnique[121], de l'injure raciale et de la contestation de crime contre l'humanité[122]. D'autres sont liées à l'émergence de

---

[116] CourEDH, *Pavel Ivanov c. Russie*, n° 35222/04, dc., 20 février 2007 : « *aucun doute quant à la teneur éminemment antisémite* » des propos et à l'intention d'inciter à la haine envers le peuple juif (irr.).

[117] CourEDH, *Roj TV A/S c. Danemark*, n° 24683/14, dc., 17 avril 2018 : chaîne diffusant les discours des dirigeants d'une organisation terroriste et financée par elle (non-violation art. 10).

[118] Not. CourEDH, *Soulas et a. c. France*, n° 15948/03, 10 juillet 2008 : ouvrage provoquant à la haine et à la violence à l'égard de communautés musulmanes (non-violation de l'art. 10) ou *Féret c. Belgique*, n° 15615/07, 16 juillet 2009 : incitation à la haine raciale dans un contexte électoral (non-violation de l'art. 10).

[119] Par exemple *Sürek c. Turquie (n° 1)*, n° 26682/95, Gde Ch., 8 juillet 1999, (propriétaire d'un hebdomadaire ayant publié des lettres de lecteurs appelant à une vengeance sanglante (non-violation de l'art. 10).

[120] Par exemple *I.A. c. Turquie*, n° 42571/98, 13 septembre 2005 : éditeur condamné pour avoir « *injurié par voie de publication Dieu, la Religion, le Prophète et le Livre Sacré* » (non-violation de l'art. 10, les propos ne s'avérant pas seulement provocateurs mais ayant constitué « *une attaque injurieuse contre la personne du prophète de l'Islam* »).

[121] CourEDH, *Balsyté-Lideikiené c. Lituanie*, n° 72596/01, 4 novembre 2008 : éditrice condamnée pour avoir publié et distribué un « *calendrier lituanien 2000* » exprimant « *un nationalisme et un ethnocentrisme agressifs ainsi que des affirmations incitant à la haine des Polonais et des Juifs* » (non-violation de l'art. 10).

[122] CourEDH, *Bonnet c. France*, n° 35364/19, dc., 25 janvier 2022 : condamnation d'Alain Soral pour la publication sur internet d'une parodie de Charlie-Hebdo représentant la communauté juive à travers

problématiques plus récentes, auxquelles la norme juridique a dû s'adapter : il s'agit bien sûr de l'apologie du terrorisme[123] mais aussi des propos homophobes, auxquels a récemment été étendue la jurisprudence développée en matière d'incitation à la haine raciale ou religieuse[124].

Une telle diversification apporte plusieurs enseignements. Elle témoigne bien sûr de la construction progressive de la jurisprudence relative aux discours de haine, désormais bien établie et susceptible d'incorporer progressivement des formes de haine dirigées contre des groupes de plus en plus divers, en fonction du contexte et des évolutions sociales, reflétant ainsi une fois encore le passage du temps. Mais elle montre également la forte croissance du nombre de recours déposés, croissance d'autant plus préoccupante qu'elle semble ne pas se contenter de refléter l'explosion plus générale du nombre de recours qui a suivi l'ouverture du Conseil de l'Europe aux Pays d'Europe Centrale et Orientale après la chute du Mur. Dans la mesure où ces recours sont généralement déposés par des individus ayant eux-mêmes tenu ou diffusé des propos haineux[125], on peut sans

---

du savon, un abat-jour, une chaussure sans lacet et une perruque (« *à supposer même que l'article 10 trouvait à s'appliquer* », le dessin et le message qu'il véhiculait « *ne sauraient être considérés comme contribuant à un quelconque débat d'intérêt général* », § 49 : irrecevable comme manifestement mal fondée).

[123] Not. CourEDH, *Leroy c. France*, n° 36109/03, 2 octobre 2008 : dessin de presse glorifiant les attentats du 11 septembre (non-violation de l'art. 10) et *Gürbüz et Bayar c. Turquie*, n° 8860/13, 23 juillet 2019 : publication de déclarations d'une organisation terroriste (non-violation de l'art. 10).

[124] Sur l'évolution de la jurisprudence, comp. CourEDH, *Vejdeland et a. c. Suède*, n° 1813/07, 9 février 2012 (distribution de tracts dénigrant les homosexuels de manière « *grave et préjudiciable* » : non-violation de l'art. 10) et *Lilliendahl c. Islande*, n° 29297/18, dc., 12 mai 2020 (commentaires homophobes « *graves, fortement blessants et préjudiciables* » publiés en ligne : irrecevable comme manifestement mal fondée).

[125] Il faut mentionner néanmoins qu'il s'agit parfois de recours déposés par des opposants au pouvoir en place, dont ils ont subi les foudres en se voyant condamnés pour des raisons essentiellement

doute en déduire que ces derniers sont désormais davantage dénoncés et punis. Il faut cependant également constater que, si certains de ces discours sont devenus clairement hors la loi sur l'ensemble du continent[126] (ce qui n'empêche d'ailleurs pas qu'ils soient *tenus*, mais implique seulement leur répression), d'autres ont encore manifestement de beaux jours devant eux, des pans entiers du cyberespace étant devenus lieux d'invectives de toutes sortes.

Car si les discours de haine se sont diversifiés, c'est aussi parce qu'ils en ont obtenu la possibilité accrue. De l'ensemble peu homogène formé par ces contentieux émerge ainsi une question transversale particulièrement préoccupante et marquant à elle seule l'une des temporalités de la démocratie contemporaine (à considérer que celle-ci n'ait pas débuté avec la mise en place de politiques de lutte contre le terrorisme international et l'adoption des réglementations généralement bien peu libérales qui les ont accompagnées). Cette question, c'est celle du support de diffusion des propos haineux incriminés et de l'accès très extensif qu'il y rend possible. La réglementation de l'internet apparaît donc comme enjeu principal de la lutte contemporaine contre *Mein Kampf* et ses prolongements -directs ou indirects- puisque « *des propos clairement illicites [...] haineux ou appelant à la violence peuvent être diffusés dans le monde entier, en quelques secondes, et parfois demeurer en ligne fort longtemps* »[127].

---

politiques. Sur l'incrimination de *propagande en faveur d'une organisation terroriste* : CourEDH, *Özer c. Turquie (n° 3)*, n° 69270/12, 11 février 2020 (éditeur d'un journal) ou *Üçdağ c. Turquie*, n° 23314/19, 31 août 2021 (imam publiant sur Facebook) ; sur l'incrimination d'*extrémisme* : *Yefimov et Groupe de la jeunesse pour la défense des droits de l'homme c. Russie*, n° 12385/15., 7 décembre 2021 (fondateur d'une association ayant publié une note critique envers l'Église orthodoxe russe : violation de l'art. 10) ou *Mukhin c. Russie*, n° 3642/10, 14 décembre 2021 (rédacteur en chef d'un journal : violation de l'art. 10).

[126] Il n'est qu'à voir comment l'argument d'une prétendue « dénazification » de l'Ukraine est aujourd'hui mobilisé comme un élément de propagande de guerre par le Président Vladimir Poutine.

[127] CourEDH, *Delfi AS c. Estonie*, n° 64569/09, Gde Ch., 16 juin 2015.

En effet, envisager d'interdire la réédition de l'ouvrage n'aurait guère de sens puisque « *depuis l'avènement d'Internet il y a un quart de siècle, il n'a jamais été aussi facilement disponible, aussi largement diffusé, sinon lu. Deux clics suffisent pour en trouver une version numérique, sur des sites parfois douteux. Et peu d'efforts supplémentaires sont nécessaires pour commander le volume en toute légalité, sous forme d'exemplaire imprimé ou de livre électronique* »[128]. Dans ce contexte, c'est donc l'efficacité du barrage juridique dressé contre la haine qui se trouve questionnée, confrontée au développement de l'internet, lequel s'apparente bien davantage à un processus modifiant en profondeur la structure même de la protection des droits garantis qu'à un nouveau contexte -virtuel- d'exercice de ces droits[129].

Certes, les principes sont bien établis et la Communauté internationale demeure vigilante, ainsi qu'en témoignent les nombreux instruments consacrés à la question. Au sein du Conseil de l'Europe, les efforts se multiplient en ce sens depuis la Convention sur la cybercriminalité, du 23 novembre 2001 et son protocole additionnel « *relatif à l'incrimination d'actes de nature raciste et xénophobe commis par le biais de systèmes informatiques* », entré en vigueur le 1er mars 2006, qui comprend notamment un article 6 *Négation, minimisation grossière, approbation ou justification du génocide ou des crimes contre l'humanité*. Entraînant le développement d'une jurisprudence différenciée, cette réglementation nouvelle fait l'objet de nombreuses analyses consacrées à la liberté d'expression sur internet, à ses usages et à la difficulté d'en faire respecter les principes[130].

---

[128] F. Brayard et A. Wirsching, « Introduction générale », *loc. cit.*, p. 3.

[129] C. Husson-Rochcongar, « Les droits de l'homme sont-ils solubles dans internet ? », *Journal européen des droits de l'homme,* 2014-1, p. 29-53.

[130] Pour mesurer l'ampleur de la *révolution internet* en la matière : Q. Van Enis et C. de Terwangne (dir.), *L'Europe des droits de l'homme à l'heure d'internet*, Bruxelles, Bruylant, 2019, sp. Q. Van Enis, « Filtrage et blocage de contenus sur Internet au regard du droit à la liberté d'expression », p. 133-168 et C. Ruet, « Liberté d'expression et lutte contre le discours de haine sur internet », p. 169-221.

Tout comme celle de la marge de manœuvre laissée à l'éditeur quant à ce qu'il entend publier et dans quelles conditions, la question se pose désormais du rôle de différents acteurs privés dans la détermination de ce qui relève de l'intérêt général comme dans la mise en œuvre de sa protection. Car l'a-territorialité qui caractérise l'internet et son usage de plus en plus massif imposent aux États de partager avec d'autres qu'eux la responsabilité de faire respecter les limites démocratiques à la liberté d'expression. Disposant du pouvoir de sanctionner à leur tour ceux de ces acteurs qui refuseraient de faire respecter les règles de leur jeu, ils demeurent certes les premiers gardiens de la démocratie. Mais la puissance de leurs partenaires privés -et notamment des GAFAM- modifie toutefois sensiblement ces règles puisque ceux-ci participent (aux côtés des pouvoirs publics mais aussi des internautes eux-mêmes) à l'identification des sites, des contenus et des propos négationnistes, antisémites, racistes ou incitant à n'importe quelle forme de haine, de discrimination ou de violence envers une communauté ciblée comme telle et sont parfois parties prenantes dans la fermeture (temporaire ou définitive) de l'accès aux sites concernés ou la suspension des comptes des internautes responsables, à l'identification desquels ils participent (condition nécessaire à leur poursuite et à leur condamnation).

Ainsi, le problème n'a pas seulement changé de dimension. Il a changé de nature. Face au flux ininterrompu d'informations -avérées ou supposées- et d'opinions diverses déversées sur le web et les réseaux sociaux, procéder à un « tri » systématique est devenu impossible, condamnant souvent le promeneur de l'internet à devoir absorber un ensemble d'écrits et de contenus divers sans les avoir recherchés. Rendue d'autant plus forte que le visionnage de contenus plus ou moins ouvertement haineux s'accompagne d'une perte de sens inévitablement induite par l'écoulement du temps, cette forme de dissolution progressive de *l'intention* souligne cruellement l'inadaptation partielle du droit existant et ramène au projet de Marc Bloch de ne penser qu'ensemble le passé et le présent.

En effet, interrogeant le rôle du juge -auquel les sociétés d'après-guerre ont confié la tâche de garantir l'équilibre entre intérêts particuliers et intérêt général- cette évolution questionne plus largement la démocratie. Alors que la pandémie autant que les mesures adoptées pour tenter de la juguler semblent avoir alimenté notablement le complotisme et que les technologies récentes donnent une ampleur jamais atteinte à la communication comme constituant l'un des fronts essentiels de la guerre, une nouvelle temporalité paraît s'annoncer, basée sur le soupçon plutôt que sur la confiance en l'État de Droit. Dans ce contexte hyper-évolutif, la dangerosité de certains écrits -et particulièrement de *Mein Kampf*- ne peut être minimisée. Mais nul ne lit jamais qu'en fonction de ce qu'il est... N'est-ce pas là d'ailleurs ce qui fait tout le sel, tout l'intérêt de la lecture ? *Qui nous sommes* détermine très fortement les échos qu'un livre trouve en nous et ce que nous jugeons ou non acceptable, individuellement et culturellement. Aussi n'est-il sans doute pas moins dangereux pour la démocratie que l'ouvrage soit lu (quitte à prendre le risque qu'il puisse être instrumentalisé par des ennemis de la démocratie) que de le voir sombrer peu à peu dans l'oubli. Car la haine ne disparaît pas avec ses symboles.

Dans un monde contemporain en quête d'esprit critique, l'on ne saurait donc tenter d'instaurer une permanence dans la manière de saisir juridiquement *Mein Kampf*. Certes, le droit peut continuer à être envisagé comme un rempart. Toutefois, les spécialistes de poliorcétique le savent, il n'est guère de bastion définitivement imprenable. Ainsi, même si, « *[l]oin d'être neutre, toute technique juridique se modèle sur le projet politique au service duquel elle est placée* »[131], le droit ne peut, à lui seul, suffire à empêcher la répétition des crimes auxquels un tel déferlement de haine a pu donner naissance. Il ne peut qu'offrir à la Société un moyen de chercher à en limiter le risque. Dans la mesure où l'on ne saurait évidemment prétendre qu'un tel risque puisse être tout entier incarné par *Mein Kampf*, ce n'est qu'au prix de son évolution, destinée à incorporer des objectifs de régulation sociale toujours renouvelés, que le droit pourra alors s'espérer efficace... jusqu'au prochain changement de temporalité tout au moins. À travers l'analyse de la solution

[131] F. Rigaux, *Introduction à la science du droit*, Bruxelles, Éds. Vie ouvrière, 1974, p. 281.

juridique consistant à permettre la réédition de *Mein Kampf* dans une version commentée dotée d'un appareil critique destinée à lutter contre sa diffusion *sauvage*, c'est donc la fonction de domestication du droit en tant que processus de régulation sociale autant que ses limites qui apparaissent en pleine lumière.

Revendication des manuscrits et livres anciens

par
Agnès MAFFRE BAUGÉ
Maître de conférences (HDR) en droit privé
Université d'Avignon, LBNC (EA 3788)

De Jean de Blanot au marquis de Sade. En décembre 2021, un rare manuscrit de droit du XIIIème siècle écrit en latin par Jean de Blanot, un des plus grands juristes de son temps, est vendu aux enchères à Nîmes[1]. Provenant d'une collection privée, dans un rare état de conservation, il s'est envolé pour un prix dix fois supérieur à celui de son estimation, confirmant ainsi le dynamisme du marché des livres et manuscrits anciens. Son parcours n'est pas publiquement connu, le vendeur ayant préféré garder l'anonymat. Mais il n'a vraisemblablement pas traversé les siècles de manière aussi (juridiquement) rocambolesque que le rouleau *Les Cent Vingt journées de Sodome* du Marquis de Sade.

Bref retour en arrière. Les péripéties de ce manuscrit[2], à l'épilogue récent et heureux, sont bien connues des amateurs

---

[1] <https://www.gazette-drouot.com/adjuge/livres-anciens-et-modernes-dessins-cartes-de-geographie-manuscrits-autographes/120691>
Jean de Blanot (Joannes de Blanosco) est connu pour avoir développé la théorie de la souveraineté, socle de l'indépendance du roi de France, comme l'illustre la règle selon laquelle « *Le Roi de France est Empereur dans son Royaume, car il ne se reconnaît pas de supérieur en matière temporelle.* »

[2] N. Herzberg, « Caché, volé, racheté : l'histoire folle d'un manuscrit de Sade », Le Monde, 1er octobre 2012 ; V. Noce, « Caché, disparu, volé, racheté, le manuscrit mythique de Sade revient en France », *Libération*, 3 avril 2014 ; *Le Monde* avec AFP, « Le manuscrit "Les Cent Vingt Journées de Sodome", du marquis de Sade, acquis par l'État », 9 juillet 2021 ; L. Nicolazzi, A. Chechi, M.-A.Renold, « Affaire Manuscrit du Marquis de Sade - Héritier Nordmann et héritier de Noailles et Gérard Lhéritier », Plateforme ArThemis (<http://unige.ch/art-adr>), Centre du droit de l'art, Université de Genève.

de livres et manuscrits. Il n'est pourtant pas inutile de les retracer tant elles illustrent, voire symbolisent, les difficultés qu'il peut y avoir à revendiquer la propriété de manuscrits ou livres anciens.

En octobre 1785, Sade est emprisonné à la Bastille depuis huit ans déjà. Il entreprend d'écrire *Les Cent Vingt journées de Sodome* sur des petits feuillets assemblés les uns aux autres en une longue bande d'un peu plus de 12 mètres sur 11,5 centimètres, qu'il enroule pour mieux la cacher entre les interstices des murs de pierres de sa cellule. En juillet 1789, il est transféré à l'asile de Charenton sans pouvoir emporter le rouleau. Quelques jours plus tard, la Bastille est détruite, ce qui fait croire à Sade que son manuscrit a disparu avec elle. Il n'en est pourtant rien, car il a été récupéré par un dénommé Arnoux de Saint-Maximin. Commence alors le long périple du manuscrit. Il est vendu une première fois et reste dans la famille de l'acheteur, les Villeneuve-Trans, pendant trois générations. Au tournant du siècle, il est revendu à Iwan Bloch, un médecin psychiatre allemand qui en fera une piètre publication sous pseudonyme en 1904. Les années passent. En 1929, les mécènes et collectionneurs Charles et Marie-Laure de Noailles (laquelle est une descendante du Marquis de Sade) achètent le manuscrit et chargent l'éditeur Maurice Heine de l'éditer, ce qu'il fait *via* une souscription de bibliophiles pour mieux contourner la censure. Nouvelle pause dans l'épopée du rouleau autographe, jusqu'à ce que Nathalie de Noailles, leur fille, en hérite. En 1982, elle le confie (avec la partition musicale originale des Noces de Stravinsky) à l'éditeur Jean Grouet, l'un de ses anciens associés par ailleurs ami de Françoise Sagan, pour qu'il l'étudie. Au lieu de cela, il le vend au collectionneur de *curiosa* suisse Gérard Nordmann[3] par l'intermédiaire d'un libraire parisien : le manuscrit quitte le territoire français et n'y reviendra pas de sitôt... Carlo Perrone, fils de Nathalie de

---

[3] Selon A. Héritier (« Juridique - Collection - Quand Sade rentre en France », Juris art etc. 2014, n° 19, p. 39), « Nordmann, collectionneur de *curiosa*, détenait certainement la bibliothèque érotique la plus importante au monde : environ 2000 volumes, documents et manuscrits datés de 1525 à 1977, tous classés et protégés dans sa bibliothèque noire qui donnait sur le jardin de sa maison. »

Noailles, tente de le racheter. Mais en vain : le collectionneur refuse de se séparer de ce qu'il considère être la pièce maîtresse de sa collection. L'affaire prend un tour judiciaire. En France, Jean Grouet est jugé coupable de vol au préjudice de Nathalie de Noailles[4]. Le fait qu'elle ait prêté et donc remis le manuscrit au prévenu est indifférent car « *la détention matérielle d'une chose mobilière, non accompagnée de la remise de la possession, n'est pas exclusive de la soustraction, élément constitutif du vol* »[5]. Il est également jugé coupable du délit d'exportation illicite d'œuvre d'art, la Cour de cassation jugeant que l'article 1er, al. 2, de la loi du 23 juin 1941 relative à l'exportation des œuvres d'art doit s'appliquer au manuscrit dès lors que, écrit par le Marquis de Sade alors qu'il était détenu à La Bastille, il présente un intérêt national d'histoire ou d'art. Ce n'est qu'une demi-victoire, car le rouleau, toujours en Suisse, ne peut être saisi et restitué à sa propriétaire. Or, quelques années plus tard, de manière critiquable et fort critiquée[6], le tribunal fédéral suisse rejette l'action en revendication intentée par Nathalie de Noailles contre Nordmann en jugeant que ce dernier était de bonne foi lors de l'achat litigieux[7]. Les choses restent bloquées pendant plusieurs années[8] et n'évoluent de manière significative qu'après le décès du collectionneur et de

---

4 Cass. crim., 11 juin 1990, n° 89-80.467, *Bull. crim.*, n° 238 ; *D.* 1990, 218. La jurisprudence est classique (v. *infra* note 57), ce qui explique sans doute que l'arrêt n'ait pas été commenté (sauf erreur de notre part).

5 Même arrêt.

6 L. Nicolazzi, A. Chechi, M.-A.Renold, *op. cit.*

7 Recueil officiel des arrêts du Tribunal fédéral, 28 juin 1998, *N. de N. c N. et al.* Sa bonne foi n'aurait très certainement pas été retenue en droit français : les circonstances de l'acquisition, la très forte singularité du bien, sa sortie illicite du territoire… autant d'éléments qu'un acheteur, collectionneur hors pair, ne pouvait ignorer et qui permettent d'en déduire sa mauvaise foi au regard de la jurisprudence (v. *infra* II, B, en particulier note 58).

8 A. Héritier, *op. cit.*, remarque qu'à l'époque « *les droits français et suisse ne (permettaient) pas aux juges des deux États de rendre des décisions compatibles* », car « *la Suisse n'était pas partie aux Conventions de l'Unesco du 17 novembre 1970 et d'Unidroit du 24 juin 1995* ».

sa veuve : les tentatives de rachat par Carlo Perrone, afin que le manuscrit soit déposé à la Bibliothèque nationale de France ayant échoué, il faut attendre 2014 pour que l'homme d'affaires Gérard Lhéritier rachète le manuscrit *via* sa société *Aristophil* au fils de Nordmann et indemnise la famille de Noailles. Celle-ci fait le nécessaire auprès des autorités judiciaires françaises afin que le rouleau puisse être rapatrié sans être saisi[9]. De retour en France, le rouleau est à nouveau sur le point d'être vendu après la liquidation judiciaire, en 2015, de la société l'ayant racheté. Il est finalement classé « *trésor national* » fin 2017, puis grâce au mécénat, racheté en juillet 2021 avec son étui par l'État français pour la coquette somme de 4,55 millions d'euros. Il est désormais conservé à la bibliothèque de l'Arsenal, à Paris.

Focus sur la revendication et la restitution. Au-delà de ses prolongements d'ordre international, cette affaire met en lumière le droit à revendication que peut en principe faire valoir le propriétaire du livre ou manuscrit ancien pour tenter d'en obtenir la restitution. Difficile parcours en réalité, car le titulaire de l'action en revendication se heurte souvent à la règle énoncée par l'article 2276, alinéa 1er, du Code civil sous forme de maxime : « *En fait de meubles, possession vaut titre* ». Cette règle, à la mise en œuvre bien plus complexe que ce que son bref énoncé peut *a* priori laisser présager, est souvent, comme on va le voir, un obstacle sur le chemin de la revendication (I). Mais, ainsi que le montre l'affaire du manuscrit *Les Cent Vingt journées de Sodome*, cet obstacle n'est pas sans limite (II).

I.- « *En fait de meubles, possession vaut titre* » : un obstacle possible à la revendication

La revendication des manuscrits et livres anciens, organisée par le Code civil (A), est possible dès lors que, biens

---

9 Entre temps (2012), le manuscrit a été inscrit sur la base des biens volés de l'Office central de lutte contre le trafic des biens culturels.

meubles au sens juridique du terme[10], ils n'échappent pas à son domaine d'application (B).

A.- Fonctions de la règle « *En fait de meubles…* »

Mobilité physique, économique et juridique du bien mobilier. La revendication implique la justification de son droit par celui qui se prétend propriétaire. C'est assez aisé en matière de propriété immobilière : le titre de propriété dont dispose le propriétaire lui permet tout à la fois d'établir ce droit et de le rendre opposable aux tiers *via* l'accomplissement des formalités de publicité foncière. Or, par opposition à l'immeuble, qui se définit par sa fixation au sol et sa fixité, le bien meuble se caractérise par son aptitude à la mobilité. S'il est en outre corporel, le bien meuble pourra être facilement déplacé, emporté, transporté. Donc échangé, la mobilité physique se prolongeant naturellement au plan économique. Généralement, ce commerce a lieu sans écrit ou formalités, c'est-à-dire sans titre de propriété. Aussi, pour faciliter autant que pour sécuriser ces transactions, l'article 2276, al. 1er, du Code civil pose-t-il la règle selon laquelle la possession vient se substituer au titre absent : « *En fait de meubles, la possession vaut titre* ».

La possession, mode d'acquisition du bien mobilier. Concrètement, la possession d'un meuble corporel permet à celui qui peut s'en prévaloir[11] d'affirmer son droit sur ledit bien et, ce faisant, de l'opposer à qui viendrait le lui contester, notamment au "véritable propriétaire". Le possesseur ayant acquis le bien d'un tiers intermédiaire peut en effet invoquer l'article 2276 dans le procès en revendication intenté par le propriétaire originaire et, sur ce fondement, faire échouer celui-ci puisque sa possession *vaut titre* de propriété -le doyen Cornu évoquait sa « *fonction de suppléance* »[12], on pourrait aussi

---

[10] Selon l'article 516 du Code civil, *« tous les biens sont meubles ou immeubles. »*

[11] Du moins si certaines conditions sont réunies. Sur celles-ci, v. *infra*, II, A.

[12] *Cf.* Cornu, *Droit civil. Introduction, Les personnes, Les biens*, Montchrestien, 9ème éd., 1999, n° 1627.

parler de sa fonction d'équivalence, voire de prévalence. La possession est donc ici un mode d'acquisition à part entière, d'ailleurs parfois qualifiée d'« *instantanée* » ou immédiate[13] par opposition au mécanisme de la prescription acquisitive qui permet à celui qui possède un bien meuble depuis trente ans d'en devenir propriétaire sous certaines conditions[14]. Un mode qui surprend et interroge car, à bien y réfléchir, il fait triompher celui qui a reçu un bien (le possesseur) d'une personne… sans droit (le tiers intermédiaire), alors que, par hypothèse, on ne peut transmettre plus de droit que l'on en a. Mais un mode d'acquisition qui se comprend, si l'on considère l'objectif évoqué plus haut : prendre acte des réalités du commerce et sécuriser juridiquement les situations nées de celui-ci en protégeant ceux qui, croyant contracter avec le véritable propriétaire, ont en fait traité avec le possesseur.

La possession, mode de consolidation du droit sur le bien mobilier. La possession n'a pas seulement une fonction acquisitive : elle peut aussi avoir, à titre accessoire, une fonction probatoire. Le cas de figure est ici différent : elle n'est pas invoquée par le possesseur contre le revendiquant « véritable propriétaire » ou propriétaire originaire, mais contre celui dont il tient son droit (vendeur ou donateur, l'hypothèse visant souvent des opérations intrafamiliales ou amicales), qui le lui conteste en arguant d'un contrat mettant à sa charge une obligation de restitution, tel qu'un prêt, un dépôt, un mandat, *etc*. Dans ce cadre, la possession offre une *présomption de titre* (translatif de propriété), que le premier pourra opposer au second pour se défendre et répliquer dans le conflit qui les oppose : « *Le possesseur qui prétend avoir reçu une chose en don manuel bénéficie d'une présomption et (...) il appartient à la partie adverse de rapporter la preuve de l'absence d'un tel don, ou de prouver que la possession dont se prévaut le*

[13] J. Djoudi, *Répertoire de droit civil*, Dalloz, juillet 2017, v° Revendication, notamment n° 90.
[14] Sur ce point, v. *infra*, II, B.

détenteur de la chose ne réunit pas les conditions pour être efficace »[15].

B.- Champ de la règle « *En fait de meubles…* »

Les manuscrits et livres anciens et article 2276 du Code civil. Pour que la possession puisse être invoquée contre le propriétaire, encore faut-il, néanmoins, que le bien revendiqué entre dans le champ d'application de l'article 2276. Or, à plusieurs égards, les manuscrits et livres anciens (comme tant d'autres biens meubles) peuvent échapper à celui-ci, soit parce qu'ils sont considérés dans leur immatérialité, soit encore parce qu'ils sont frappés d'indisponibilité, soit enfin car ils sont soumis au régime de la domanialité publique.

Immatérialité de l'œuvre de l'esprit. Juridiquement, le livre peut être saisi en tant qu'objet incorporel ou corporel, selon qu'on le considère à travers l'œuvre intellectuelle qu'il véhicule ou comme l'exemplaire matériel de celle-ci, cette distinction pouvant naturellement être transposée au manuscrit[16]. Or, le caractère incorporel de l'œuvre de l'esprit[17] exclut le jeu de l'article 2276 et le possesseur ne saurait s'en prévaloir à l'égard du propriétaire[18], qu'il s'agisse de l'auteur ou de ses ayants droit. La solution est logique, l'œuvre incorporelle étant rétive à toute appréhension matérielle et donc à la possession, du moins dans une conception classique[19].

---

[15] V. par ex. : Cass. 1ère civ., 30 mars 1999, n° 97-11.948, *Bull. civ.* I, n° 112 ; *D.* 1999, IR, p. 124.

[16] Sur cette distinction dans le domaine de la propriété littéraire et artistique, v. B. Gleize, « De l'indépendance des propriétés incorporelle et corporelle », *in Les grands arrêts de la propriété intellectuelle*, dir. M. Vivant, Dalloz, 3ème éd., n° 42-43, p. 260 et s.

[17] A condition que l'on soit effectivement en présence d'une œuvre de l'esprit, c'est-à-dire d'une création de forme originale au sens des articles L. 111-1 et s. du Code de la propriété intellectuelle.

[18] Cass. civ., 26 février 1919, *DP* 1923, 1, 215 et CA Paris, 17 février 1988, *D.* 1989, Somm. 50, obs. Colombet.

[19] Pour une autre conception, plus innovante : B. Parance, *La possession des biens incorporels,* LGDJ, 2008.

Immatérialité de l'œuvre de l'esprit *versus* la matérialité de son support. La règle « *en fait de meubles...* » peut en revanche être invoquée par le possesseur de bonne foi à l'égard du support de l'œuvre. C'est ce qu'a par exemple jugé la cour d'appel de Paris dans un arrêt du 16 mai 2006[20], à propos de carnets, matrices d'enregistrement, films avec bande son de chansons inédites, *etc.* de Jacques Brel. La solution repose sur la règle de principe posée par l'article L. 111-3 du Code de la propriété intellectuelle (CPI), selon laquelle la propriété incorporelle instaurée au profit des auteurs est indépendante de celle de l'objet matériel : à l'auteur, le droit moral (perpétuel et imprescriptible[21]) et les droits d'exploitation de l'œuvre ; au possesseur de bonne foi, le droit de propriété sur le support de l'œuvre. Si cette ventilation des droits se conçoit bien d'un point de vue théorique, elle peut néanmoins être à l'origine de difficultés en pratique, car le droit du possesseur sur le support lui donne la maîtrise de l'accès à l'œuvre. C'est ce qu'énonce l'article L. 111-3, al. 2, CPI lorsqu'il dispose que « *l'auteur ou de ses ayants droit ne pourront exiger du propriétaire de l'objet matériel la mise à leur disposition de cet objet pour l'exercice* » des droits d'auteur, sauf « *en cas d'abus notoire du propriétaire empêchant l'exercice du droit de divulgation* », le tribunal judiciaire pouvant alors prendre toute mesure appropriée… Quoiqu'il en soit, et pour s'en tenir à la règle de l'article 2276 du Code civil, tout dépendra donc de la question de savoir si le manuscrit ou livre ancien est appréhendé dans sa matérialité ou dans son immatérialité : dans le premier cas, il entre dans le champ d'application de la règle instaurant un droit au profit du possesseur du support ; dans le second, il en est exclu, alors même que c'est sans doute cette immatérialité qui fait, du moins en partie, sa valeur marchande.

Indisponibilité des souvenirs de famille. N'est pas davantage susceptible de se voir appliquer l'article 2276 du Code civil le livre ancien ou le manuscrit qui peut parallèlement

---

[20] CA Paris, 1re ch., 16 mai 2006, RG n° 05/05185, *D.* 2007, p. 706, note W. Dross.
[21] Art. L. 121-1 CPI.

être qualifié de souvenir de famille[22]. Cette catégorie[23], consacrée par la jurisprudence à défaut de l'être par la loi[24], accueille des biens mobiliers divers, dans la famille depuis plusieurs générations[25], en lien avec son passé et son histoire et qui, à ce titre, représente une « *charge affective* »[26] importante pour celle-ci. Cette valeur spéciale, « *essentiellement morale* »[27], explique la particularité du régime juridique des souvenirs de famille et, notamment, leur indisponibilité[28]. Ainsi, leur gardien n'a sur ces biens que des pouvoirs limités, exclusifs de toute appropriation individuelle, de sorte qu'il ne peut pas invoquer l'article 2276 à son profit[29] et ne peut pas davantage

---

[22] V. par ex., à propos du manuscrit original « J'accuse » d'Émile Zola : CA Paris, 7 décembre 1987, *JCP N* 1988, II, p. 264, obs. J.-F. Barbiéri.

[23] J.-F. Barbiéri, « Les souvenirs de famille, mythe ou réalité juridique ? », *JCP N* 1985, I, p. 285 et s. ; A. Maffre Baugé, « Archives patrimoine familial, la jurisprudence des souvenirs de famille », *Les Cahiers de l'Afpap*, III, 2009-2010, p. 51 à 66.

[24] Quand bien même la loi y fait ponctuellement référence. V. R. 112-2, 13° du Code des procédures civiles d'exécution, qui déclare insaisissables comme étant nécessaires à la vie et au travail du débiteur saisi et de sa famille, les souvenirs à caractère personnel ou familial.

[25] Outre les livres, notamment généalogiques (CA Rouen 17 avril 2002, Juris-Data n° 2002-194262) et les manuscrits, déjà cités : bijoux, décorations, armes d'honneur, portraits, photographies, correspondances, papiers ou archives de famille...

[26] M. Reynaud-Chanon, « Les souvenirs de famille, une étape vers la reconnaissance de la personnalité morale de la famille », *D.* 1987, p. 264, spéc. n° 26.

[27] Cass. Req., 14 mars 1939, préc. ; CA Versailles, 15 octobre 1992, *D.* 1993, som. com. p. 222, obs. M. Grimaldi.

[28] V. notamment Cass. 1ère civ., 21 février 1978, n° 76-10.561, *Bull. civ.* I, n° 71 ; *D.* 1978, p. 505, note Lindon ; *JCP N* 1978, II, p. 142, concl. Gulphe, jugeant que les souvenirs de famille échappent aux règles de dévolution successorale et de partage établies par le Code civil et peuvent être confiés, à titre de dépôt, à celui des membres de la famille que les tribunaux estiment le plus qualifié.

[29] TGI Paris, 29 juin 1988, *JCP G* 1989, II, 21195, note E. Agostini ; *JCP N*, II, p. 155, obs. Ph. Salvage ; *RTDciv.* 1989, p. 774, obs. F.

en disposer librement, sauf à recueillir préalablement l'accord des autres membres de la famille. À défaut, ces derniers peuvent s'opposer au projet d'aliénation[30] ou, si celui-ci est réalisé sans leur consentement, agir en revendication, la vente s'analysant alors comme étant celle de la chose d'autrui[31].

Domanialité publique des collections muséales, archives et livres des bibliothèques. Le régime de la domanialité publique protège de manière particulièrement forte[32] les biens de l'État, des collectivités publiques et des établissements publics affectés à l'usage du public ou à celui d'un service public. En bénéficient les collections des musées publics, les archives publiques, les livres des bibliothèques et les objets cultuels des églises[33] (œuvres d'art et autres biens meubles) : en application de l'article L. 3111-1 du Code général de la propriété des personnes publiques, tous ces biens sont conséquemment inaliénables et imprescriptibles[34]. L'inaliénabilité les place hors commerce juridique de sorte qu'ils ne peuvent être vendus (à défaut, la vente pourrait être annulée) ; l'imprescriptibilité les rend insusceptibles de prescription acquisitive, ce implique qu'on ne puisse pas les usucaper[35]. Le propriétaire public pourra ainsi en faire la

---

Zénati. V. égal. CA Caen, 22 janvier 2004, Juris-Data n° 2004-235822.

[30] V. par ex. CA Paris, 7 décembre 1987, préc.

[31] Elle est donc annulable à la demande de l'acheteur, par application de l'article 1599 du Code civil.

[32] M. Cornu et N. Mallet-Poujol, *Droit, œuvres d'art et musées*, CNRS Éditions, 2001, p. 140 et s.

[33] CE, 17 février 1932, *Commune de Barran*, *Lebon*, p. 189 ; *DP* 1933, 3, 49, note Capitant, affirmant l'inaliénabilité de stalles du XVIème siècle de la collégiale de Barran.

[34] Le principe d'inaliénabilité est également énoncé par l'article L. 451-5 du Code du patrimoine applicables aux biens constituant les collections des musées de France appartenant à une personne publique. Plus généralement sur cette question : J-G. Sorbara, « Le domaine public au regard du Code général de la propriété des personnes publiques », *AJDA* 2007, p. 619 ; P. Yolka, « Les meubles de l'administration », *AJDA* 2007, p. 964.

[35] Sur ce point, v. *infra*, II, B.

revendication, sans limite de temps[36]. Les biens relevant du domaine public jouissent donc d'une forte protection. Mais celle-ci n'est pourtant pas illimitée. D'abord car la qualification de bien du domaine public peut être contestée, même si c'est une voie difficile[37]. Ensuite parce que les principes d'inaliénabilité et d'imprescriptibilité buttent sur le principe de territorialité du droit et ne sont conséquemment applicables qu'à l'intérieur des frontières françaises -ce que, dans un domaine voisin, l'affaire du manuscrit du Marquis de Sade, longuement évoquée plus haut l'illustre bien[38]. Enfin, car la protection n'est pas immuable, l'État pouvant opérer le déclassement du bien.

Manuscrits, illustrations. Si la règle est clairement énoncée par la loi, elle est également appliquée en jurisprudence[39], de manière aussi ancienne que constante. Plusieurs affaires relatives à des manuscrits en témoignent. Ainsi, un arrêt infirmatif de la cour d'appel de Paris du 3 janvier 1846 mettait déjà en avant le principe selon lequel « *les ouvrages, manuscrits, plans autographes et autres objets précieux, faisant partie de la Bibliothèque royale, sont inaliénables et imprescriptibles, comme appartenant au domaine public* »[40]. La cour en déduit que la Bibliothèque royale, « *seule et véritable propriétaire* » d'un manuscrit autographe de Molière, en cause dans le litige, doit être

---

[36] Cass. 1ère civ., 2 avril 1963, *Bull. civ.* I, n° 203 ; *AJDA* 1963, p. 486, note Dufau ; *Les grandes décisions du droit administratif des biens*, Dalloz, 3ème éd., 2018, n° 42, comm. P. Yolka.

[37] V. par ex. l'affaire dite du pleurant n° 17 du tombeau de Philippe le Hardi : CE, 21 juin 2018, Société Pierre Bergé et associés et autres, Lebon n° 408822 ; *AJDA* 2018, p. 1303 ; *RFDA* 2018, p. 1057, note J.-F. Giacuzzo.

[38] Sur ce point, v. *supra*, Introduction et note 8.

[39] À son sujet : E. Pierrat, *Faut-il rendre les œuvres d'art ?*, CNRS Éditions, 2011, p. 73 et s.

[40] CA Paris, 3 janvier 1846, *DP* 1846, 2, 212. Également cité par Ch. Racinet, *De la revendications des livres, estampes et autographes appartenant à la Bibliothèque impériale et à la bibliothèque Sainte-Geneviève*, Bonaventure et Ducessois, Paris, 1858, p. 78.

immédiatement rétablie dans son droit et le bien remis à celle-ci. De même, dans un arrêt du 17 juin 1896, la Cour de cassation a fermement posé que, le domaine public étant inaliénable et imprescriptible, les objets mobiliers qui en font partie peuvent être l'objet d'une revendication perpétuelle. Dès lors, les communes de Lyon et de Mâcon peuvent revendiquer les miniatures détachées vers 1850 du manuscrit *La Cité de Dieu* de Saint-Augustin, même contre un possesseur de bonne foi[41]. Beaucoup plus près de nous, le tribunal administratif de Paris a appliqué la même règle dans un litige opposant le ministère de la culture à un particulier qui, souhaitant vendre un manuscrit de Saint-Thomas d'Aquin, avait fait une demande de certificat d'exportation[42]. Mal lui en a pris : sur la considération que le manuscrit avait été longuement conservé à la bibliothèque de la chartreuse de Bourbon-lès-Gaillon, le tribunal a jugé que l'appartenance au domaine public n'avait jamais cessé et que le bien devait conséquemment être restitué à l'État, sans que cela méconnaisse l'exigence de respect d'un juste équilibre entre les intérêts privés du détenteur et l'intérêt public majeur attaché à la protection du manuscrit. Il a également jugé que l'absence d'indemnisation[43] pour le requérant ne constituait pas une mesure disproportionnée et que, partant, il ne supportait pas une charge spéciale et exorbitante au sens de la jurisprudence de la Cour européenne des droits de l'homme.

II.- « *En fait de meubles, possession vaut titre* » : un obstacle néanmoins encadré

Instaurant un droit au profit du possesseur qui vient concurrencer et paralyser le droit du propriétaire originaire, la règle instaurée par l'article 2276 du Code civil est doublement encadrée en ce qu'elle est subordonnée au respect de certaines

---

[41] Req. 17 juin 1896, *Bonnin,* DP 1897, 1, 257, note Guénée.

[42] TA Paris, 17 juillet 2020, *M. de V,* n° 1821972 /5-2, mentionné par CE, *Rapport public* 2020, n° 2.2. 11, p. 124 et 125.

[43] Sur le droit à indemnisation du possesseur devant restituer, v. *infra*, II, B.

conditions (A) et neutralisée lorsque la possession est consécutive à un vol ou la perte de la chose revendiquée (B).

A.- Limites liées aux conditions de la possession

Une possession dotée de certains caractères. Si la possession permet au possesseur de manuscrits et livres anciens de triompher dans l'action en revendication intentée contre lui, c'est néanmoins à la condition qu'elle remplisse certains caractères, que l'on rappellera brièvement ici. Est exigée une possession à titre de propriétaire, utile et non viciée.

Une possession à titre de propriétaire. Le jeu de l'article 2276 du Code civil nécessite en premier lieu d'avoir une possession qui rassemble les éléments de la propriété, tant d'un point de vue matériel que psychologique. Cela implique, d'une part, une détention physique du *corpus*, une emprise de fait, qui se distingue par exemple de la seule détention d'un certificat, d'immatriculation ou autre. Cela postule, d'autre part, que le possesseur agisse comme le véritable propriétaire du bien revendiqué (*animus domini*), ce qui suppose une détention non précaire. Tel n'est pas le cas d'une détention en qualité de mandataire, locataire, dépositaire[44] ou encore d'emprunteur[45] : dans toutes ces hypothèses, la détention découle de l'existence d'un contrat qui met à la charge du détenteur une obligation de restitution du bien qui en est l'objet et qui frappe la détention de précarité[46]. Bien différente est en revanche la détention consécutive à une donation, laquelle écarte par nature la précarité, sauf à démontrer, naturellement, que l'acte est en réalité dépourvu de toute intention libérale[47]. En tout état de cause, la charge probatoire de la précarité pèse -au sens propre

[44] Pour la détention de souvenirs de famille en qualité de dépositaire, voir *supra*, I, B.
[45] Comme dans le cas d'un prêt à usage de bijoux de famille : Cass. 1ère civ., 23 mars 1983, n° 82-12.526, *Bull. civ.* I, n° 111.
[46] Pour autant qu'il n'y ait pas interversion de titre, ce qui est le cas lorsque le détenteur précaire devient, avec l'accord du propriétaire, possesseur, comme dans le cas d'un don manuel.
[47] Cass. 1ère civ., 23 mars 1983, préc.

comme figuré, tant cette preuve peut s'avérer difficile- sur le plaideur revendiquant : à lui d'établir, conformément au droit de la preuve, que le défendeur n'est pas possesseur au sens de l'article 2276 du Code civil, mais un simple détenteur précaire.

Une possession utile. On entend par là une possession non viciée, c'est-à-dire continue, paisible, publique, non équivoque[48]. Ce dernier caractère suppose l'absence de violence ou de clandestinité à l'origine de la détention, comme dans le cas d'un vol -encore que dans ce cas, on puisse semble-t-il, à l'instar d'une certaine partie de la doctrine, davantage y voir un défaut de bonne foi et, partant, rejeter l'application de l'alinéa 1er de l'article 2276, au profit du second[49].

Une possession de bonne foi. Non inscrite dans l'article 2276 du Code civil, la bonne foi n'en est pas moins exigée par la jurisprudence[50], compte tenu de l'objectif de la règle « *En fait de meubles...* » (il s'agit, on l'a dit, de sécuriser la situation de celui qui a cru contracter avec le véritable propriétaire du bien revendiqué). La Cour de cassation a précisé que la bonne foi s'entend plus concrètement « *de la croyance pleine et entière où s'est trouvé le possesseur, au moment de son acquisition, des droits de son auteur à la propriété des biens qu'il lui a transmis* » et que « *le doute sur ce point est exclusif de la bonne foi* »[51]. Il s'agissait en l'espèce de statuer sur la revendication, par le ministre des cultes du *Land* de Bade-Wurtemberg, de cinq toiles de maîtres appartenant à une galerie d'art de Stuttgart acquises en 1946 auprès d'un restaurateur de tableaux, après avoir été détournées pendant la guerre des dépôts où elles avaient été placées à l'abri des bombardements. L'acheteur, condamné par les juges du fond à restituer les

---

[48] Autrement dit, une possession utile au sens de l'article 2261 du Code civil, relatif à la prescription acquisitive. Pour une application jurisprudentielle : Cass. com., 5 mars 1996, n° 93-21.541, *Bull. civ.* I, n° 73.

[49] Sur ce point, voir *infra*, II, B.

[50] Cass. req. 1er février 1893, *DP* 1894, 1, 278 -jurisprudence constante depuis.

[51] Cass. 1ère civ., 23 mars 1965, n° 63-11.238, *Bull. civ.* I, n° 206.

tableaux litigieux, avait plaidé, mais en vain au regard des circonstances ne laissant aucun doute quant à l'origine délictueuse des toiles, être un possesseur de bonne foi. À quoi on peut ajouter que celui qui découvre, par le pur effet du hasard une chose cachée ou enfouie a nécessairement conscience, au moment de la découverte, qu'il n'en est pas le propriétaire. Dès lors, il ne peut être considéré comme un possesseur de bonne foi et ne peut, par conséquent se prévaloir des dispositions de l'article 2276 du Code civil pour faire échec à la revendication du véritable propriétaire[52]. La bonne foi étant présumée, la preuve de son défaut incombe au revendiquant. Elle est libre et peut être faite par tous moyens, mais peut résulter du doute induit par le contexte de l'acquisition[53]. Reste que la bonne foi est appréciée au moment de l'entrée en possession : le possesseur de bonne foi, qui découvre par la suite l'origine frauduleuse de la chose, ne perd pas le bénéfice de celle-ci[54].

B.- Limites liées à l'origine de la possession

Cas de la chose perdue ou volée, hors usucapion. Quand bien même le possesseur peut se prévaloir d'une possession de bonne foi, il est des hypothèses dans lesquelles la revendication du véritable propriétaire reste possible. Il faut examiner cette exception et ses conditions d'application, avant de voir l'exception à l'exception.

Exception au jeu de la règle « *en fait de meubles…* ». En application de l'article 2276, al. 2, du Code civil, celui qui a perdu ou auquel a été volé une chose peut la revendiquer contre

---

[52] Jugé par Cass. 1ère civ., 6 juin 2018, n° 17-16.091, *Bull. civ.* I, n° 100, à propos de la découverte de lingots d'or dans un jardin.

[53] Cass. 1ère civ., 23 mars 1965, préc.

[54] V. par ex., Cass. crim., 4 mai 1995, n° 94-80.015, *Bull. crim.*, n° 165 ; *D.* 1996, somm. p. 56, obs. A. Robert, à propos de bien donnés et déposés dans un coffre-fort, revendiqués après le décès du donateur par ses légataires universels : ignorant l'existence de ce legs au moment de l'ouverture dudit coffre, le donataire-possesseur peut être considéré de bonne foi.

son détenteur. Ainsi, le propriétaire dépossédé contre son gré peut agir en revendication de sa chose contre le possesseur, y compris de bonne foi : les circonstances dans lesquelles le propriétaire est dessaisi paralysent alors la fonction acquisitive de la possession. On ajoutera que le Code du patrimoine renforce ici la règle posée par le Code civil dans le cas particulier d'objets classés aux monuments historiques puis perdus ou volés. L'article L. 622-17 dudit code, comme l'article 2276, al. 2, du Code civil, permet en effet au propriétaire originaire de les revendiquer contre l'acquéreur ou sous-acquéreur de bonne foi entre les mains duquel ils se trouvent. Ainsi jugé qu'une commune du Puy-de-Dôme peut récupérer une statue de vierge romane en majesté du XIIème siècle classée au titre des monuments historiques qui avait été volée dans l'église du village. L'acheteur, qui l'avait acquise auprès d'un antiquaire, a dû s'incliner et la restituer à la commune[55]. Le droit pénal vient ici « *au secours du propriétaire* »[56] : dûment reconnu et jugé, le vol permettra en effet la saisie de la chose volée puis sa restitution à son propriétaire légitime, conformément du Code de procédure pénale.

Cas du vol et de la perte. Encore faut-il pouvoir arguer d'un vol ou d'une perte. Le vol, défini par le Code pénal comme la soustraction frauduleuse de la chose d'autrui[57], s'entend de l'appréhension matérielle d'une chose corporelle appropriée par une personne qui en usurpe la possession de manière violente ou non, et intentionnellement, c'est-à-dire en ayant conscience de s'emparer de la chose d'autrui. Quant à la perte de la chose, qu'elle soit le fait de son propriétaire ou d'un tiers à qui celui-ci l'aurait confiée, elle entraîne également la dépossession involontaire du propriétaire (ce en quoi elle se distingue de l'abandon), mais sans être frauduleuse (ce qui la distingue du vol).

---

[55] Cass. 1ère civ., 16 mai 2006, n° 04-18.185, *Bull. civ.* I, n° 242 ; *D.* 2006, Pan., 2365, obs. B. Mallet-Bricout ; *D.* 2007, p. 132, note V. Valette ; *Dr. et patr.* 11/2006, p. 106, obs. J.-B. Seube.

[56] V. Valette, note préc.

[57] Art. 311-1 du Code pénal.

Dépossession involontaire *vs* dépossession volontaire. L'alinéa 2 de l'article 2276 ouvrant le champ de l'exception aux seuls cas de vol et de perte de la chose, qui visent tous deux une dépossession involontaire, on en déduit classiquement que l'exception n'est pas extensible aux hypothèses où le propriétaire remet volontairement la chose à son mandataire, un dépositaire, un emprunteur, *etc.* Cette interprétation civiliste est conforme au droit pénal, qui considère que le vol n'est pas caractérisé dès lors que la victime a volontairement remis la chose à l'agent avant que celui-ci la lui soit enlève. Sauf -et c'était bien le cas dans l'affaire du manuscrit de Sade- à démontrer que la remise volontaire n'a en réalité pas transféré la possession, mais seulement la détention matérielle précaire de la chose : dans ce cas, l'infraction de vol peut être retenue[58] et, partant, le droit à revendication admis. À quoi il faut ajouter qu'il n'est pas possible d'admettre l'escroquerie[59] ou l'abus de confiance[60] dans le champ de l'exception de l'article 2276, al. 2,

---

[58] Outre l'arrêt précité note 4 rendu dans l'affaire du rouleau autographe de Sade (Cass. crim., 11 juin 1990, n° 89-80.467), v. par ex. : Cass. crim., 28 mai 1975, n° 74-90.427, *Bull. crim.*, n° 138, dans une hypothèse de remise de meubles par leur propriétaire à un ébéniste, ensuite vendus par la veuve de celui-ci à un brocanteur. Jugé que la détention purement matérielle, non accompagnée de la remise de la possession, n'est pas exclusive de l'appréhension, qui constitue un élément du délit de vol.

[59] Selon l'article 313-1, al. 1er, du Code pénal, l'escroquerie est le fait, soit par l'usage d'un faux nom ou d'une fausse qualité, soit par l'abus d'une qualité vraie, soit par l'emploi de manœuvres frauduleuses, de tromper une personne physique ou morale et de la déterminer ainsi, à son préjudice ou au préjudice d'un tiers, à remettre des fonds, des valeurs ou un bien quelconque, à fournir un service ou à consentir un acte opérant obligation ou décharge.

[60] Selon l'article 314-1, al. 1er, du Code pénal, l'abus de confiance est le fait par une personne de détourner, au préjudice d'autrui, des fonds, des valeurs ou un bien quelconque qui lui ont été remis et qu'elle a acceptés à charge de les rendre, de les représenter ou d'en faire un usage déterminé.

d'interprétation stricte. Ces infractions ne permettent donc pas au propriétaire dépossédé d'exercer son droit à revendication[61].

Délai de revendication. Lorsque le vol et la perte peuvent être retenus, le propriétaire peut agir en revendication de la chose contre celui dans les mains duquel elle se trouve. Trois hypothèses doivent néanmoins être distinguées, selon qu'il agit contre le voleur de la chose ou celui qui l'a trouvée (souvent désigné comme « l'inventeur »), ou encore contre l'acquéreur (ou le sous-acquéreur) de bonne ou mauvaise foi.

Dans le premier cas, le propriétaire ne peut se voir opposer la règle « *en fait de meubles, possession vaut titre* » car le voleur ou l'inventeur ne possède pas de bonne foi[62]. Il peut donc agir sans condition de délai, le droit à revendication mobilière étant, comme en matière immobilière, imprescriptible[63]. Il faut rapprocher de cette hypothèse le cas du propriétaire qui agit en revendication contre le sous-acquéreur de mauvaise foi (c'est-à-dire contre celui qui ne pouvait pas ignorer l'origine délictueuse de la chose[64]) : à son égard aussi, la revendication est possible sans contrainte de temps.

Dans le deuxième cas, seul visé par l'article 2276, al. 2, du Code civil, le propriétaire se heurtera en revanche à un délai de prescription. En effet, afin de concilier les intérêts légitimes mais antagonistes des deux parties -celui du propriétaire involontairement dépossédé et celui de l'acquéreur-possesseur de bonne foi, tous deux juridiquement propriétaires par application de l'article 2276, al. 1er-, l'action est possible, mais enfermée dans un court délai de trois ans à compter du jour de

---

[61] Écartant le jeu de l'ancien article 2279, al. 2, devenu article 2276, al. 2, du Code civil, dans le cas d'un abus de confiance : Cass. 1ère civ., 9 janvier 1996, n° 93-16.700, *Bull. civ.* I, n° 22. Et plus anciennement, pour l'escroquerie : Cass. civ., 19 juin 1928, *DP* 1929, 1, p. 45.

[62] V. *supra*, II, A.

[63] Sous réserve de la prescription acquisitive. Sur ce point, v. ci-après.

[64] La mauvaise foi de l'acheteur étant ici appréciée de manière extensive (J. Djoudi, *Répertoire de droit civil*, préc., n° 129) et caractérisée dès qu'il a pu avoir des doutes sur l'origine du bien ou qu'il a agi avec une légèreté et une imprudence blâmables.

la perte ou du vol[65]. On notera toutefois que l'article L. 622-17 du Code du patrimoine n'impose aucun délai de prescription, la revendication des objets classés aux monuments historiques pouvant être exercée « *à toute époque* ».

Indemnisation. Par ailleurs, toujours afin de protéger et préserver les droits de l'acquéreur de bonne foi dépossédé, l'article 2277, al. 1er, du Code civil met à la charge du propriétaire revendiquant l'obligation de rembourser au possesseur restituant la chose le prix qu'elle a coûté, du moins dès lors qu'il l'a acquise « *dans une foire ou dans un marché, ou dans une vente publique, ou d'un marchand vendant des choses pareilles* »[66], c'est-à-dire à un commerçant faisant sa profession d'acheter des marchandises en vue de les revendre ensuite à son profit, comme un antiquaire[67]. L'article L. 622-17, al. 2, du Code du patrimoine pose la même règle[68].

---

[65] A défaut d'être intentée dans le délai instauré par l'article 2276, al. 2, du Code civil, l'action en revendication sera jugé irrecevable. Pour une illustration, dans une affaire consécutive à un vol de sièges ultérieurement revendus à des antiquaires : Cass. crim., 30 octobre 1969, n° 69-90.372, *Bull. crim.*, n° 277 ; *JCP* 1970, II, 16333, note G. Goubeaux. Le délai prévu par l'article 2276, al. 2, est un délai préfix, ne pouvant être ni interrompu, ni suspendu.

[66] Art. 2277, al. 1er, du Code civil.

[67] Cass. 1ère civ., 16 mai 2006, préc. Les marchés aux puces (CA Lyon, 8 novembre 2001, *JCP* 2003, IV, 1203, jugeant que le terme de marché s'entend d'un lieu où se pratiquent des transactions régulières avec des commerçants établis et non pas d'un marché aux puces accessible à des vendeurs non commerçants et notoirement connu comme lieu d'écoulement des marchandises volées) et brocantes (CA Pau, 3 juillet 1979, *D.* 1981, inf. rap. 232, au sujet d'un magasin tenant du « bric-à-brac ») paraissent devoir être exclus du champ d'application de l'article 2277, al. 1er, C. civ. Il en va de même du courtier en tableau (Cass. crim., 31 mars 1978, n° 77-91.639, *Bull. crim.*, n° 120 ; *Gaz. Pal.* 1979, 1, 13, dans une espèce où l'acquéreur d'une toile volée, directeur d'une galerie d'art, l'avait achetée, dans son magasin, à un courtier en tableau ultérieurement condamné pour recèl ; la Cour de cassation juge qu'« *un courtier n'appartient pas à la catégorie "des marchands vendant des choses pareilles", au sens de l'article 2280, al. 1er {ancien article 2277 al. 1er}, dès lors qu'il agit*

Exception à l'exception : point de revendication en cas d'usucapion. Le propriétaire peut néanmoins se heurter à l'acquisition de la chose par son possesseur de mauvaise foi du fait de l'écoulement du temps[69]. La prescription acquisitive (ou usucapion) permet alors à celui-ci, sous certaines conditions[70], d'acquérir un bien meuble du fait de sa possession pendant trente ans[71].

En guise de conclusion. Revendiquer la propriété d'un manuscrit ou livre ancien n'est donc pas si facile, le droit admettant en définitive qu'il puisse avoir deux propriétaires : le propriétaire originaire et le possesseur de bonne foi, le second pouvant être en position d'évincer le premier... Ce qui conduira peut-être celui-ci à verser des larmes de sang, tel un Sade écrivain pleurant son manuscrit *Les Cent Vingt journées de Sodome,* qu'il pensait à jamais perdu[72].

---

comme intermédiaire pour le compte de tiers, qui restent les véritables vendeurs »).

[68] Étant précisé que, contrairement à ce que pourraient laisser penser les deux textes, la demande en remboursement de l'acquéreur n'a pas à être intentée avant la restitution de la chose au véritable propriétaire. En ce sens : Cass. 1ère civ., 22 novembre 1988, n° 86-17.888, *Bull. civ.* I, n° 331 ; *D.* 1990, Somm. p. 86, obs. A. Robert ; *RTD civ.* 1990, p. 521, obs. F. Zénati ; Cass. 1ère civ., 16 mai 2006, préc.

[69] Art. 2258 du Code civil. Du moins hors la détention pour le compte d'autrui, en application de l'article 2266 du Code civil, qui vise notamment le locataire, le dépositaire et l'usufruitier et de l'article 2267 qui vise les héritiers de ces derniers.

[70] Énoncées par l'article 2261 du Code civil, qui requiert une possession « *continue et non interrompue, paisible, publique, non équivoque, et à titre de propriétaire.* »

[71] Par application combinée des articles 2258 *in fine* et 2272 du Code civil.

[72] Lettre à son ami Gaufridy, mai 1790: « *Mes manuscrits sur la perte desquels je verse des larmes de sang !... On retrouve des lits, des tables, des commodes, mais on ne retrouve pas des idées* », *in* A. Le Brun, *Soudain un bloc d'abîme, Sade*, Paris, Gallimard, 1993, p. 25, cité par A. Héritier, Juridique - Collection - Quand Sade rentre en France, préc.

Le livre ancien, parent pauvre de la couverture d'assurance

par
Charlotte BROUSSY
Maître de conférences
Institut d'Histoire du Droit de Montpellier (UR UM 206)
Université de Montpellier

Dans la culture commune, le livre est objet et sujet à la conservation. Par excellence, il consigne la mémoire d'œuvres du passé et là, les écrits d'auteurs disparus que ce soit à des fins littéraires, morales, politiques, religieuses ou juridiques. Le livre, pour toutes ces raisons, a par lui-même vocation à être conservé, protégé, recopié. Cet aspect du livre fait de lui un bien convoité, *a fortiori* quand il est ancien. Cela en fait aussi une source de pouvoir. Un illustre exemple littéraire permet de prendre la mesure de ces propos. Il s'agit du roman d'Umberto Ecco, *Le nom de la rose*[1]. Tout le récit porte sur le souci de conservation de livres par un monastère méridional, non pas spécifiquement à des fins religieuses, mais surtout afin de rassembler fidèlement toutes les connaissances du monde passé. Immédiatement derrière ces préoccupations viennent la question du pouvoir détenu par les livres et la crainte que certains d'entre eux suscitent en conséquence. Tel était le cas du second tome de la *Poétique* d'Aristote dont Jorge de Burgos -moine bibliothécaire de l'abbaye bénédictine au cœur de l'intrigue- interdisait toute reproduction. Il y avait là à la fois l'expression du pouvoir exercé par et sur les livres comme la crainte engendrée par le livre et le souci d'empêcher sa diffusion. En effet, le manuscrit litigieux -aussi diabolique fût-il- devait être conservé, mais sans jamais être diffusé. L'histoire était, en l'espèce, celle d'un livre puissant, mais d'un livre à cause duquel on tuait et d'un livre que l'on craignait tant que

[1] U. Eco, *Le nom de la rose*, J. N. Schifano, trad., Grasset, 1990.

l'on en vint à détruire par le feu l'intégralité de la bibliothèque et de ses fonds extrêmement précieux (car anciens et rares)[2].

Bien sûr, le présent exemple est issu de la littérature qui, par excellence, est un précieux moyen de s'évader des réalités de notre monde. Néanmoins, les mythes et l'histoire abondent de tels exemples de destruction des livres[3]. Très souvent, ces dernières sont également le fait de la violence des Hommes et aboutissent à des bibliothèques réduites en cendres[4]. Incidemment, nous ne pouvons donc nous priver d'évoquer quelques-unes des plus célèbres pertes de livres.

Il convient d'ores et déjà mentionner la disparition légendaire de livres de Noé. Ce dernier les aurait enfouis dans le sol en prévision du Déluge par crainte qu'ils ne provoquassent le naufrage de son arche[5]. À cet égard, il n'est pas anodin de remettre cette perte dans le contexte de l'Apocalypse de Noé et de rappeler la double signification du terme grec *ἀποκάλυψις* : à la fois « *destruction* » et « *révélation* »[6].

S'agit-il, par ailleurs, de pertes historiques, les travaux de l'archéologie mettent en évidence que les plus anciennes destructions de livres ont eu lieu dès les Vème et IVème siècles avant notre ère, en Mésopotamie, à la fois en raison des matériaux à partir desquels ils étaient faits (p. e. l'argile), de

---

[2] Un ouvrage de recherche littéraire est d'ailleurs -sans coïncidence- intitulé « Le Nom de la rose, du livre qui tue au livre qui brûle » (A. Peyronnie, *Le Nom de la rose, du livre qui tue au livre qui brûle : Aventure et signification*, PUR, 2006 (Nouvelle édition 2016), [En ligne : <books.openedition.org/pur/29825>].

[3] F. Baez, *Histoire universelle de la destruction des livres*, N. Lhermillier, trad., Fayard, 2008. L. X. Polastron, *Livres en feu*, Folio, 2009, 2e éd.

[4] F. Baez, *Histoire universelle..., op. cit.* : l'auteur relate depuis l'ère mésopotamienne les causes de destruction des livres et l'incendie est probablement la première des causes qu'il soit volontaire (le plus souvent) ou involontairement causé par l'Homme. Les raisons de l'incendie sont également évoquées et l'une des causes historiques les plus fréquentes semble être le souci conscient de purification, d'élimination d'une culture, d'une religion, *etc.*

[5] L. X. Polastron, *Livres en feu, op. cit.*, p. 14.

[6] F. Baez, *Histoire universelle..., op. cit.*, p. 21.

causes naturelles (p. e. les inondations) et d'incendies causés par les Hommes à l'occasion de guerres[7]. Nous retrouvons là trois facteurs de disparition des livres : leur fragilité matérielle confrontée à la malignité des Hommes ainsi qu'aux aléas naturels qui les atteignent d'autant plus aisément.

Évidemment, nous ne résistons pas à l'idée de mentionner les destructions de l'antique Grande Bibliothèque d'Alexandrie. Quoique son architecture ait pu être fantasmée, cette institution reste illustre pour ses immenses collections de fonds anciens, pour son intense activité de copie, de traductions et d'études critiques[8]. Or, elle présentait aussi plusieurs points faibles qui ont alimenté chacune des hypothèses des dévastations dont elle a été l'objet. Notamment, elle aurait été située près du port où tous les bâtiments étaient proches les uns des autres, si bien que cela a accrédité la thèse d'une communication d'incendie, en 48 avant notre ère, au moment où les Romains entreprenaient la conquête de l'Égypte[9]. Également, sa proximité au port a pu permettre de soutenir les hypothèses de destruction des fonds par l'humidité[10] et autres catastrophes naturelles comme un raz de marée. Par ailleurs, sa force qui aurait pu plus tard devenir une faiblesse était également celle de rassembler à la fois de grands savants, de tous pays et de diverses religions, ainsi que de précieuses collections de livres tout aussi variées. Dans le contexte de crise romaine du IIIème siècle de notre ère, lorsque les empereurs entendirent contenir les turbulences de leur province égyptienne, la Bibliothèque, ses savants et ses fonds furent de la sorte une cible prioritaire de ravage pour des motifs d'ordre politique voire aussi d'ordre religieux[11]. En effet, il put s'agir d'éliminer des chercheurs chrétiens qui s'y massaient. Plus tard, après que la religion chrétienne fut devenue religion officielle de l'Empire, il pouvait réciproquement s'agir d'y atteindre les païens non moins nombreux. Par-delà les épisodes destructeurs romains, il semble qu'Alexandrie resta un centre culturel et que

---

[7] *Ibid.*, p. 37-38.
[8] L. X. Polastron, *Livres en feu*, *op. cit.*, p. 28-36.
[9] *Ibid.*, p. 36.
[10] *Ibid.*, p. 40.
[11] *Ibid.*, p. 40-42.

-vraisemblablement- de nombreux fonds aient pu encore y subsister plusieurs siècles. En conséquence, sa destruction totale n'a pu remonter qu'au VIIème siècle, alors que l'Égypte passa sous domination du califat de 'Umar, et par-là de l'Islam. Dans ce contexte, le général 'Amr ibn al'-As -compagnon de Mahomet, chargé de gouverner l'Égypte- interrogea le Calife sur le sort à réserver aux fonds de la Bibliothèque. Celui-ci lui aurait répondu « *À propos des livres dont tu nous as parlé, si ce qui s'y trouve écrit est conforme au Livre de Dieu, le Livre de Dieu nous permet de nous en passer ; s'il s'y est quelque chose qui soit contraire, alors ils sont mauvais. Procède donc à leur destruction* » [12]. Cette réponse aurait conséquemment donné lieu à l'anéantissement définitif des fonds alexandrins. Cette dernière version fait prédominer l'argument religieux face au danger que représentent les livres. Ici, il se serait agi de purifier par la destruction. Cette illustration -nonobstant les mystères dont elle regorge encore- présente cela d'intéressant qu'elle met en évidence les tensions entre la crainte suscitée par les livres et l'émulation des Hommes à leur contact. Elle met, elle aussi, en exergue toute la fragilité matérielle des livres de même que leur valeur d'autant plus grande qu'ils sont anciens.

Ces différents facteurs, à savoir les risques naturels, politiques et religieux qui menacent les livres ainsi que le pouvoir d'attraction voire de fascination qui pousse à leur conservation, sont récurrents. Ainsi en allait-il de la destruction aussi bien d'Hommes que de livres lors d'autodafés dans le contexte de l'Inquisition espagnole[13]. Ainsi encore les plus récents actes « biblioclastes », « bibliocaustes » ou « bibliocides » consistant généralement à anéantir purement et simplement, à travers les livres, des aspects culturels et religieux contraires à l'idéologie d'un lieu et d'un moment[14].

Il est alors loisible de relever que si le livre, en particulier lorsqu'il est ancien, peut être un bien précieux et

---

[12] *Ibid.*, p. 43. A. Drogou, « Bibliocaustes et autres bibliocides », *Humanisme*, 2018/3 (n° 320), p. 32-37 : *« Heurs et malheurs de la Bibliothèque d'Alexandrie »*.

[13] L. X. Polastron, *Livres en feu*, *op. cit.*, p. 161-163.

[14] *Ibid.*, p. 234-321. A. Drogou, « Bibliocaustes et autres bibliocides », *Humanisme*, 2018/3 (n° 320), p. 32-37.

puissant, il est tout aussi régulièrement soumis à la fatalité[15]. En effet, l'on est fréquemment réduit à retenir les seuls titres anciens et prestigieux, à regretter la disparition de certaines œuvres[16] dont le souvenir ne nous est tout au plus rapporté que de manière indirecte et plus ou moins lacunaire.

Pourtant l'on ne mesure que trop en Histoire du Droit tout l'intérêt de disposer des sources directes. D'ailleurs l'on sait aussi combien est fondamentale la redécouverte de telles sources que l'on a pu croire perdues ou bien que l'on a pu simplement ignorer. Cela fut par exemple le cas de la *Compilation de Justinien* dans la partie occidentale de l'Europe entre le VIème siècle -moment de sa rédaction ordonnée par l'Empereur romain d'Orient, Justinien Ier- et le XIème siècle. Cette « découverte », ou du moins la lecture de cette compilation longtemps délaissée en Occident marqua le début de l'incontournable renaissance médiévale du droit. Assez ironiquement, la légende voulait qu'un manuscrit perdu du *Digeste* dudit Justinien fut retrouvé en 1137 par des soldats pisans combattant à Amalfi où ils auraient incendié une maison[17]. Exceptionnellement, le livre fut mystérieusement rescapé d'un incendie. Nous trouvons l'expression de la puissance -éventuellement mystérieuse- du livre qui, ici, parvient à dépasser sa fragilité.

---

[15] J. Lendering, « The disappearance of ancient books », 2006, [En ligne : <www.livius.org/articles/misc/the-disappearance-of-ancient-books/>].
S. Kelly, *The Book of Lost Books*, Viking, 2005.

[16] Tel est par exemple le cas d'un certain nombre d'œuvres d'Archimède, d'Euclide ou Protagoras ; du second livre de *la Poétique* d'Aristote, de l'essentiel de son *Protreptique, etc.* Pour ne citer qu'un dernier exemple, plus récemment -et assez ironiquement au fond-, l'hebdomadaire français l'*Obs* -anciennement *Le Nouvel Obs*-, mentionne la *disparition* pendant près de trente ans d'un manuscrit de « *La Condottière* » de George Perec (D. Caviglioli, « Perec inédit : l'histoire d'un manuscrit perdu », *Le Nouvel Obs - Bibliobs*, 27 février 2012).

[17] C. Lovisi, *Introduction historique au droit,* Dalloz, coll. Cours, 2016, §216, p. 148-149. J.-M. Carbasse, *Manuel d'introduction historique au droit*, PUF, coll. Droit fondamental, 2002 (9ème éd. 2021), §82, p. 134-135.

Cette force du livre, sa délicatesse, de même que son ancienneté ont pu représenter autant d'atouts qui expliquent la rareté de certains ouvrages et par-là en faire des biens à collecter et à conserver. Le livre, dès lors qu'il est précieux, représente une valeur économique non négligeable. En ce sens, sa disparition ou sa simple détérioration peuvent représenter à la fois une perte substantielle, mais aussi un préjudice économique important. Il convient d'associer immédiatement à ces préoccupations, une question qui importe forcément au bibliophile, à savoir dans quelle mesure le livre peut faire l'objet d'une assurance pour être protégé. En France, les assurances maritimes apparaissent depuis le XVIème siècle, mais elles ne s'épanouissent à travers les assurances terrestres qu'à partir de la fin du XVIIIème siècle puis encore davantage au XIXème siècle. Depuis la Restauration, en effet, il est loisible d'observer un développement prodigieux des garanties proposées par les assureurs en matière terrestre. Celles-ci s'étendent progressivement à tous les risques auxquels sont confrontés les biens, puis les Hommes[18].

La question de savoir dans quelle mesure l'assurance permet de protéger les livres anciens peut sembler naïve dans notre société contemporaine où l'assurance s'est étendue à une infinie variété de situations. Pourtant, elle est digne d'être posée d'un point de vue historique. De fait, il nous a été très difficile de trouver une quelconque mention de l'assurance des livres (anciens ou non) avant une période très récente. Y compris à l'heure actuelle, elle reste pour le moins marginale[19]. En tout

---

[18] Pour se rendre compte des développements de l'assurance à la fin du XIXème siècle, nous renvoyons à l'arbre figurant en tête de l'ouvrage de Georges Hamon (*Histoire générale de l'assurance en France et à l'étranger*, L'Assurance Moderne, Paris, 1895-1896, [En ligne :
<gallica.bnf.fr/ark:/12148/bpt6k5490656w/f9.item.texteImage]>).
V. également notre thèse de doctorat (C. Broussy, Préf. C. Jallamion, *Histoire du contrat d'assurance - De la mer à la terre*, à paraître en 2022 à la LGDJ, coll. Bibliothèque de droit des assurances, §780 et s.).

[19] On en retrouve tout au plus des éléments d'information dans : les actes du colloque « Assurance et objets d'art et fiscalité » organisé le

état de cause, le livre en tant qu'objet de l'assurance n'est pas spécifiquement mentionné dans le Code des assurances. Aussi, il nous a fallu procéder par hypothèses pour parvenir, de fil en aiguille, à apporter un certain nombre d'éléments de réponse sur la question de l'histoire de la couverture assurantielle des livres anciens.

Précisément cet article a vocation à proposer des éléments d'explication à ces réponses difficiles à trouver qui sont potentiellement le signe d'une couverture assurantielle faible des livres. Peut-être que les livres anciens sont si délicats quant à leur forme et puissants quant à leur fond qu'ils ne se laissent pas aisément saisir par une couverture assurantielle. Dans les quelques lignes qui vont suivre, nous nous emploierons à vérifier cette hypothèse : tout d'abord quant à l'assurabilité même du livre ancien (I), ensuite, quant aux raisons qui, d'un point de vue historique, expliquent qu'à propos le livre -bien que précieux- l'on s'en soit remis à la fatalité (II).

I.- L'assurabilité relative du livre ancien

A.- Avant toute autre chose, et dans la mesure où le livre n'est pas spécifiquement envisagé par les assureurs, il convient de s'interroger sur le point de savoir **dans quelle mesure il est possible d'en faire l'objet d'une assurance**.

Intuitivement, et comme l'assurance, en plein épanouissement depuis le XIXème siècle a vocation à couvrir toujours plus de risques et d'objets, il est d'ores et déjà possible d'affirmer que le livre ancien est forcément assurable, mais qu'il ne l'a éventuellement pas toujours été.

De prime abord, une question mérite d'être posée afin de pouvoir accéder aux conditions de cette assurabilité qui est celle de savoir à quel titre et par quel contrat d'assurance le livre ancien est susceptible de faire l'objet d'une assurance.

---

29 novembre 2001 à l'Université Paris II (Panthéon-Assas) publiés aux *Petites affiches*, n° 47, 6 mars 2002, ainsi que chez H. Brissaud, E. Bernard, *L'assurance des objets d'art et du patrimoine culturel*, L'Argus de l'assurance (« Les Essentiels Plus »), 2018.

Afin d'y apporter des réponses, encore faut-il pouvoir lui associer une qualification. Juridiquement, et il y a là une première caractéristique évidente, le livre ancien est un bien meuble corporel. En tant que tel, s'il est susceptible d'être assuré, il l'est sur le fondement d'une assurance contre les risques de dommages aux biens. En toute rigueur, cette catégorie d'assurance est distinguée en premier à propos des contrats d'assurance terrestre[20]. En tête de ces contrats figure le contrat d'assurance contre l'incendie qui a longtemps été le seul à couvrir les risques des habitations. En effet, la diversification des risques couverts par les contrats d'assurance dits « d'habitation » n'est intervenue que récemment. Or, il se trouve que l'incendie est probablement l'une des causes les plus fréquentes de destruction des livres. Mais les livres ont-ils bien pu être couverts par une assurance contre les incendies ?

Il est piquant de remarquer que les toutes premières compagnies anglaises[21] et françaises[22] d'assurance contre

---

[20] C. Broussy, Préf. C. Jallamion, *Histoire du contrat d'assurance*..., *op. cit.*, §1124, p. 604-605 : cette distinction remonte précisément au contexte de rédaction de la loi dite *Godart* de 1930 sur le contrat d'assurance terrestre. Elle est formulée par le député René Lafarge chargé d'en rapporter les motifs et dispositions au nom de la commission d'assurance et de prévoyance. Il s'agissait, à la manière des droits suisse et allemand, de distinguer les assurances de dommages aux biens (assurances de choses et de responsabilité) des assurances de personne (assurances vie, assurances contre les accidents, contre l'invalidité, contre les maladies et contre la vieillesse) (R. Lafarge, « Rapport fait au nom de la commission d'assurance et de prévoyance sociales chargée d'examiner le projet de loi relatif au contrat d'assurance », *JORF, Débats parlementaires*, Annexe n° 3316, p. 1161).

[21] « Dénonciation au public d'un nouveau projet d'agiotage ; ou lettre à M. le Comte de S*** Sur un nouveau Projet de Compagnie d'Assurance contre les Incendies à Paris, sur ses inconvéniens, & en général sur les inconvéniens des Compagnies par actions », *in* D. Pouilloux, *Mémoires d'assurances : recueil de sources françaises sur l'histoire des assurances du XVI*ème *au XIX*ème *s.*, Seddita, Paris, 2011, p. 495, note : « *Les Anglois ont le bon esprit en général, de se renfermer, à cet égard [ndla : les meubles], plus que nous dans le strict nécessaire. Peut-être la fréquence des incendies en Angleterre*

l'incendie n'envisageaient pas de couvrir autre chose que les biens immobiliers. *A contrario* les meubles étaient exclus de leur assiette de couverture. Tout de même assez rapidement, il a dû être envisagé de les garantir[23] car la plupart des assurés « *ne sont intéressés qu'à la conservation de leur mobilier et de leurs marchandises* »[24]. Néanmoins, lorsqu'ils sont assurés, les meubles augmentent à tel point le risque que les compagnies entendent les couvrir à part « *à un prix et à des conditions dont il sera convenu de gré à gré entre elles & les Propriétaires* ». Dans ces circonstances, au XVIIIème siècle, si les livres sont couverts par ce biais, ce n'est donc qu'à titre exceptionnel, sur le fondement d'une convention particulière. Mais il est intéressant de relever une précision apportée en faveur des assurés parisiens par la Compagnie Royale d'assurance contre l'Incendie en 1788 dans l'un de ses avis au public :

---

est-elle une des principales causes de cette économie. Je doute même que, si les Anglois avoient un mobilier aussi riche, les Compagnies d'Assurance voulussent jamais l'assurer. Car on sait qu'elles sont très prudentes, & se fixent des limites pour les sommes qu'elles assurent ».

22 Notamment la première compagnie d'assurance française contre les incendies, la Compagnie d'Assurances Générales de Paris du sieur de Maisonneuve, les exclue expressément de sa couverture (« Conditions sous lesquelles la Compagnie propose d'assurer les Maisons et autres Bâtiments contre les incendies », *in* D. Pouilloux, *Mémoires d'assurances..., op. cit.,* p. 481, Art. IV : « *les meubles ne seront point compris dans l'Assurance, pour engager l'Assuré à veiller, ainsi que les Locataires, à la conservation de sa maison* »).

23 Dès le mois d'août 1786, lors de la création de la Compagnie des Eaux de Paris des frères Périer autorisée à pratiquer l'assurance contre les incendies, on songe à proposer également une garantie des biens meubles contre le risque d'incendie (« Prospectus de la Compagnie des Eaux de Paris des frères Périer », *in* D. Pouilloux, *Mémoires d'assurances..., op. cit.,* p. 503, art. 3). En outre, la même année la Compagnie Royale d'assurance contre l'Incendie les assure (« Conditions de la police d'assurance de la Compagnie d'assurance contre les incendies, établie par Arrêt du Conseil d'État du Roi, du 6 novembre 1786 », *in* D. Pouilloux, *Mémoires d'assurances..., op. cit.*, p. 528, art. IV).

24 « Dénonciation au public d'un nouveau projet d'agiotage... », *op. cit.*, p. 495.

« L'Assurance des Maisons devoit être le premier objet de ses travaux (...). Mais ensuite la Compagnie devoit s'occuper de la classe nombreuse dont toute la fortune est composée d'objets Mobiliers & de Marchandises ; la sûreté du Commerce sollicitoit depuis long-temps le secours des Assurances (...). Ainsi, sous tous les rapports, l'Assurance des Meubles & Marchandises est aussi nécessaire que celle des Maisons. Enfin la Compagnie désirant offrir au Public tous les genres d'Assurances possibles, prévient qu'elle a fait construire dans son Hôtel une grande caisse doublée de fer, afin d'établir un Dépôt de sûreté pour les Effets précieux & de peu de volume, tels que les matières d'Or, d'Argent, les Diamans, Bijoux, etc., les Papiers intéressants, Effets royaux & aux Porteurs, Titres, etc. »[25].

Cela nous conduit à formuler plusieurs remarques. Tout d'abord, l'assureur en question prend rapidement conscience de tout l'intérêt de garantir cette catégorie de biens que sont les meubles alors que juridiquement au contraire ils sont très largement sous-protégés par rapport aux immeubles. Ensuite, et surtout pour la matière qui nous intéresse, les livres peuvent bien être inclus parmi les meubles garantis par la Compagnie d'assurance. Or, dès à présent, il convient de distinguer parmi les livres. D'un côté il y a ceux qui sont ordinaires et qui n'apportent que peu à la fortune des particuliers. D'un autre côté il y a ceux qui ne le sont pas. À l'instar de certains biens et papiers précieux expressément mentionnés par la Compagnie, certains livres, plus rares et/ou plus anciens peuvent l'être tout autant. Or, ces effets précieux ne seraient pas, en l'espèce, spécifiquement garantis moyennant indemnité par l'assurance. À défaut de les couvrir de manière ordinaire, la Compagnie préconise plutôt un dépôt matériel de ces biens au sein d'une de ses caisses « doublée de fer ». Cette forme originale de protection si elle a le mérite d'épargner les biens en question de la réalisation des risques d'incendie, d'inondation et de vol[26],

---

[25] « Avis au public édité par la Compagnie Royale d'Assurances contre les incendies », 16 juin 1788, *in* D. Pouilloux, *Mémoires d'assurances..., op. cit.*, p. 538-539.
[26] *Ibid*, p. 539.

n'a pu en tout état de cause exister qu'en présence d'un nombre restreint d'assurés. Surtout, il est assez peu probable qu'il ait été possible d'y déposer les livres, fussent-ils précieux, en raison de leur volume. Par conséquent, si les livres ordinaires pouvaient aisément faire partie du mobilier assuré, les livres anciens, plus précieux, en semblaient exclus.

Quand bien même cette manière de protéger le mobilier n'est pas conservée dans les polices d'assurance contre l'incendie depuis le XIXème siècle, il est un point qui s'est maintenu jusqu'à nos jours : la distinction entre les biens mobiliers ordinaires et les biens mobiliers précieux. Désormais, les auteurs partent du principe que toute chose mobilière ou immobilière est assurable[27] -du moins à primes fixes dans un premier temps[28]. Tout de même les assureurs continuent un moment de formuler les plus grandes réserves à l'égard des assurances couvrant les biens mobiliers en raison du risque élevé de fraude de la part des assurés[29], de leur grande valeur et/ou parce qu'ils sont susceptibles de s'enflammer trop

---

[27] A. Grün, L.-J. Joliat, *Traité des assurances terrestres et de l'assurance sur la vie des hommes, suivi d'un appendice renfermant les statuts des principales compagnies françaises d'assurance, et les polices des principales compagnies françaises et étrangères*, Imp. de Goetschy, Paris, 1828, p. 163-165. P. A. Boudousquié, *Traité de l'assurance contre l'incendie : suivi des statuts, des polices et des tarifs des compagnies d'assurance*, Achille Désauges, Paris, 1829, p. 51. H.-A., Quenault, *Traité des assurances terrestres, suivi de deux Traités de Samuel Marshall* (trad. C. Marshall, B. Warée oncle, Paris, 1828, p. 27-28, §29. I. Alauzet, *Traité général des assurances : assurances maritimes, terrestres, mutuelles et sur la vie*, Cosse, Paris, 1844, vol. 1, §146, p. 268 : ce dernier auteur n'en discute même plus la possibilité au milieu du XIXème siècle. V. par ex. aussi : A. Grün, L.-J. Joliat, *Traité des assurances terrestres..., op. cit., Appendice, Police de la Compagnie d'assurances générales contre l'incendie, art. 1er.*

[28] P. A. Boudousquié, *Traité de l'assurance contre l'incendie..., op. cit.*, p. 53 : les sociétés mutuelles continuent de les exclure en 1829 (époque à laquelle paraît le présent traité de Boudousquié). Il est l'un des seuls auteurs à mentionner encore cette réserve.

[29] A. Grün, L.-J. Joliat, *Traité des assurances terrestres..., op. cit.*, p. 169.

facilement[30]. En revanche, ils constatent qu'il n'est plus question pour les assureurs de les exclure radicalement de l'assiette de l'assurance. Afin d'éviter les surévaluations de certains biens et prévenir les pertes imaginaires frauduleusement déclarées à l'assureur, les polices exceptent habituellement[31] de leur couverture « *les bijoux, l'or et l'argent, les diamants, les billets et les titres de toute espèce. L'argenterie, les tableaux, les statues, et en général, les choses rares et précieuses qui peuvent être assurées, doivent être spécialement désignées dans la police* »[32]. Partant, les objets rares et précieux sont généralement exclus de la couverture d'assurance contre l'incendie, sauf convention contraire spécifique. Cette disposition sera par la suite généralisée à tous les risques garantis par assurance, notamment le vol[33]. Dans ces circonstances, un livre ancien, dès lors qu'il s'agit d'un bien précieux, pouvait être couvert à condition de faire l'objet d'un contrat spécial. On imagine dès à présent toute la difficulté, de faire assurer un fonds ancien et rare d'une bibliothèque ou d'un collectionneur, dès lors qu'il faut en identifier, en déclarer, en estimer spécifiquement chacun des ouvrages pour les faire figurer dans le contrat spécifique.

Enfin, toujours à propos de l'assurabilité des livres anciens et même si ce bien est par excellence susceptible d'être

---

[30] H.-A., Quenault, *Traité des assurances terrestres…, op. cit.,* p. 28.

[31] V. par exemple : A. Grün, L.-J. Joliat, *Traité des assurances terrestres…, op. cit., Appendice, Police de la Compagnie d'assurances générales contre l'incendie, art. 1er* (exclusion des bijoux, pierreries, lingots, etc.) *et art. 2* (exclusion de « *l'argenterie, des dentelles, des tableaux, des statues, et en général de tous les objets rares ou précieux* » sauf à ce qu'ils soient spécifiquement désignés dans la police). *Police de la Compagnie française du Phénix, art. 1er et 2.* P. A. Boudousquié, *Traité de l'assurance contre l'incendie…, op. cit.*, p. 505-506, *Police de la Compagnie royale d'assurance contre l'incendie*, art. 1er et 2. P. A. Boudousquié, *Traité de l'assurance contre l'incendie…, op. cit.*, p. 518, *Police de l'Union*, art. 1er et 2…

[32] A. Grün, L.-J. Joliat, *Traité des assurances terrestres…, op. cit.,* p. 169.

[33] V. notamment J. Kullmann (dir.), *Le Lamy Assurances*, Wolters Kluwer, Mise à jour septembre 2021, §1789-1795 (Assurance des objets d'art), [En ligne : <www-lamyline-fr>].

couvert par une assurance terrestre, vient la question de l'assurance maritime. Il est indéniable que ces assurances garantissent également les dommages causés aux biens : ceux qui transportent dans le cadre d'une assurance sur corps de navire, comme ceux qui sont transportés avec le recours à l'assurance sur facultés. Bien sûr le livre, en tant que marchandise, pourrait bien faire l'objet de cette dernière forme d'assurance. De ce point de vue il serait donc également assurable. Il l'est d'autant plus aisément qu'anciennement en matière d'assurances maritimes l'on ne distinguait pas expressément dans les polices, parmi les marchandises transportées, les biens précieux de ceux qui ne le sont pas[34]. En revanche, nous n'avons trouvé aucun exemple de contrat ayant spécifiquement assuré des livres anciens. Tout de même, il est un risque à l'occasion duquel, l'on fait historiquement la distinction entre objets précieux et ordinaires : il s'agit du jet à la mer en cas de péril imminent puis de sa conséquence, la procédure des avaries communes. En principe, s'il représente une marchandise précieuse, le livre doit être déclaré au capitaine ou écrivain de navire autrement, sa valeur ne saurait être prise en compte dans le calcul de la contribution aux

---

[34] B. M. Emerigon, *Traité des assurances et des contrats à la grosse*, Jean Moissy, Marseille, 1783, vol. 1, p. 196. R.-J. POTHIER, *Traité des contrats aléatoires*, Paris - Orléans, Debure père - Vve Rouzeau-Montaut, 1767, §26, p. 28. V. aussi l'art. 334 du Code de commerce en 1807 qui dispose simplement que « *l'assurance peut avoir pour objet, (...) les marchandises du chargement, et toutes autres choses ou valeurs estimables à prix d'argent, sujettes au risque de la navigation* ». Tout de même, aujourd'hui, des clauses additionnelles mises à disposition par la FFA permettent d'exclure de la couverture par assurance maritime les objets précieux et/ou de collection (V. notamment : clause additionnelle 46 - Facultés non couvertes (polices d'abonnement) consultable à la suite du modèle de Police française d'assurance maritime sur facultés, FFA, [Consultable en ligne : <https://www.ffa-assurance.fr/la-federation/publications/transports-modeles-de-polices-et-de-clauses/assurance-maritime-sur>].

pertes[35]. En cas de péril imminent, le droit des assurances a ensuite toujours imposé à l'assuré de sauver en priorité ce qui est précieux et, en cas de nécessité, de ne le jeter qu'en dernière extrémité[36]. Quand bien même l'obligation de sauvetage n'est pas maintenue dans notre droit des assurances terrestres, il est possible de supposer que ce traitement -éminemment pragmatique- d'origine coutumière des biens précieux est à l'origine de la distinction entre objet précieux et non précieux maintenue dans le droit des assurances terrestres depuis le XIXème siècle.

Ce que nous retenons pour l'essentiel de ces derniers propos est que le livre ancien s'il est bien assurable -en particulier depuis le XIXème siècle-, doit en général faire l'objet d'une déclaration spécifique. Évidemment, si l'assurance vient couvrir sa valeur économique, elle ne permet généralement pas -loin s'en faut- d'en préserver la substance, en particulier en matière terrestre dès lors qu'aucune obligation de sauvetage ne pèse sur l'assuré.

B.- Concernant, ensuite, les **conditions plus précises de l'assurance d'un livre précieux**, il nous est loisible de mettre en évidence une série d'inconvénients ou obstacles.

Une première source de difficulté d'ordre historique est liée à l'identité de la personne qui se fait assurer. S'il s'agit d'un particulier faisant assurer un ou quelques livre(s) ancien(s) ou bien l'intégralité de sa précieuse bibliothèque, il n'y a pas de réelle difficulté, hormis celle éventuelle d'avoir à détailler le contenu de la bibliothèque dans la clause ou convention spécifique de couverture. Néanmoins, que se passe-t-il dans le cas d'une bibliothèque publique[37] ? À cet égard, nous pourrions

---

[35] « Rôles des Jugements d'Oléron », *in* E. Cleirac, *Us et costumes de la mer suivis d'une explication des termes de marine*, G. Millanges, Bordeaux, 1647, §24, p. 46-47.

[36] B. M. Emerigon, *Traité des assurances... op. cit.*, p. 610.

[37] Notons au passage que les grandes collections royales et princières préfigurant les actuelles bibliothèques nationales remonteraient aux XVème et XVIème siècles (L. X. Polastron, *Livres en feu*, *op. cit.,* p. 186).

prendre l'exemple de la Bibliothèque impériale du Louvre dont on sait qu'elle fut détruite par le feu dans le contexte de la Commune en 1871[38]. Dans le tumulte incendiaire des révolutionnaires communards -durant la nuit du 22 au 23 mai- des « *trésors bibliographiques* » du monde entier[39] périrent. « *Crime inouï* »[40], ce seraient quelques quatre-vingt mille ouvrages qui auraient disparus[41]. Le soir du 22 mai, en effet, Jules Berguet, élu au Conseil de la Commune, ainsi que deux adjoints décidèrent d'ouvrir le feu sur les Tuileries et la Bibliothèque[42]. Rapidement celle-ci fut ravagée par les flammes, si bien qu'il n'en subsiste plus à ce jour « *que l'architecture et le décor des façades, le passage transversal et le grand escalier et quelques rares ouvrages, à la Bibliothèque Nationale et la Bibliothèque de l'Arsenal* »[43]. Certains livres furent purement et simplement « annihilés », parmi lesquels des manuscrits du poète Guillaume Colletet (1598-1659), une Bulle sur papyrus du pape Agapet (951), la *Bibliotheca magica* de Nicolas Philibert Hemey d'Auberive, *etc.*[44]. D'autres collections furent gravement détériorées parmi lesquelles de nombreux ouvrages de droit, d'histoire, de littérature et d'art[45].

---

[38] V. F. Baez, *Histoire universelle*..., *op. cit.*, p. 243-244. M. VACHON, *La bibliothèque du Louvre et la collection bibliographique Motteley*, Quantin, Paris, 1879. V. aussi le récit historique documenté de cet incendie qui a notamment emporté les précieux fonds de la bibliothèque fait par N. Chaudun (*Le Brasier. Le Louvre incendié par la Commune*, Acte Sud, coll. Babel, 2015).

[39] F. Baez, *Histoire universelle*..., *op. cit.*, p. 243.

[40] Nous citons ici un extrait d'un célèbre poème de Victor Hugo rédigé en réaction à l'incendie de ladite Bibliothèque (V. HUGO, « À qui la faute ? », *in L'Année Terrible*, M. Levy frères, Paris, 1872, Juin, VIII [En ligne : <https://gallica.bnf.fr/ark:/12148/bpt6k6558092h.r=l%27année%20terrible%20victor%20hugo?rk=21459;2>].

[41] L. X. Polastron, *Livres en feu*, *op. cit.*, p. 227.

[42] M. Decrossas, « La Bibliothèque impériale… », *op. cit.*, p. 209.

[43] *Ibid.*

[44] F. Baez, *Histoire universelle*..., *op. cit.*, p. 243-244.

[45] *Ibid.*, p. 243. Pour avoir une idée de l'état des collections, on reverra notamment aux 9 volumes du *Cabinet des Manuscrits de la Bibliothèque impériale*, Imprimerie impériale, 1868. Également il peut

Or, la Bibliothèque impériale, grand projet de Napoléon III, était située au sein du Palais du Louvre, établissement public, propriété de l'État[46]. Traditionnellement l'on considère que l'État est son propre assureur, en particulier depuis une circulaire du ministre de l'Intérieur à destination des préfets du 14 juillet 1820[47], le principe ayant ensuite été plus clairement formulé par une instruction du ministère des Finances du 23 septembre 1889[48]. Partant, les fonds de la Bibliothèque impériale n'étaient pas l'objet d'un quelconque contrat d'assurance et les pertes n'eurent donc pas été indemnisées. Il y a donc là l'illustration d'ouvrages et documents anciens et précieux qui ne purent être assurés. Ils ne furent, pour quelques rares miraculés, qu'endommagés ou, pour la plupart, furent entièrement perdus en substance comme en valeur.

Une autre source de difficulté, quand bien même l'assurance est possible, est liée à l'estimation de tels biens. S'agit-il par exemple d'un exemplaire unique, il est irremplaçable. Comment estimer ce qui est irremplaçable ? En tout état de cause, le livre ancien, dès lors qu'il est précieux, est plus couramment source d'investissements et de spéculation[49]. Aussi la valeur de ce bien est susceptible de varier fréquemment. Cela contraint l'assuré à une certaine prudence lors de la déclaration de la valeur du bien au moment de la

---

être utile de consulter l'article de M. Decrossas, « La Bibliothèque impériale du Louvre 1852-1871 », *Bulletin de la société de l'histoire de Paris et d'Île-de-France*, 2003, p. 183 et s.

[46] V. en particulier : M. Decrossas, « La Bibliothèque impériale... », *op. cit.*, p. 181-209.

[47] A. Grün, L.-J. Joliat, *Traité des assurances terrestres..., op. cit.,* p. 164-167, Note (1). L. Bahougne, « Le principe selon lequel « l'État est son propre assureur », *RFDA*, 2014. 1167.

[48] E. H. Perreau, « De la maxime « L'État est son propre assureur » », *RGAT* 1932. 981. F.-P. Franc-Valluet, « De la règle « L'État est son propre assureur », *RGAT* 1978. 596. S. Tribouillois, « L'État est-il son propre assureur ? », *Risque*, n° 30, 1997, p. 73. L Bahougne, « Le principe... », *op. cit.*

[49] Une actualité récente nous en donne un triste aperçu : J. Dupuis, « Le grand krach des manuscrits », *L'Express*, 12/11/2015, [En ligne : <www.lexpress.fr/actualite/societe/justice/le-grand-krach-des-manuscrits_1734536.html>].

formation du contrat. À cet égard, on imagine toute la sagesse qu'il y aurait à recourir à l'évaluation d'un expert, ce qui entraîne immanquablement des coûts supplémentaires[50]. Or, quand bien même l'assuré aurait été prudent, quand bien même -hypothèse forcément rare car peu pragmatique- il aurait déclaré les variations de valeur en cours de contrat[51], historiquement l'estimation du dommage ne saurait prendre en compte la seule valeur déclarée au moment du contrat. Au moment d'indemniser le sinistre, l'assureur se fondait presqu'exclusivement sur la valeur du bien lors de la réalisation du risque quitte à faire intervenir des experts, mais à cet instant seulement[52]. Se heurtant au principe indemnitaire, l'assuré ne touchera, à titre d'indemnité, jamais plus que la valeur déclarée quand bien même le prix du livre aurait entre temps augmenté. En revanche, s'il a décliné, l'assureur y appliquera une réduction proportionnelle d'indemnité. Aussi, les aléas liés à l'instable valeur dudit bien précieux (et au montant de son indemnisation) au moment de la réalisation du risque peuvent être une autre cause dissuasive d'un recours à l'assurance.

---

[50] « Assurance et objets d'art et fiscalité », *Les Petites affiches*, n° 47, 2002, p. 4 : actuellement, il y a encore d'autres obstacles (voire coûts supplémentaires) liés à l'assurance des objets du patrimoine culturel. En effet, ces assurances impliquent aussi une obligation de déclaration fiscale. V. aussi : X. Cabannes, « Livres anciens et fiscalité », *in* X. Cabannes (dir.), *Livres et manuscrits anciens. Approche juridique*, L'Harmattan, 2020, p. 27-40.

[51] Ce que l'assureur pouvait vraisemblablement lui opposer si cela diminuait son opinion du risque (A. GRÜN, L.-J. Joliat, *Traité des assurances terrestres…, op. cit.*, §145, p. 185-186).

[52] Prenons par exemple la « Police de la Compagnie d'assurances générales contre l'incendie », *in* A. Grün, L.-J. Joliat, *Traité des assurances terrestres…, op. cit., Appendice*, p. 54, art. 17-18 (les polices des autres compagnies étaient sensiblement rédigées de la même manière). Actuellement, les risques sont atténués par la prise en compte d'une valeur agréée par l'assureur (éventuellement fixée par expert) lors du sinistre (*V. sur la prise en compte actuelle de la subjectivité des valeurs d'œuvres d'art, les manières de fixer les valeurs du bien assuré et la limite posée par le principe indemnitaire de l'article L. 121-1 du Code des assurances :* J. Kullmann (dir.), *Le Lamy Assurances, op. cit.*, §1790).

Enfin, une dernière grande source de difficulté peut être celle de connaître l'étendue de la garantie d'assurance du livre ancien. En effet, il ne faudrait pas que le souci de conservation prime celui de diffusion du patrimoine culturel qui doit, notamment pour les livres rares, pouvoir être exposé, éventuellement consulté (par le propriétaire comme par d'éventuels tiers). Nous n'avons trouvé, dans l'histoire, aucun élément de réponse. Conformément à l'obligation de déclaration pesant sur l'assuré et, il doit déclarer la destination des biens qu'il fait assurer (et ses changements). Si l'assuré était conduit à diffuser largement le bien précieux, il était probable qu'il lui ait fallu le déclarer -spontanément[53]- à l'assureur[54]. S'il y procédait en cours de contrat, l'indemnité d'assurance était susceptible d'augmenter pour mieux couvrir le risque. Dans le cas contraire, l'assuré s'exposait à une déchéance de garantie. Tout de même, la conservation et la surveillance de la chose assurée ne relevait ensuite que du devoir de conscience de l'assuré[55].

Par conséquent, quand bien même le livre ancien est historiquement assurable, un certain nombre d'éléments limitent considérablement l'hypothèse d'une assurance en la matière. Si bien qu'il y a fort à parier que le livre ancien, à l'instar de nombreuses œuvres d'art, est un « *patrimoine mal assuré* »[56]. Historiquement, nous n'avons pu trouver d'exemple concret de

---

[53] Anciennement, les déclarations lors de la formation puis de l'exécution du contrat d'assurance devaient en effet être spontanées. Ce n'est que récemment que l'on a introduit les questionnaires.

[54] Prenons toujours l'exemple de la « Police de la Compagnie d'assurances générales contre l'incendie », *op. cit.*, art. 1 et 6.

[55] A. Grün, L.-J. Joliat, *Traité des assurances terrestres..., op. cit.*, §234, p. 278. J. Kullmann (dir.), *Le Lamy Assurances*, *op. cit.*, §1789 : notons, à titre informatif, que dans l'hypothèse d'une exposition organisée par un établissement public c'est l'État qui vient actuellement garantir les risques. Cela concerne les expositions temporaires organisées « *en France par la Réunion des musées nationaux, le Centre national d'art et de culture Georges Pompidou et la Bibliothèque nationale* ».

[56] Nous reprenons ici une expression employée par Jacques Fingerhut (J. Fingerhut, « L'obligation de déclarer auprès du fisc les contrats d'assurance d'œuvres d'art », *LPA*, 2002-47, 4).

telle couverture. Au contraire, lorsque nos sources faisaient état de destruction de livres -fussent-ils précieux- le sentiment était celui de biens laissés à la fatalité. Pire, il semble qu'avec ou sans assurance, le livre ancien puisse demeurer un bien mal garanti. Comment, dans ces circonstances, faire face à leur perte ?

II.- Le livre ancien laissé à la fatalité

A.- D'un point de vue pragmatique et historique, il appert tout d'abord que les plus grandes pertes de livres anciens, même si elles avaient fait l'objet d'une assurance, **n'auraient souvent même pas pu être indemnisées par un quelconque assureur**.

Une première explication de ce constat réside dans les circonstances de leur disparition, puisque les épisodes destructeurs restés célèbres sont généralement liés à des motifs politiques. Il est une donnée ancienne intégrée par les sociétés que le savoir est aussi un pouvoir. Par conséquent, il n'est pas rare que les fonds précieux en livres soient[57] pillés ou bien incendiés à l'occasion d'émeutes, de guerres civiles ou étrangères, en tout cas pour des motifs politiques et/ou idéologiques. Ainsi l'anéantissement des livres par le feu a-t-il été une solution pour lutter contre l'hérésie protestante ou réciproquement dans le combat contre les catholiques dans le contexte des guerres de Religion[58]. Pour des époques plus récentes, cela a encore été le cas durant la période

[57] Nous employons à dessein le présent car les illustrations de ce phénomène ne sont pas qu'historiques. L'on continue d'en déplorer notamment à l'occasion des plus récents épisodes guerriers au Moyen-Orient (F. Baez, *Histoire universelle...*, *op. cit.*, p. 15-20. L. X. Polastron, *Livres en feu*, *op. cit.*, p. 310-321. J.-P. Bédéï, « Intolérance - Les bûchers de livre, d'Akhenaton à Daech », Les Chroniques d'Hérodote, octobre 2020. S. Veira, « Fernando Báez : La destruction culturelle fait partie intégrante du djihad », *L'Obs (« Bibliobs ») et Books*, mai 2015, [En ligne : <bibliobs.nouvelobs.com/en-partenariat-avec-books/20150515.OBS9024/la-destruction-culturelle-fait-partie-integrante-du-djihad.html ou bien www.books.fr/fernando-baez-la-guerre-culturelle-fait-partie-integrante-du-djihad/]>).

[58] L. X. Polastron, *Livres en feu*, *op. cit.*, p. 205-206.

révolutionnaire, où l'on s'est massivement débarrassé d'encombrantes bibliothèques récupérées, parmi les biens nationaux, au clergé[59]. À un moment où le livre aurait pu être assuré, même s'il ne l'a pas été en l'espèce, il est possible de citer l'incendie de la bibliothèque municipale de Strasbourg lorsque la ville a été bombardée par les Prussiens dans le contexte de la guerre de 1870[60]. Nous pouvons de nouveau citer l'incendie de la Bibliothèque impériale du Louvre par les Communards[61]. Et, bien sûr, les guerres mondiales du XXème siècle ont de nouveau mis les « *livres en guerre* »[62]. Au-delà de la France, il faut également citer le sort réservé aux livres dans le contexte d'accès des nazis au pouvoir en Allemagne dès lors qu'il s'agissait pour eux de lutter contre les juifs, les communistes ou, plus simplement, contre tout un pan de la littérature -ancienne ou récente, sans distinction- qui n'est pas en accord avec l'idéologie totalitaire du régime en place[63]. Bien

---

[59] *Ibid.*, p. 213 : « *Pour les terrains, les immeubles et les ciboires incrustés de rubis, l'affaire est simple et le capital quantifiable. Mais les bibliothèques ? Ces halles entières de livres poussiéreux où, de-ci de-là, peut-être, un connaisseur dénicherait une quelconque valeur sûre et encore, mis à part l'incunable ou le manuscrit richement enluminé, n'ayant rien à voir avec le prix des fils d'or d'une chasuble –, les bibliothèques, qu'est-ce donc ? Pour la nation un poids mort indéchiffrable, pour les fonctionnaires une directive empoisonnée, mais avant tout le symbole de la tyrannie aux yeux des agités* ». Nonobstant, il serait trop réducteur de voir la période révolutionnaire comme une période de destruction de livres. En réaction, précisément à des destructions, dès 1791, l'Assemblée constituante a tenté de légiférer en vue de la protection des livres (*ibid.* p. 218).

[60] L. X. Polastron, *Livres en feu*, *op. cit.*, p. 235-236.

[61] F. Baez, *Histoire universelle…*, *op. cit.*, p. 243-244. L. X. Polastron, *Livres en feu*, *op. cit.*, p. 226-227.

[62] L. X. Polastron, *Livres en feu*, *op. cit.*, p. 238-248.

[63] *Ibid.*, p. 246-276 : l'auteur cite notamment le contenu d'articles de journaux parus à la suite d'autodafés. Il est intéressant de relever certaines des « sentences d'exécution » : « *contre le matérialisme et la lutte des classes, pour une unité du peuple et une conception idéale de la vie, je livre à la flamme les écrits de Marx et de Kautsky* », « *contre la décadence morale, pour les bonnes mœurs, pour un esprit de famille et pour un esprit d'État, je livre à la flamme les écrits de*

sûr nous ne résistons alors pas à citer l'auteur allemand Henrich Heine (1797-1856) dont les œuvres ont subi l'assaut des flammes dans le même contexte :

« *Das war ein Vorspiel nur, dort wo man Bücher Verbrennt, verbrennt man auch am Ende Menschen* »[64].

En dehors de nos considérations européennes, les fonds chinois ont également fait l'objet de dévastations récurrentes[65] pour ne citer que cet autre exemple. Or, la destruction des livres par le feu ou plus largement la disparition (par exemple en raison de pillages) des livres pour des motifs d'ordre politiques (notamment l'état de guerre qu'il soit d'origine étrangère ou bien qu'il s'agisse d'une guerre civile ou d'une simple émeute) sont une cause ancienne d'exclusion de la garantie assurantielle[66]. Dans ces circonstances -et même si cela est très

---

Heinrich Mann, Ernst Gläser ou Erich Kästner », « *contre la trahison littéraire à l'égard des soldats de la grande guerre, pour une éducation du peuple dans les principes sains, je livre à la flamme les écrits de Erich Maria Remarque* », etc. À titre anecdotique, de nombreuses collections françaises ont pu être épargnées en raison de leur déménagement en des villes restées en zones libre après la capitulation de 1940 (*Ibid.*, p. 260).

64 H. Heine, *Almansor*, Projet Gutenberg, 1821, [En ligne : <www.projekt-gutenberg.org/heine/almansor/almansor.html>].
La présente citation, extrêmement célèbre se traduit ainsi : « *ce n'est qu'un prélude, là où l'on brûle des livres, l'on finit par brûler des Hommes* ». Mentionnant les autodafés nazis, Xavier Polastron ne s'empêche pas, à raison, de mentionner que « *S'il était né cent ans plus tard, Henrich Heine aurait peut-être écrit, plutôt que le contraire* » (L. X. Polastron, *Livres en feu*, *op. cit.*, p. 260)… soit : *là où l'on brûle des Hommes, l'on finit par brûler des livres…*

65 L. X. Polastron, *Livres en feu*, *op. cit.*, p. 120-152.

66 Cette exclusion est formulée pour la première fois en France dans les « *Conditions générales de la police d'assurance contre l'incendie de la Compagnie d'Assurances Générales de Paris du sieur de Maisonneuve de 1753* », *in* D. Pouilloux, *Mémoires d'assurances…*, *op. cit.*, p. 482, art. VIII. Elle s'est ensuite toujours maintenue en matière d'assurances de dommages. Elle a passé à l'article 34 de la loi du 13 juillet 1930, première loi française règlementant le contrat d'assurance terrestre (loi du 13 juillet 1930 dite *Godart* relative au contrat d'assurance terrestre, *JORF*, 18 juillet 1930, p. 8003 et *JORF*, 19 juillet 1930, p. 8130) puis à l'actuel article L. 121-8 du Code des

improbable qu'il l'ait été- même si le livre avait été assuré, sa détérioration, destruction ou disparition n'auraient pu être indemnisées par un assureur[67]. Dès lors et jusqu'à un retour plus durable à la paix -en particulier en France-, l'idée d'assurer des fonds ou collections anciens à titre particulier ou non était difficilement tenable ou en tout cas était condamnée à rester marginale.

De la même manière, les catastrophes naturelles faisaient partie des risques dont la couverture étaient exclue par les assureurs jusqu'à ce que l'État ne l'impose à partir d'un décret de 1985[68]. Aussi, pas plus que dans les hypothèses précédentes, le livre ne pouvait être garanti dans la plupart des cas d'inondation par exemple. Enfin, une autre grande cause de destruction des livres est liée à l'action de vermines, en particulier des mites qui le rongent littéralement de l'intérieur[69]. Du point de vue du droit des assurances, cela peut relever, dès lors qu'il s'agit de mites par exemple, du vice propre de la chose[70] qui est l'une des causes les plus anciennes d'exclusion de couverture[71]. Quand on sait l'état des connaissances techniques et scientifiques avant la Seconde guerre mondiale,

---

assurances. Nous renvoyons à ce propos à l'un de nos articles sur la couverture du risque de guerre (« La couverture du risque terrestre de guerre étrangère : aux origines de l'article 34 de la loi du 13 juillet 1930 », *RDC* 2018-03. 481).

[67] Du moins français puisque l'on sait que depuis la fin du XIXème siècle des assureurs britanniques ou allemands se sont essayés à la couverture spécifique (moyennant surprime bien sûr) du risque de guerre (C. Broussy, « La couverture du risque terrestre de guerre étrangère… », *op. cit.* p. 490-491).

[68] V. art. L. 125-1 et s. du Code des assurances issus du décret 85-863 du 2 août 1985, *JORF*, 15 août 1985.

[69] Cela fait encore partie des risques exclus des polices d'œuvres d'art (J. Kullmann (dir.), *Le Lamy Assurances*, *op. cit.*, §1793).

[70] À titre de comparaison, a été qualifié de vice propre l'action des termites dans la dégradation d'un immeuble (J. Kullmann (dir.), *Le Lamy Assurances*, *op. cit.*, §239).

[71] On trouve cette exclusion mentionnée dès l'article 29 du titre des assurances de l'Ordonnance de la Marine de 1681. Après avoir passé *de facto* à l'assurance terrestre, elle y est consacrée à l'article 33 de la loi de 1930 puis à l'actuel article L. 121-7 du Code des assurances.

on comprend aisément que toutes ces hypothèses de pertes qui sont exclues des polices d'assurances terrestres aient pu dissuader de faire couvrir par voie d'assurance les livres, même les plus précieux.

B.- Partant, **que se passait-il à la suite de pertes de livres anciens dès lors que les fonds n'étaient pas couverts par une assurance spécifique ?** Dans les cas d'assurance de particuliers, à défaut de convention couvrant spécialement les objets précieux, la solution semble évidente. L'assureur ne couvre les pertes qu'à hauteur maximale de la valeur portée au contrat, sans pouvoir tenir compte de la valeur spécifique d'éventuels livres précieux détruits. Pour faire face aux phénomènes de pertes de bibliothèques, il semble probable que les fonds se constituaient (donc aussi se reconstituaient) à la suite de ventes publiques[72], de dons ou de legs[73].

Ainsi donc, le livre ancien, bien que précieux, apparaît historiquement être resté en marge de l'assurance. Pourtant, et par l'intermédiaire de ventes, de bonnes âmes ou encore certainement par le biais d'une entraide entre bibliothèques[74], le remplacement des livres n'a pas été rendu absolument impossible. Actuellement l'outil informatique, permet, à défaut d'avoir la certitude de pouvoir conserver la substance matérielle du livre ancien, d'en sauver au moins le contenu sous la forme

---

[72] V. par exemple les annonces de ventes publiques de bibliothèques publiées chaque année depuis 1811 dans les exemplaires du *Journal de l'imprimerie et de la librairie.*

[73] V. notamment les mentions de dons faits à la bibliothèque impériale et qui ont permis de constituer le fonds précieux que l'on sait (*Journal général de l'imprimerie et de la librairie*, IIe série, T. V., 1861, part. 2, p. 35). Notons aussi le legs de la prestigieuse et consistante collection de livres par Motteley qui a pris effet en 1856 (M. Vachon, *La bibliothèque du Louvre... op. cit.*, p. 27-109.

[74] Depuis le début du XXème siècle, se forment des associations soucieuses de promouvoir et préserver les bibliothèques. En 1906, on voit par exemple se former une Association des Bibliothèques de France ou encore en 1959 s'est formé une International Association of Law Libraries, enfin plus récemment, au début du XXIème siècle, s'est formée une Association Internationale Francophone des bibliothécaires et documentalistes, *etc.*

numérique[75]. Il y a là probablement une meilleure manière de préserver l'essence des livres par contraste avec l'assurance qui permet tout au plus d'en récupérer l'équivalent en valeur. Dans ces conditions, ce qui devient définitivement précieux à travers le livre ancien -et éventuellement digne d'assurance- sont les matériaux concrets qui lui donnent corps (ses pages ou sa reliure). Ce que l'on recherche actuellement -et sur quoi l'on spécule- devient souvent bien moins la conservation de l'information -éventuellement puissante- qu'il contient que la préciosité matérielle et préhensible d'une première édition ou encore d'une édition annotée par l'auteur...

[75] Tel est le projet de la BNF à travers Gallica ou encore de Google à travers Google books.

La transmission successorale des manuscrits et ouvrages anciens

par
Régis CASSO
Notaire

D'un codex botanique à un document autographe de Louis XIV, en passant par un bel exemplaire des *Quinze joyes de Mariage*, les tiroirs et les murs des maisons françaises regorgent de petits ou grands trésors pour bibliophiles et collectionneurs de papiers anciens dont la valeur est aussi diverse que leur intérêt historique.

Conservateurs en herbe, chineurs, héritiers ignorants, nombreux sont-ils à accumuler avec plus ou moins conscience de ce qu'ils possèdent des documents hétéroclites : manuscrits anciens, ouvrages rares dont les fameux incunables, plus rarement un codex, ou plus simplement quelques enluminures encadrées.

Depuis le scandale de l'affaire Aristophil qui a défrayé la chronique[1], le particulier investisseur s'est détourné des propositions scabreuses consistant à acquérir des parts d'une collection privée à la valeur potentiellement artificielle. Les ventes aux enchères ont pu prouver que se voir adjuger à cent cinquante mille euros un manuscrit royal -certes unique- ne signifiait pas nécessairement que sa valeur vénale serait définitivement fixée à cette somme. Les ventes aux enchères publiques ne reflètent pas avec une fidélité parfaite la valeur de documents ou d'ouvrages précieux quand bien même ils sont uniques, et alors-même que leur côte a augmenté en une seule vente aux enchères.

La mode, les goûts, la promotion, le talent des commissaires-priseurs y font beaucoup. On ne peut s'y fier qu'avec prudence d'autant que dans la transmission de ces biens, d'autres considérations entrent en ligne de compte.

---

[1] Voir dans cet ouvrage l'article de Christophe Aubertin.

Transmission à qui ? Pour quelle cause ? Dans quelles conditions ? Avec quelles précautions ?

La transmission est essentiellement celle qui survient à cause de mort, et donc successorale. Bien que rarement partagés aux termes d'un testament, ces biens meubles -car c'est leur nature juridique civile- que sont les ouvrages anciens et vieux papiers, font l'objet d'une transmission souvent négligée. Ils seront assez souvent déconsidérés dans le cadre d'une succession non anticipée, car bien souvent, cette anticipation vertueuse s'applique aux grandes collections, aux immeubles, ou aux liquidités.

La problématique de la transmission "*à qui ?*" est ainsi aisée à dénouer : si ce ne sont pas les légataires, ce sont les héritiers par la loi, c'est-à-dire par le Code civil. Ces derniers auront donc le fardeau un peu fastidieux, il est vrai, de s'atteler à l'évaluation desdits ouvrages ou papiers lorsque ceux-ci auront une valeur d'intérêt.

Lors de l'inventaire mobilier qui aura lieu après l'ouverture de la succession, la prisée du notaire ne comprendra que rarement le détail desdits biens collectionnables. Tout dépendra de l'attitude des héritiers et des ayants droit de la succession. Tout dépendra aussi de leurs droits dans ladite succession. Une question particulièrement prégnante visera les usufruitiers.

L'usufruit portant sur une collection constitue une problématique particulière. Si la collection est susceptible de générer des revenus, ces derniers seront acquis à l'usufruitier. Mais l'usufruitier a surtout le devoir de conserver la collection en son état pour qu'elle celle-ci ne voie pas son état se dégrader à la fin de l'usufruit, c'est-à-dire au décès de l'usufruitier, soit le moment auquel les nus-propriétaires de ladite collection entreront en jouissance de celle-ci.

La loi fait rappel des moyens appartenant au nu-propriétaire pour faire assurer la conservation par l'usufruitier de ces biens dont la propriété aura été démembrée. Au visa des articles 600 et 1094-3 du Code civil, la Cour de cassation a retenu que « *les filles du défunt, nues-propriétaires, étaient en droit d'exiger qu'un inventaire des œuvres formant la collection objet de l'usufruit de leur mère soit dressé en leur présence ou elles dûment appelées* »[2]. Ce droit d'inventaire a de toute évidence un caractère impératif dès lors qu'il s'exerce « *nonobstant toute stipulation contraire du disposant* », comme le précise le Code civil. L'usufruitier n'aura donc pas la possibilité de s'y soustraire si le nu-propriétaire l'exige.

L'inventaire estimatif constituera -à notre sens- la première étape utile voire indispensable à la gestion de la succession. Une méthode consiste, lorsqu'il y a plusieurs héritiers attributaires de ces biens, à former autant de lots égaux en valeur qu'il n'y a d'héritiers. Ainsi, le jour du partage venu, il pourra être attribué les lots par tirage au sort aux ayants droit.

Il est aisé de se rendre compte de l'importance du soin porté à l'estimation des biens pour des raisons non seulement fiscales, mais aussi et surtout civiles.

Les documents à valeur de collection sont un cas particulier dont la doctrine fiscale fait grand-cas.

À cet effet, l'article 1131 du Code général des impôts (CGI) dispose que le donataire, l'héritier ou le légataire d'une œuvre d'art, de livres, d'objets de collection ou de documents de haute valeur artistique ou historique est exonéré des droits de mutation et des taxes annexes afférents à la transmission de ces biens, lorsqu'il en fait don à l'État dans le délai prévu soit six mois dans la plupart des cas, lors de la déclaration de succession remise au Service de l'enregistrement. Le Code général des impôts vise également les dons à l'État d'objets de même nature mais acquis à titre onéreux en vente publique et dont la transmission peut, dans les mêmes conditions, être exonérée des droits de mutation à titre onéreux. L'application de cette mesure est néanmoins subordonnée à un agrément préalable d'une commission *ad hoc*.

Pour les biens corporels non qualifiables de collection au sens de la loi fiscale, c'est-à-dire pour la plus grande part des ouvrages, documents, et plus généralement, des papiers anciens, il conviendra de se référer à l'article 764 du Code général des impôts pour évaluer les biens susceptibles d'intégrer la masse

---

[2] Cass. 1ère civ., 6 mars 2019, n° 18-11.640 et 18-11.936, F-P+B : JurisData n° 2019-003217.

taxable de la succession. La loi envisage plusieurs cas pour la méthode d'évaluation à retenir :

1° Evaluation « *Par le prix exprimé dans les actes de vente, lorsque cette vente a lieu publiquement dans les deux années du décès* ; [...]

2° *A défaut d'actes de vente, par l'estimation contenue dans les inventaires,* [...]

3° *A défaut des bases d'évaluation établies aux 1° et 2°, par la déclaration détaillée et estimative des parties ; toutefois, pour les meubles meublants, et sans que l'administration ait à en justifier l'existence, la valeur imposable ne peut être inférieure à 5 % de l'ensemble des autres valeurs mobilières et immobilières de la succession, la preuve contraire étant aussi réservée.* »

Le Code général des impôts dispose aussi que « *En ce qui concerne les bijoux, pierreries, objets d'art ou de collection, la valeur imposable ne peut, sous réserve de ce qui est dit au I, être inférieure à l'évaluation faite dans les contrats ou conventions d'assurances contre le vol ou contre l'incendie en cours au jour du décès et conclus par le défunt, son conjoint ou ses auteurs, moins de dix ans avant l'ouverture de la succession, sauf preuve contraire. [...]* »

Après les principes légaux, il convient de revenir à la pratique pour comprendre que la valorisation successorale d'ouvrages anciens ou de vieux papiers est malaisée.

D'abord, parce que les ayants droit d'une succession auront très certainement pris soin de prélever -parfois d'un commun accord et parfois en commettant un acte de recel[3]- les biens d'intérêt certain.

Ensuite, parce que rien n'est plus facile pour les ayants droit qui ont connaissance de ces biens de les distraire de l'actif successoral en ne les faisant point paraître en inventaire. Lesdits

---

[3] L'article 778 du Code civil dispose que « *(...) l'héritier qui a recelé des biens ou des droits d'une succession (...) est réputé accepter purement et simplement la succession (...) sans pouvoir prétendre à aucune part dans les biens ou les droits détournés ou recelés. (...) L'héritier receleur est tenu de rendre tous les fruits et revenus produits par les biens recelés (...)* ».

ouvrages ou documents anciens sont souvent de faible volume et peu encombrants. Néanmoins, s'ils envisagent une vente publique pour profiter de leur valeur financière, ils seront bien entendu susceptibles d'un redressement au titre des droits de mutation à titre gratuit s'appliquant selon les principes édictés à l'article 764 du Code général des impôts.

Les précautions à prendre pour une transmission dans les meilleures conditions matérielles, civiles, et fiscales, des ouvrages et des documents anciens, résident dans l'anticipation, comme pour tant d'autres types de biens.

La donation dans le cadre d'un acte organisé et d'une évaluation concertée est sans aucun doute la voie à suivre. Une prisée du vivant des propriétaires de ces biens sera sans doute plus juste dans la mesure où elle ne répondra pas à une situation d'urgence relative comme l'inventaire successoral peut l'être. Cet inventaire volontaire, non subi, est aussi le moyen d'organiser le patrimoine à transmettre.

Une partie des actifs peut être vendue, une autre donnée en mains propres, une dernière peut-être laissée à l'État aux fins d'être valorisée, entretenue, voire exposée afin que le but affectif ultime soit atteint : celui de la transmission à la postérité.

La préemption du patrimoine écrit : du droit aux pratiques

par
Ronan BRETEL
ATER en droit privé, Université Paris II Panthéon-Assas
Doctorant à l'Institut des Sciences Sociales du Politique
UMR CNRS 7220 - Ecole Normale Supérieure de Paris-Saclay

Acquisition de l'adaptation théâtrale de *Germinal* (454 feuillets) pour le fonds Zola de la Bibliothèque Nationale de France (BNF), de cahiers de Julien Gracq alors élève au Lycée Clémenceau au profit des bibliothèques de la Sorbonne et de Nantes, entrée de la partition manuscrite de l'Oratorio *Saint François d'Assise* de Charles Gounod à la bibliothèque-musée de l'Opéra de Paris ; rien que ces six derniers mois, la préemption de livres et manuscrits anciens a fait montre de son intérêt pour permettre la conservation de lots exceptionnel pour le patrimoine écrit des bibliothèques patrimoniales et musées français. La presse s'en est largement fait l'écho en expliquant à ses lecteurs le fonctionnement de cette faculté d'acquisition préférentielle mise en œuvre par l'État au profit des collections publiques ou accessibles au public. Nous en cernerons ici plus précisément la nature et les modalités en droit du patrimoine culturel français.

Après avoir posé un regard historique sur la genèse de la préemption de biens culturels (I), nous nous intéresserons successivement au domaine (II) de la prérogative ; à sa nature juridique (III) ; aux modalités de la mise en œuvre de cette faculté d'acquisition patrimoniale exorbitante de droit commun au profit de l'État (IV) ; et enfin à ses effets (V).

I.- Genèse de la faculté de préemption

Si la consécration juridique de la préemption de biens culturels n'advint qu'au début du XXème siècle, le mécanisme comme sa mise en œuvre épisodique avec un pouvoir désirant « capter » des œuvres exceptionnelles à l'issue de leur adjudication la précèdent. Déjà sous l'*auctio* de la République romaine, Pline d'Ancien relate dans son *Histoire naturelle* qu'en l'an 146 fut cédé un tableau d'Aristide (élève d'Appele) représentant Bacchus et provenant du sac des cités grecques. Il fut vendu à l'encan par Lucius Mummius, vainqueur de Corinthe, à Attale II, pour 600 000 sesterces. Ce premier, étonné du prix considérable atteint par la représentation en conclu qu'elle possédait des vertus magiques et proposa au roi de Pergame de la lui racheter. Outrepassant son refus, il la garda finalement par devers lui pour la présenter dans le temple de Cérès. D'aucuns lisent dans cet épisode la première illustration connue d'une mise en œuvre d'un droit de préemption artistique.

Le « droit de préemption des biens culturels » tel qu'il est aujourd'hui nommé dans le Code du patrimoine aux articles L. 123-1 à L. 123-4 fut institué en droit français par la loi de finances du 31 décembre 1921[1], dite, jadis, « Loi Herriot ». La prérogative au bénéfice de l'administration culturelle ne constitua originellement qu'une compensation de la disparition du mécanisme de « droit de rétention » de l'État ; forme d'expropriation de conséquence liée au premier contrôle généralisé d'exportation des biens culturels créé par la loi du 31 août 1920. Par celui-ci, l'État acquérait autoritairement, au prix déclaré par l'exportateur. Le texte avait été abrogé après seulement seize mois d'existence sous la pression des négociants en œuvres d'art, commissaires-priseurs et antiquaires. Ce repentir législatif de l'été 1921 initié par son auteur même, Guillaume Chastenet de Castaing, permettait un meilleur respect du jeu du marché de l'art pour certains ; tandis que d'autres déploraient un regrettable affaiblissement du régalien. À une faculté publique d'acquérir autoritairement des biens meubles d'intérêt culturel à leur départ du territoire national fut en tout cas substitué un privilège d'acquisition pour l'État en tant qu'acheteur favorisé de l'œuvre à son passage sur le marché de l'art, via cette faculté de préemption. À côté de l'instauration d'une taxe spéciale de 1,20 % sur les exportations

---

[1] Loi du 31 décembre 1921 de budget général pour 1922 (*JORF* du 1er janvier 1922, p. 2).

d'œuvres d'art destinée à financer la Caisse des monuments historiques, l'article 37 de la loi de 1921 donna donc la possibilité à l'État d'« *exercer, sur toute vente publique d'œuvres d'art un droit de préemption par l'effet duquel il se trouvera subrogé à l'adjudicataire* ».

En tout état de cause, le droit de préemption n'est mobilisable qu'en cas de dessaisissement, le plus souvent volontaire, d'un bien. Il s'agit donc d'un dispositif d'« *acquisition fortuite* »[2] en ce que le comportement régalien est réactionnel à une réalité économique de vente. L'État n'en est point à l'origine. Il n'y a donc pas de privation de propriété au sens de l'article 17 de la Déclaration des droits de l'homme et du citoyen. Par son droit de préemption, l'État est certes favorisé en ce que substitué à l'adjudicataire originel (caractéristique d'un droit de retrait[3]) ; mais l'intervention étatique n'a pas empêché la détermination de la juste valeur économique de l'œuvre par la rencontre des offres d'achat et de vente.

La lettre de 1921 et son décret du 18 mars 1924[4] ont été modifiés par l'article 59 de la loi du 10 juillet 2000 portant réglementation des ventes volontaires de meubles aux enchères publiques et son décret d'application du 19 juillet 2001[5] qui a étendu la préemption à la vente directe après défaut d'adjudication (dite *after sale*), a fixé l'assiette des œuvres

---

[2] Voizard Karl-Henri, *L'État culturel et le droit*, coll. Bibliothèque de droit public (Tome 281), LGDJ, 2014, p. 159, distingue dans ses travaux ce qu'il qualifie « *d'acquisition autonome* » (vente de gré à gré, commande publique ou production) et l'« *acquisition fortuite* » (dation en paiement, feue la retenue en douane, ou la revendication des trésors archéologiques contre un prix sur des terrains non-cédés depuis la loi LCAP de 2016).

[3] Groslière Jean-Claude, « Le droit de préemption (préférence ou retrait) », *JCP* 1963, I, 1769, n° 23.

[4] Décret du 18 mars 1924 portant règlement d'administration publique pour l'application de la loi du 31 décembre 1913 sur les monuments historiques (*JORF* du 29 mars 1924, p. 2978).

[5] Décret n° 2001-650 du 19 juillet 2001 pris en application des articles L. 321-1 à L. 321-38 du Code de commerce et relatif aux ventes volontaires de meubles aux enchères publiques (*JORF* du 21 juillet 2001, texte n° 22).

concernées, et pris en compte la réalité des ventes aux enchères par internet. Sont aujourd'hui concernées toutes les vacations juridiquement qualifiées de « ventes aux enchères publiques », volontaires ou judiciaires, physiques ou en ligne, de primo-adjudication ou (paradoxalement) directe *after sale*, « *sans qu'il y ait lieu de s'attacher aux conditions de la vente ou à la qualité de l'adjudicataire* »[6].

II.- Domaine du droit de préemption

A.- Un privilège d'acquisition réservé aux livres et manuscrits mis à l'encan

La nécessité d'une vente aux enchères. La préemption patrimoniale mobilière comme technique juridique d'acquisition réservée à l'État est conditionnée par la mise en vente du bien culturel, -dans notre hypothèse un livre ancien ou manuscrit-, en vente à l'encan, le plus généralement en « vente volontaire de meubles aux enchères publiques » au sens de l'article L. 320-2 du Code de commerce[7], ce qui, sur ce marché, constitue un mode exceptionnel de vente. L'essentiel des ouvrages de collection se négocie en effet chez des libraires d'anciens, marchands spécialisés ou antiquaires ; et que plus rarement en vente aux enchères. L'on estime que 90 % du marché (en volume) des livres anciens et manuscrits se réalise par des ventes négociées "ordinaires". On retrouve certes des

---

[6] Cass. Civ., 25 mai 1956 ; *D.* 1956, som. p. 426.

[7] L'article R. 321-74 du Code de commerce comme seul constituant des « *dispositions diverses* » au sein de la section V du chapitre sur les ventes volontaires de meubles aux enchères publiques dispose depuis le décret n° 2007-431 que « *le droit de préemption de l'État en cas de vente volontaire de meubles aux enchères publiques* » est régi par les dispositions des articles R. 123-2 à R. 123-8 du Code du patrimoine. Le lien juridique entre le mécanisme de préemption patrimoniale et le mode de vente que constitue la vente volontaire de meubles aux enchères publiques est donc ici formellement explicite et exclusif. L'affirmation demeure toutefois stupéfatoire en ce qu'elle renvoie seulement au droit applicable, sans rien apporter en complément ou précision.

ouvrages anciens parmi les ventes courantes à l'encan avec « la drouille »[8] , ou encore à l'opposé du spectre qualitatif lors de la dispersion intégrale de collections, et particulièrement d'ensembles bibliophiliques ; mais le marché intermédiaire (en valeur) des ouvrages de collection constitue essentiellement un marché dit « de gré à gré », se réalisant dans des boutiques généralement sous obédience du Syndicat national de la librairie ancienne et moderne (SLAM). Le montant total des adjudications de livres, manuscrits et bandes dessinées atteignit néanmoins 43 millions d'euros en 2020, soit 18 % du montant global des ventes d'objets de collection des maisons de ventes[9]. Il y eut au cours de cette même année 249 vacations spécialisées sur le territoire national.

Or le cas spécifique d'une vente directe après défaut d'adjudication dite vente « *after sale* » qui suppose une proposition préalable aux enchères infructueuse, les transactions de gré à gré des maisons de ventes ne permettent pas à l'État d'acquérir par préemption. La préemption est donc conditionnée par la mise à l'encan, fructueuse ou non.

La préemption n'est pas non-plus possible en cas de vente dans le cadre d'opérations de « courtage en ligne de biens culturels » (*eBay*, *Catawiki*, *Delcampe*…). C'est pourtant sur ces espaces numériques de vente *par* enchères mais *sans* adjudication, qui ne constituent consécutivement pas des « ventes aux enchères » aux yeux du droit, que sont très massivement vendus de nos jours les ouvrages et archives privées, d'ailleurs souvent par des « libraires d'anciens » tenant également vitrine.

Pour des mises en vente de gré à gré, et à la condition d'effectivité que l'État ait connaissance de la proposition de

---

[8] Dans l'argot de brocanteur, l'expression désigne le tout-venant.

[9] Quelques 123 700 lots de livres, manuscrits et bandes dessinées ont été vendus en 2020, avec un prix moyen par lot de 344 euros selon le rapport économique 2021 du Conseil des ventes volontaires qui souligne toutefois la forte concentration des ventes d'ouvrages chez sept opérateurs de ventes volontaires. Avec à cet égard une distorsion des résultats volume/valeur au regard de très hauts prix obtenus pour quelques lots exceptionnels, généralement adjugés par les maisons anglo-saxonnes.

vente, celui-ci est contraint d'agir comme un acquéreur ordinaire. Il n'est plus un acquéreur privilégié. La captation publique de ce patrimoine écrit nécessite alors un achat dans les conditions de droit commun de la part de l'administration culturelle (bibliothèque, musée, centre d'archives, etc.).

Cette réalité paradigmatique liant préemption et vente aux enchères est connue des négociants comme des collectionneurs qui peuvent à cet égard décider de céder un lot tantôt par ce biais, tantôt par une vente privée ; en voulant soit susciter une acquisition publique facilitée par une telle prérogative de puissance publique, soit au contraire en voulant mettre à l'écart l'œuvre de ce qui serait vu comme une "prédation" de l'État, ce, par l'occultation de la transaction en recourant à une cession de gré à gré. La distinction vente aux enchères/vente de gré à gré qui irrigue tout le droit du marché de l'art français[10] en balisant les espaces de commercialité détermine ainsi pleinement la possibilité pour l'État d'acquérir via le privilège juridique dit de préemption ; et va être fondamentale sur un marché du livre ancien essentiellement étranger aux enchères, sauf pour les lots les plus exceptionnels.

Sort de la préemption dans les ventes négociées d'opérateurs de ventes volontaires. La vente négociée après défaut d'adjudication dite « vente *after sale* » qui fut autorisée en France par la loi du 10 juillet 2000 réformant tout le droit des ventes aux enchères ne se pratique aujourd'hui quasiment plus. La loi de libéralisation des enchères du 20 juillet 2010 est en effet venue parachever la réforme mentionnée ci-avant en permettant aux maisons de ventes (nommées « opérateurs de ventes volontaires », OVV) de vendre de gré à gré à leurs acheteurs des biens de leurs mandants, sans passer par une mise à l'encan préalable.

Pourquoi alors continuer à réserver une qualification propre à cette première hypothèse de mise à l'encan sans tomber de marteau ? Outre quelques menues différences de

---

[10] Voir notre thèse : Bretel Ronan, L'appréhension juridique du marché de l'art, entre jeu de marché et enjeux patrimoniaux (dir. Marie Cornu), ENS Paris Saclay, 2022.

régime qu'il ne s'agit pas ici d'envisager et une évidente stratification du Code de commerce par simple ajout, la qualification alternative entre l'une et l'autre hypothèse va revêtir une importance déterminante relativement à la possibilité ou non pour la puissance publique de faire valoir son droit de préemption. Ainsi, parmi ce qu'il d'usage de qualifier de « ventes négociées », la préemption est seulement possible pour une cession directe faite à défaut d'adjudication (*after sale*) mais est impossible pour une vente directement négociée de gré à gré.

L'article 59 de la loi du 10 juillet 2000 prévoit explicitement que l'État pouvait exercer son droit de préemption pour les objets qui n'avaient pas trouvé preneurs lors de la vacation mais qui étaient cédés après celle-ci par l'entremise de la maison de ventes. Les sociétés de ventes volontaires (SVV) d'alors (devenues OVV en 2011) étaient tenues d'informer l'administration publique en cas de vente directe *a posteriori*. La loi de 2011 n'est pas revenue sur ces premières dispositions. Plus qu'un oubli de « toilettage législatif », la non-extension de la préemption aux ventes directes témoigne d'une certaine position conservatoire, où le législateur n'a pas voulu étendre le champ de la prérogative de puissance publique, sans pour autant y renoncer pour les ventes directes à défaut d'adjudication, ce, quand bien même l'hypothèse paraît en pratique désormais assez marginale pour des biens d'intérêt pour les collections publiques qui suscitent généralement enchères[11]. Cela n'est néanmoins pas toujours le cas, particulièrement en matière de bibliophilie où les lots ne peuvent susciter l'intérêt que d'ultra-spécialistes de tel ou tel sujet, ou ne pas repérer la rareté d'un folio.

Sur un registre plus analytique, si dans une préemption en vente aux enchères publiques la subrogation personnelle[12] est

---

[11] Encore faut-il qu'elles soient supérieures au prix de réserve.

[12] Qui n'en est pas réellement une, car si un tiers est effectivement subrogé à l'adjudicataire originel, il ne s'agit pas pour le substituant d'exercer les droits qui appartiennent à une autre personne, l'adjudicataire étant réputé n'être jamais intervenu à la vente. Il y a seulement substitution forcée de cocontractant par remplacement rétroactif de l'acquéreur par le préempteur, l'acquéreur étant censé ne

possible pour toute vente aux enchères publiques qu'elle soit volontaire ou judiciaire, c'est bien parce qu'en amont l'OVV est tenu d'informer l'autorité publique au moins quinze jours avant la vacation, du jour, de l'heure et du lieu de la vente ; la pratique de l'envoi d'un catalogue tenant lieu d'avis. Cela n'existe pas pour les ventes de gré à gré. Les privilèges publics d'acquisition sont donc, comme plus généralement, captifs de la publicité des ventes.

Le Code de commerce prévoit dans ce dessein que l'OVV « *notifie sans délai la transaction à l'autorité administrative, avec toutes indications utiles sur lesdits biens* » en cas de vente *after sale.* Mais quel intérêt alors de laisser conclure une vente après défaut d'adjudication pour dès-après organiser une subrogation d'acheteur (et non d'« adjudicataire ») au bénéfice de l'État ? La difficulté demeure théorique puisqu'à notre connaissance, il n'y a jamais eu de préemption en vente privée après défaut d'adjudication. L'intérêt de recourir à la préemption dans la première hypothèse n'est en tout cas plus manifeste dès lors qu'il suffit au conservateur du patrimoine présent dans la salle d'acquérir en se comportant comme premier enchérisseur ordinaire pour entrer en propriété; quitte ensuite à ne pas « couvrir » la contre-offre éventuellement stimulée par la première enchère afin de se ménager finalement ensuite une possibilité de subrogation par droit de préemption après l'adjudication du bien à son concurrent. Demeure la difficulté d'un prix de réserve non-atteint[13] en dépit d'enchères.

Si la ré-écriture du texte par l'ordonnance du 5 juillet 2017 aurait mérité d'interroger l'exclusion des ventes directes de gré à gré des maisons de ventes de la préemption, la permettre dans cette hypothèse, même si les conditions de vente changeaient (éclatement d'une bibliothèque, ré-attribution, nouvelle description…), serait très attentatoire aux libertés économiques et normaliserait une préséance de l'État sur le

---

pas être entré dans la relation contractuelle.

13 Sur l'articulation de ce seuil et de la prérogative étatique : Edjaharian Vérane, *L'œuvre d'art dans l'Union européenne,* Thèse (dir. Marcel-René Tercinet), Université Pierre Mendès France Grenoble II, 1996, p. 580-581.

marché de l'art en général via la captation publique des biens culturels proposés à la vente.

En outre, l'État peut en tout cas de cause se comporter comme acquéreur ordinaire *a posteriori,* mais il devra alors avoir identifié le vendeur, information qui n'est normalement pas révélée par la maison de ventes, intermédiaire opaque.

Il est évidemment aussi possible à l'État d'acquérir en vente privée *avant* passage sous le marteau, en incitant le propriétaire à ne pas prendre le risque de l'enchère, quitte pour cela à faire jouer la menace du refus de délivrance du certificat d'exportation[14] ; incitant très fortement le vendeur à vendre à un tel prix garanti. Notons d'ailleurs que les premières ventes directes réalisées en France à l'automne 2011 dans un cadre légal se firent au profit de l'État[15] dans cette articulation des dispositifs. Ce détournement de pouvoir, déloyal et illégitime, est particulièrement susceptible d'être mis en œuvre en matière de livres anciens où les seuils de valeur de contrôle d'exportation sont bas voire fixés à zéro euro.

B.- Le patrimoine écrit parmi les biens culturels adjugés susceptibles de préemption

Le décret du 19 juillet 2001[16] est venu préciser les conditions d'exercice du droit de préemption de biens culturels en vente aux enchères publiques par l'État, notamment

---

[14] Saint-Pulgent (de) Maryvonne, « Sujétions et privilèges de l'État-collectionneur », *Droit au musée, droit des musées* (dir. Edouard Bonnefous, Eric Peuchot et Laurent Richer), Fondation Singer-Polignac/Dalloz, p. 43-58.

[15] Quinze jours après l'entrée en vigueur du texte, l'État acheta chez *Christie's* un christ à la colonne du XIVème siècle et une paire de figure d'apôtres de la période médiévale centrale pour le Musée du Louvre ainsi qu'une croix émaillée pour le Musée de Cluny ; solution qui permettait d'éviter le risque d'une mise à l'encan avec refus d'exportation.

[16] Art. 61 à 66 (Titre V sur le « droit de préemption des œuvres d'art et des archives vendues aux enchères publiques ») du décret n° 2001-650 du 19 juillet 2001 pris en application des articles L. 321-1 à L. 321-38 du Code de commerce (*JORF* du 21 juillet 2001 p. 11760).

s'agissant des biens concernés (art. 64). La liste des biens culturels qui peuvent faire l'objet d'une préemption est aujourd'hui insérée à l'article R. 123-2 du Code du patrimoine. Elle est très accueillante et ne comporte aucun seuil d'estimation financière. Elle ne pose pas non-plus de définition conceptuelle et ne procède que par énumération catégorielle en mentionnant les « *objets archéologiques ayant plus de cent ans d'âge, éléments de décors, peintures et arts graphiques, photographies, œuvres cinématographiques et audiovisuelles, art statuaire original ou d'édition, œuvres d'art contemporain, meubles et objets d'art décoratif, manuscrits livres et imprimés, collections scientifiques ou d'intérêt artistique, moyens de transport* » ; et en guise de "disposition-balai" : « *tout autre objet d'antiquité* ».

Contrairement à la recherche de « trésors nationaux » insusceptibles de quitter le territoire national parmi les biens culturels soumis à contrôle d'exportation, le législateur ne raisonne pas en matière de préemption par référence à des seuils de valeur ou d'ancienneté qui pré-caractériseraient un intérêt patrimonial. Le refus de l'approche critérielle permet d'ouvrir largement le spectre de captation mais fait également de la préemption un outil qui s'affranchit des difficultés de prisée des biens concernés, ce qui est particulièrement intéressant en matière de livres de collection aux marchés étroits. Contrairement à tous les autres mécanismes de puissance publique d'acquisition, l'usage de la préemption n'est donc pas lié à la valeur commerciale du bien, mais à sa seule dimension patrimoniale "démonétarisée". Cela est fondamental en matière d'archives et documents, où la valeur patrimoniale tient généralement autant au contenu qu'au support qui constitue le bien meuble[17]. Un exemplaire de peu de prix peut demeurer d'intérêt patrimonial majeur pour une collection d'étude ou un fonds de référence sur un sujet érudit.

Cela étant, les conservateurs ont tendance, en pratique,

---

[17] Pour ce raisonnement sur l'articulation contenant/contenu et l'intérêt patrimonial, voir notre article : Bretel Ronan, « Les archives privées, une nouvelle figure juridique », *1979 - Genèse d'une loi sur les archives*, La Documentation française/Comité d'Histoire du Ministère de la Culture, 2019, p. 325-336.

à enchérir comme des acheteurs ordinaires pour des estimations modestes afin de jouer le jeu du marché, notamment quand des biens ont un fort intérêt documentaire mais une faible valeur marchande comme c'est le cas de beaucoup d'imprimés. Ils participent alors à l'ascension mécanique des prix. Le droit leur permet pourtant de préempter au premier euro. Ces comportements réservant l'usage de la préemption à des biens culturels d'intérêt majeur relèvent d'une certaine confusion dans la palette des modes juridiques du collectionnisme public. Ils n'en demeurent pas moins une pratique professionnelle partagée devenue une réelle doctrine administrative[18], mais point du droit à proprement parler. Cette peur d'investir le "permis" de l'État dit d'ailleurs beaucoup du rapport de confiance que tente de créer le corps des conservateurs qui ne veut pas apparaître rapace ou injuste avec le marché de l'art, notamment dans les spécialités bibliophiliques animées par des collectionneurs compulsifs et pivots de leurs sous-spécialités d'intérêt, et avec lesquels travaillent les professionnels du patrimoine écrit. L'État souhaite ne pas "frustrer" ces collectionneurs de manuscrits et livres rares qui constituent généralement également des mécènes, des donateurs, ou des correspondants scientifiques précieux aux missions de service public culturel.

Cette crainte apparaît d'abord louable dans la volonté des représentants publics de ne pas inutilement susciter l'hostilité du marché au jeu de l'exercice des pouvoirs régaliens

[18] La circulaire n° 1913 de la Direction des musées de France du 6 juin 1988 sur la préemption exercée pour les collectivités territoriales (non publiée) parle d'« *intérêt majeur* ». Dominique Depuis-Labbé, cheffe du bureau des acquisitions du Service des musées de France, dans un document aux élèves conservateurs de l'Institut National du Patrimoine (INP) précise en gras que « *la préemption est considérée comme une procédure exceptionnelle à utiliser seulement pour les œuvres ou objets représentant pour les collections publiques un intérêt patrimonial, historique ou scientifique majeur* » (INP, Dossier de formation *L'enrichissement des collections : politique nécessaire, politique à risques ?*, 3-5 octobre 2017, p. 50). Voir aussi : Doridou-Heim Anne, « Préemption ou acquisition, un choix pas si simple », *La Gazette Drouot,* 15 février 2018.

en matière patrimoniale[19]. Pour autant, ces réflexes peuvent apparaître comme disproportionnés en ce qu'ils sont susceptibles de conduire à renchérir inutilement des achats réalisés sur des deniers publics dans un cadre légal pourtant clair. L'argent public n'a pas à être investi dans le delta des surenchères par une crainte révérencielle excessive. Si l'État doit toujours ménager une certaine élégance relationnelle en ne brusquant pas inutilement, il n'a pas à s'excuser d'intervenir à sa place et avec les outils que la représentation nationale lui a confié, notamment pour la sauvegarde du patrimoine culturel mobilier.

Finalement, comme l'exprime Marie Cornu[20], si l'on peut éventuellement entendre réserver la préemption aux acquisitions d'intérêt patrimonial *majeur*, cette qualité ne doit pas être considérée uniquement au regard de la valeur économique du bien, mais doit être appréciée avant tout en fonction de l'intérêt de l'œuvre considérée pour les collections publiques, quand bien même elles sont intrinsèquement liées[21]. Il s'agit là de la seule posture intellectuelle permettant un équilibre entre jeu de marché et enjeux patrimoniaux ; et évitant un renversement des règles politiques au profit des règles économiques produites par le marché.

Pour autant, dans les limites du contentieux de l'excès de pouvoir, l'administration n'a pas à démontrer de niveau d'intérêt culturel de l'œuvre préemptée, contrairement notamment à une dation en paiement qui exige la caractérisation d'un « *intérêt majeur d'art ou d'histoire* ». En toute hypothèse,

---

[19] Sur cette position : Leniaud Jean Michel, « Marché de l'art et patrimoine ou intérêts publics en balance », *Revue administrative*, n° 284, mars-avril 1995, p. 164-168, repris dans ses *Chroniques patrimoniales*, Éd. Norma, Paris, 2001, p. 451-458.

[20] Cornu Marie, « Archives privées, institutions publiques et marché, les singularités », *La préservation des archives privées et l'intérêt public. Mutations et ruptures.* (dir. Marie Cornu et Jérôme Fromageau), coll. Droit du patrimoine culturel et naturel, L'Harmattan, 2013, p. 103.

[21] Voir : Foucart-Borville Jacques, « À propos du Poussin préempté par les Musées Nationaux : erreur ou nescience ? », *La revue administrative*, n° 154, juillet-août 1973, p. 404-408.

il est peu probable qu'un contrôle de proportionnalité en la matière soit exercé par la CEDH « *sur la distance entre valeur économique et valeur patrimoniale* »[22] pour condamner l'utilisation de la préemption sur des petites acquisitions dont l'intérêt patrimonial est moins interne (relativement au seul objet considéré pour lui-même) qu'externe en tant qu'il serait apprécié au regard des collections. Cela est fondamental en matière de reconstitution de bibliothèque ou d'archives privées dispersées en permettant la préemption de pièces d'intérêt patrimonial *ut singuli* plus faible mais qui vont participer à l'expression du sens patrimonial du fonds dans son ensemble.

Au demeurant, et contrairement d'ailleurs au dispositif initial de 1921, les biens "préemptables" ne sont pas soumis à des exigences d'ancienneté. La préemption fut certes initialement instaurée pour la captation publique de « biens d'occasion », mais puisque l'article L321-1 du Code de commerce généralise depuis plusieurs années la possibilité de vendre aux enchères des biens neufs, ceux-ci peuvent en toute logique être également préemptés par l'autorité publique. Relativement à notre objet d'étude, cela pourrait avoir un intérêt, certes exceptionnel mais réel, pour des éditions luxueuses de collection numérotées et signées, soit par de grands auteurs, soit par des maîtres relieurs contemporains.

C.- Champ géographique de la faculté de préemption

Le droit de préemption limité par la souveraineté territoriale. Ce pouvoir appropriatif exorbitant de droit commun est limité par la souveraineté territoriale, -et donc juridique-, des ventes. L'assimilation au seul territoire souverain de l'État français serait néanmoins trop rapide. Il existe en effet un accord bilatéral conclu le 1er août 1977 entre la France et le principauté de Monaco[23] énonçant en son article 1er que « *lors*

---

[22]Cornu Marie, *op. cit.*, p. 104.

[23]Accord du 1er août 1977 entre le gouvernement de S.A.S le prince de Monaco et le gouvernement de la République française concernant la protection des patrimoines historiques ou culturels (*Journal de Monaco* du 4 novembre 1977 et ordonnance souveraine n° 6.143 du 28 octobre 1977).

de toute vente publique d'œuvres d'art, que celle-ci ait lieu sur le territoire monégasque ou sur le territoire français, un droit de préemption peut être exercé soit par le gouvernement de S.A.S le Prince, soit par le gouvernement de la République française, selon que l'œuvre présentée à la vente se rattache au patrimoine historique ou culturel de l'une ou l'autre des parties ». Allant au-delà d'un partage de territoire douanier, c'est donc à un droit de préemption croisé auquel ont consenti les deux États parties pour maximiser les chances d'enrichir leurs collections respectives. Mais comme le souligne François Duret-Robert[24], bien que publié au journal officiel[25], cet accord intergouvernemental n'a jamais fait l'objet d'une ratification ou d'une approbation et est consécutivement dépourvu d'effet direct au plan interne en droit français[26] ; contrairement au droit monégasque[27]. Il n'est pas opposable aux négociants ni au

---

[24] Duret-Robert François, *Droit du marché de l'art,* coll. Dalloz Action, 7ème éd., Dalloz, 2020, p. 187-188.

[25] Décret n° 77-1376 du 9 décembre 1977 portant publication de l'accord franco-monégasque sur le droit de préemption (*JORF* du 14 novembre 1977).

[26] L'article 53 de la Constitution de la Ve République prévoit que les traités et accords internationaux qui « *modifient des dispositions de nature législative [...] ne peuvent être ratifiés ou approuvés qu'en vertu d'une loi* » et qu'ils ne prennent effet qu'après ce contreseing parlementaire. Sans loi de ratification l'accord France-Monaco sur le droit de préemption est donc inopposable aux personnes privées, il n'engage que les États signataires et ne créé pas d'effet direct.

[27] Un recours en appréciation de validité d'une décision de préemption fut exercé devant le Tribunal Suprême de Monaco le 18 janvier 2006 concernant l'acquisition du *Lévrier Bleu* de Van Dongen, toile préemptée par l'Ambassadeur de Monaco en France en 1991 chez Tajan [Tribunal Suprême Monaco 18 janvier 2006 *Sieur C. D. c/ Ministre d'État* (non publié au journal)]. L'accord interétatique a été considéré comme d'effet direct et permet donc une contestation par l'adjudicataire évincé. Toutefois le tribunal refusa d'annuler la préemption estimant que le paiement effectif par l'État de Monaco du prix de l'œuvre préemptée a valu tacite confirmation dans le délai de quinze jours et que l'appréciation de l'intérêt de l'œuvre pour « *le patrimoine historique ou culturel* » de la principauté relève de l'appréciation souveraine des juges du fond.

propriétaire du bien sur lequel se serait exercé ledit droit de préemption. Et pourtant, en autres exemples, le 28 novembre 2018 fut préempté lors d'une vente à Drouot[28] le catalogue de la vente du duc d'Aumont enrichi de commentaires et dessins de Charles-Germain de Saint-Aubin pour le Palais de Monaco[29]. La principauté réitéra la semaine suivante pour un plan du "Rocher"[30]. Aux lacunes du droit international se substitua la coutume d'une préemption partagée, en l'occurrence de documents manuscrits.

Aucun autre accord inter-étatique analogue n'a pour le moment été conclu par la France, au regret de certains observateurs[31] car ce droit de préemption existe dans d'autres droits étrangers. Le droit de préemption demeure donc encore « *captif de la souveraineté étatique* »[32]. Plus largement, la stricte portée nationale de la prérogative de puissance publique témoigne d'une inadéquation manifeste de cet outil face à la mondialisation du marché de l'art et des œuvres-marchandises très mobiles, notamment les ouvrages les plus rares (manuscrits médiévaux, incunables, etc.).

Au-delà de la coopération interétatique régionale ou

---

[28] Lot n° 6, vente Livres anciens et manuscrits, Binoche et Giquello, 27 novembre 2018, Drouot-Richelieu (Salle 2).

[29] Qui d'ailleurs pose des questions de mélange des registres, en ce que la préemption a eu lieu par l'intermédiaire de Carl de Lencquesaing qui est à la fois expert en ventes publiques en France et à Monaco, mais aussi expert privé de S.A.S le Prince souverain et membre de la Commission Consultative des collections d'objets d'art de Monaco.

[30] 5 décembre 2019 chez Kahn et Associés (Plan de Monaco par M. de Lozierer d'Astier).

[31] Jean-Michel Leniaud proposa ainsi un système de préemption d'un État des communautés par le truchement d'un autre État membre de la future Union européenne dans *Le patrimoine mobilier : quelle politique européenne ?* (dir. Hervé Coutau-Bégarie et Jean-Marie Schmitt), Actes de la Conférence de Saragosse, coll. IESA/Patrimoine, Economica, 1990, p. 171.

[32] Lecuyer Yannick, « Le droit de préemption et la protection des œuvres d'art », *Droit administratif*, n° 10, octobre 2008, étude 19, p. 24.

internationale[33], rien n'empêcherait également d'imaginer un « droit de préemption européen » de nature subsidiaire où le droit de préemption national resterait prioritaire. Cette proposition bienvenue avait d'ailleurs été formulée par Karl Koch avant même l'ouverture des frontières européennes[34], celui-ci se déclarant en faveur d'un « droit communautaire de préemption » qui fonctionnerait pas subsidiarité. Cela resta un vœu pieu.

III.- La nature de la préemption

A.- Extérieure au feu des enchères mais pleinement dans le jeu économique du marché

La technique de la préemption instaurée en droit français par la loi de 1921 est pleinement respectueuse du jeu du marché et fut donc mieux tolérée par les commissaires-priseurs qu'une décision autoritaire d'expropriation à la sortie du territoire du bien vendu. Elle ne constitue en effet qu'une substitution d'acquéreur. La préemption ne vient pas fausser la libre détermination du prix par le feu des enchères, moment d'épiphanie concurrentielle de la valeur économique d'un lot. L'État n'intervient avec sa faculté d'acquisition préférentielle qu'*a posteriori*, à l'issue d'une transaction privée contractuellement conclue par l'adjudication[35]. La puissance publique n'intervient qu'en substitution d'un acheteur réel. Elle n'est pas permise en cas de lot « ravalé » faute d'enchères[36] ou

---

[33] *Cf.* Seidl-Hohenveldern I., « State preemption of foreign-owned painting and international law », *International Journal of Cultural Property,* vol. 10, n° 1, janvier 2001, p. 70-78.

[34] Koch Karl, *L'application du traité CEE au secteur culturel, Étude Secteur Culturel, Publications des Communautés Européennes, 1975, réf XII/ culturel/ 451/ 75/F,* p. 14-15.

[35] Voir : CA Paris, 15 janvier 1975 ; *Gaz. Pal.* 1975, 1, 101 et *D.* 1975 som.

[36] Ex. le portrait du Comte de Lacépède peint par Jean-François Garneray n'a ainsi pas pu être préempté par le Musée des Beaux-Arts d'Agen en avril 2021 chez *Kâ-Mondo* à l'Hôtel Drouot et a été négocié de gré à gré « *after sale* ».

avec des propositions d'acquisition en dessous du prix de réserve[37]. À défaut de cession du bien, il n'y peut y avoir d'acquisition publique par ce biais[38]. La préemption est donc totalement contingente à une transaction achevée réalisée aux enchères publiques[39]. L'État laisse l'offre et la demande fixer la juste valeur commerciale du bien proposé à l'encan, et seulement dans un second temps agit en tant qu'acheteur privilégié[40]. La préemption n'entraîne en conséquence aucune « distorsion de marché » en ce que le vendeur comme l'opérateur de vente ne sont nullement préjudiciés par l'acquisition publique, celle-ci se faisant au même prix et dans les mêmes conditions[41] que la primo-transaction qui se déroule sans État acteur de la fixation de ses modalités, et en premier lieu du prix. Il est donc légitime d'estimer que cette « *appropriation contrariée* »[42] ne cause de tort à personne, si ce n'est peut-être à l'adjudicataire originel mais qui ne l'expose à aucun préjudice financier, tout au plus à un trouble affectif du

---

[37] Ce que les conservateurs du patrimoine ne saisissent pas toujours. Ainsi y a-t-il par exemple eu tentative de préemption pour une esquisse de Jean-Baptiste Stouf en juin 2021 chez *Sotheby's* alors que l'œuvre n'avait pas atteint son prix de réserve. L'œuvre fut finalement acquise « *after sale* ».

[38] Cass. Civ. 3ème, 29 janvier 1974, *JCP* 1974, II, 17862 note. P. Ourliac et M. de Juglart.

[39] Raison pour laquelle la préemption tombe en cas d'usage de la « *faculté de réunion* » de lots, obligeant l'État à préempter le tout plutôt que la partie. Ce qui peut surenchérir largement l'acquisition d'un ensemble d'ouvrages par exemple.

[40] C'est d'ailleurs vis à vis de cet aspect d'un État dans le marché mais ne jouant pas réellement le jeu du marché par l'absence de contre-offre faisant monter les enchères qu'on trouve les rares critiques vis à vis du droit de préemption en doctrine. Par exemple : Duchon-Doris, *L'acquisition de l'objet d'art*, Thèse (dir. Jacques Mestre), Université d'Aix-Marseille III, 1996, p. 285.

[41] Et même plus, puisqu'en cas de préemption, le vendeur est également exonéré de taxe forfaitaire.

[42] Selon l'expression de Morgan Cauvin dans sa thèse, *Le marché des œuvres d'art en France, entre droit de la culture et droit d'auteur*, Thèse (dir. Jacques Spindler), Université de Nice-Sophia Antipolis, 2010, 731 p.

fait de sa déception de ne pas remporter l'objet, mais n'ayant jamais été en possession de celui-ci. Raisons pour lesquelles, à de très rares exceptions[43], personne ne semble aujourd'hui contester la légitimité des préemptions en ventes publiques.

Notamment pour répondre à cette volonté de préserver le jeu du marché, la manifestation de l'intention de préempter par l'État doit donc rester secrète[44] jusqu'à la vacation afin de ne pas fausser le "feu des enchères". Engage sa responsabilité le responsable public trop bavard manifestant son intention de préempter une œuvre avant la vente[45]. Toute déclaration avant la vacation d'une possible préemption ferait en effet se désister des enchérisseurs potentiels et préjudicierait consécutivement tant le vendeur que l'intermédiaire de vente rémunéré en proportion du prix d'adjudication qui se verrait diminué. Ce manque de discrétion pourrait également, à l'inverse, pousser l'enchérisseur privé à faire monter les enchères au marteau d'un commissaire-priseur de ventes volontaires particulièrement motivé, de sorte à soit augmenter le coût de l'acquisition publique, soit à la rendre tout bonnement impossible en fonction du seuil maximal de l'autorisation de préemption consignée au mandat du représentant public. Dans la pratique, nul doute que l'examen attentif d'un recueil d'estampes ou d'une série d'éditions originales par un conservateur des bibliothèques lors de son exposition avant la vacation, tout comme sa présence aux premiers rangs de la salle des ventes vient rendre quelque peu théorique ce secret de la préemption, mais les lots précisément convoités comme les enveloppes

[43] Ex. Cabrol Pierre, *Les biens culturels en droit civil français*, Thèse (dir. Jean Hauser), Université Montesquieu Bordeaux IV, 1999, p. 246 où il critique le droit de préemption comme une « mesure conservatoire », le fait qu'il ne lèse personne ne suffisant pas à justifier l'exercice d'une prérogative exorbitant de droit commun selon lui.

[44] L'absence de discrétion entraînant l'irrégularité de la préemption et engageant la responsabilité de l'État : Frier Pierre-Laurent, *Droit du patrimoine culturel*, coll. Droit fondamental, Presses Universitaires de France (PUF), 1997, p. 386.

[45] CE, 8 juin 1956, n° 63369 ; *Lebon* ; *RTD civ.* 1989. 68, obs. J. Mestre.

budgétaires allouées n'en sont pour autant pas connus. Il est par ailleurs souvent d'usage pour une préemption réussie par son effet de surprise d'envoyer un attaché de conservation inconnu du personnel de salle et des enchérisseurs.

Une remarque doit ici être faite au sujet de l'articulation entre État préempteur et État enchérisseur ordinaire. Le droit de préemption étant conditionné par l'existence d'une adjudication préalable, il ne peut se réaliser qu'à condition de la manifestation d'au moins une enchère (même non « couverte » par une contre-offre d'un autre enchérisseur). Il faut bien voir qu'un représentant de l'État (mandaté) dans la salle des ventes peut tout à fait enchérir lui-même spontanément, ce qu'il va faire à défaut d'autres enchères qui le priverait de sa faculté de préempter. Néanmoins la difficulté intervient quand on sait que toute enchère stimule l'enchère, principe même du « feu des enchères ». À plus forte raison lorsque le public va voir un représentant public éventuellement identifié comme tel faire une offre, les enchérisseurs potentiels vont être incités à enchérir à leur tour. Comment doit alors réagir le représentant de l'État ? « Couvrir » à son tour l'enchère et continuer ainsi à faire monter le prix de l'œuvre en tant qu'enchérisseur de droit commun ? Ou doit-il s'abstenir, laisser le marteau tomber, et seulement à ce moment préempter ? À notre sens, rien ne fait obstacle à cette dernière solution qui est la plus économe de l'argent public. Elle peut néanmoins paraître manquer de *fair-play* aux yeux de beaucoup d'observateurs, notamment des négociants. Il n'existe pas de jurisprudence, de doctrine administrative ou de consignes déontologiques à ce sujet. L'hypothèse n'en demeure pas moins exceptionnelle, car les biens préemptés du fait même de leur intérêt suscitent en pratique des primo-enchères de la part des collectionneurs, et dans le rare cas où l'État ferait une offre comme acheteur ordinaire à défaut de réaction de la salle, le lot ne mobilisera généralement pas davantage la convoitise de celle-ci au prix, s'agissant souvent d'un intérêt purement documentaire.

À cet égard, un dernier obstacle à l'achat peut toutefois finalement être rencontré : celui d'un État portant enchère à défaut d'enchères privées, mais pour un prix encore inférieur au prix de réserve. Dans cette hypothèse, l'absence de contrat formé du fait d'un prix de réserve qui ferait obstacle à la vente rendra impossible l'acquisition hors vente *after sale*, mais la difficulté n'est alors plus spécifique à la préemption.

B.- Un « droit de retrait » ou le mirage trompeur de sa qualification par le Code du patrimoine

Il convient de poser un regard critique sur le vocable utilisé par le législateur pour désigner le mécanisme ici étudié. Comme le souligna dès 1964 Henri Savreux dans sa thèse[46], l'expression de « droit de préemption »[47] n'est pas juridiquement exacte[48]. Cette faculté pour l'État d'être subrogé dans les droits de l'adjudicataire initial est en réalité un « droit de retrait »[49]. En effet, un droit de préemption se manifeste normalement avant la conclusion de tout contrat[50]. Le « droit de préemption » est une technique juridique permettant à une personne privilégiée d'intervenir prioritairement avant un transfert de propriété. Préempter renvoi à l'idée d'acheter d'avance. Le législateur dans les cas de réelle préemption fait de l'État une partie légalement privilégiée, par exemple en matière privée dans l'hypothèse du locataire qui peut se positionner en cas de vente du bien immeuble par son bailleur, ou en matière publique avec un droit de préemption urbain permettant à une commune d'acquérir des lots dont elle a besoin pour ses projets d'aménagement sans avoir à recourir à

---

46 Savreux Henri, *Le droit de préemption de l'État en cas de vente publique d'œuvres d'art*, Thèse, Lille, 1964, 102 p.

47 Sur la conceptualisation juridique de la préemption : Saint-Alaray-Houin Corinne, *Le droit de préemption*, coll. Bibliothèque de droit privé, LGDJ, 1979, 616 p.

48 *Cf.* Raynaud Pierre, « Les droits d'acquisition préférentielle en droit civil et en droit rural français », *Ass. inter. dr. Comp.* 1967, n° 7, p. 9 ; et mise en perspective en matière culturelle par : POLI Jean-François, *La protection des biens culturels meubles*, coll. Bibliothèque du droit de l'urbanisme et de l'environnement (Tome 3), LGDJ, 1996, p. 268.

49 Tallon Denis, « Retraits et préemptions, contribution à l'étude des retraits », *RTD civ.* 1951, n° 2, p. 208.

50 Chapuisat Jérôme, « Réflexions sur le droit de préemption », *RD imm.* 1981, tome 2, p. 452.

l'expropriation. Le « droit de préemption des biens culturels » tel qu'il est pourtant nommé dans le Code du patrimoine exige pour sa part tout au contraire que le bien culturel en cause soit préalablement adjugé au mieux disant. Ce n'est alors qu'en réaction que le représentant de l'État manifeste l'usage conditionnel d'un droit de retrait au profit de l'État en raison de l'intérêt du lot pour les collections publiques.

Nous continuerons néanmoins à qualifier le mécanisme dans le cadre de cette contribution de « droit de préemption », d'une part car c'est bien le terme consacré par le législateur à l'article L. 123-1 du Code du patrimoine ; ensuite car l'expression a la vertu de la clarté, étant admise par un siècle d'usage ; et encore en ce qu'au regard du thème de ce recueil, le risque de confusion avec des mécanismes proprement qualifiables juridiquement de préemption est exclu.

IV.- Les modalités de la préemption

A.- Principe et tempéraments de la figure de l'État préempteur

Originellement, la loi de 1921 instaura dans une figure centraliste l'État comme seul préempteur. La subrogation était donc possible uniquement à son bénéfice, pour son propre compte, et non pour celui de collectivités territoriales. Il fallut attendre la loi du 23 juillet 1987[51] sur le développement du mécénat qui suivit les lois de décentralisation Deferre (mars 1982 - juillet 1983) pour permettre à ces dernières de demander à l'État de préempter en leur faveur[52]. C'est toutefois toujours par son intervention, par l'État-acteur-préempteur, que se réalise la subrogation. La préemption en vente publique est aujourd'hui mobilisable « à la demande et pour le compte de collectivités territoriales, d'un établissement public local ». Le mécanisme est d'un intérêt certain pour les bibliothèques patrimoniales, très

---

[51] Art. 24 de la loi n° 87-571 du 23 juillet 1987 sur le développement du mécénat (*JORF* du 24 juillet 1987 p. 8255).

[52] La circulaire n° 1913 de la direction des musées de France du 6 juin 1988 sur la préemption exercée pour les collectivités territoriales précisant sa mise en œuvre concrète (non publiée).

largement implantées dans les collectivités territoriales, avec une politique d'acquisition guidée par la cohérence des fonds ou des choix scientifiques assurés qu'il est difficile pour le Ministère de connaître sans qu'une demande ne soit formulée par leurs conservateurs qui sollicitent alors le bras agissant de l'administration centrale pour acquérir au moyen de ce privilège.

Le desserrement du collet de l'État se fait même très émancipateur en matière de collections d'ouvrages lorsque l'article L. 123-3 du Code du patrimoine introduit par l'ordonnance de 2017 précise que la Bibliothèque nationale de France peut exercer directement ce droit pour faire entrer les manuscrits et autographes préemptés « dans les collections et fonds dont elle a la garde », c'est-à-dire tant le domaine public mobilier qu'elle gère, que les fonds qu'elle reçoit en dépôt.

La préemption peut également être mise en œuvre au bénéfice d'une *« personne morale de droit privé sans but lucratif propriétaire d'une collection affectée à un musée de France ou d'une fondation reconnue d'utilité publique propriétaire d'un fonds d'archives* » (art. L. 123-3, C. patr.). On peut à cet égard regretter qu'en matière d'histoire de l'édition, de la critique et de l'imprimerie, l'Institut Mémoires de l'édition contemporaine, « centre culturel de rencontre » soutenu par le Ministère de la Culture abrité à l'Abbaye d'Ardenne (Calvados) ne puisse solliciter une préemption par le truchement de l'administration centrale puisqu'il est constitué comme association et ne possède pas une collection affectée à un Musée de France. La bibliothèque Thiers de la Fondation Dosne, la bibliothèque humaniste de Sélestat ou le Musée Jean-Jacques Rousseau de Montmorency qui voudraient acquérir un opuscule qui leur manquerait peuvent par contre demander à l'État de préempter à leur bénéfice.

Cette dernière hypothèse de l'association sans but lucratif gérant un Musée de France témoigne singulièrement du déplacement de l'intérêt public de l'appropriation publique vers la mise à disposition de ces biens préemptés. Le patrimoine culturel en question passe en effet dans cette hypothèse d'un patrimoine privé à un autre patrimoine privé par la figure de l'État intermédiaire-préempteur. La prérogative de puissance publique permet au propriétaire avantagé de bénéficier de ce levier régalien d'acquisition en raison de l'affectation publique culturelle finale que permet l'opération. Ce premier ne peut néanmoins jamais imposer à l'État d'agir.

B.- L'information de la tenue d'une vacation : préalable à la mobilisation de la préemption

Afin que l'État puisse avoir connaissance du passage en vacations de biens susceptibles de susciter son intérêt et qu'il puisse effectivement faire valoir son droit de préemption, l'article L. 123-1, II, du Code du patrimoine exige de tout organisateur d'une vente aux enchères publiques, que celle-ci soit volontaire (par un OVV) ou judiciaire (par un officier ministériel ou officier public), qu'il en « *donne avis à l'autorité administrative au moins quinze jours à l'avance* » avec toutes les indications idoines, « *l'envoi d'un catalogue avec mention du but de cet envoi t[enant] lieu d'avis* » ; ou en cas de saisine tardive, dès qu'il est désigné pour instrumenter la vente judiciaire (art. R. 123-3, C. patr.). L'article 1.1.12, al. 5, du recueil des obligations déontologiques des OVV du 21 février 2012 insiste en disposant qu'avant le vente d'un bien culturel à l'encan, l'OVV informe « *l'autorité administrative compétente (le ministère chargé de la culture) de la mise en vente de l'objet afin de permettre à l'État d'exercer son droit de préemption* ». La transmission des informations sur la tenue de la vacation et la description des lots peut également se faire par voie électronique. La simple publicité de la vente inhérente à toute vacation à l'encan ne suffit par contre pas. De la même manière, le simple renseignement informel donné par un commissaire-priseur de ventes volontaires aux responsables de collections destinataires potentiellement intéressées, par exemple un service d'archives ou une bibliothèque patrimoniale, ne saurait le dispenser de « *ses obligations vis-à-vis de l'État, représenté par le ministre de la Culture, seul habilité à exercer le droit de préemption* » et l'expose ainsi à défaut d'envoi à un avertissement disciplinaire. Une publicité dans une revue de référence ne suffit pas davantage[53], même pour une vente mono-thématique désignant l'ensemble comme « Vente Bibliothèque Comte de *X* » ou « Collection *Y* ».

La disposition questionne néanmoins -certes assez marginalement avec la rareté des ventes non-cataloguées et qui concernent des biens généralement de très faible intérêt historique ou artistique (à moins qu'ils ne soient pas identifiés comme tels) sur le pouvoir pratique de l'État à préempter à l'occasion de ventes dépourvues d'une telle édition ou même d'une simple liste. La préemption ne saurait alors résulter que d'une découverte fortuite ou proactive de la part de l'agent public mobilisant le ressort préférentiel.

C.- De la déclaration d'intention à la confirmation d'exercice : une préemption en deux temps

La préemption se réalise concrètement « à l'issue de la vente » par l'adjudication. Dès après, « *aussitôt prononcée l'adjudication de l'objet mis en vente* » (art. R. 123-6, C. patr.), la préemption est mise en œuvre par la « *déclaration par l'autorité administrative qu'elle entend éventuellement user de son droit de préemption* ». Elle en informe le responsable de la vacation (art. L. 123-1, C. patr.). En vente physique en salle des ventes, en pratique, le représentant de l'État (conservateur de musée public ou personnel de la DRAC) se lève et manifeste oralement le souhait de l'État de préempter le bien dans l'intérêt des collections sus-désignées ; et ce, directement après le tombé de marteau, sans attendre la fin de la vacation[54]. En cas de vente *after sale* ou de vente aux enchères en ligne, l'opérateur de vente ou l'officier public est informé directement par l'administration. Pour les « ventes par voie électronique », la déclaration doit se faire « *par tous les moyens appropriés* » selon les termes du décret du 11 février 2014, « *dans un délai de quatre heures à compter de la réception du résultat*

[53] CA Paris, pôle 2, ch. 1, 15 février 2011, RG n° 10/15037.
[54] *Cf.* en ce sens l'instruction du ministre de l'instruction publique et des beaux-arts, L. Bérard, donnée le 3 janvier 1945 (reproduite dans *JCP* 1951-61.211).

d'adjudication » (art. R. 123-7, C. patr.[55]). On notera que dans ce système, rien ne permet la publicité de la préemption. Contrairement à la vente physique où la mobilisation conditionnelle de la préemption se fait oralement et distinctement par un représentant de l'État, dans l'hypothèse d'une préemption en ligne, seul l'adjudicataire malchanceux dans ses espoirs d'acquisition et probablement évincé sous quinzaine va être tenu au courant par la maison de ventes.

Le Code du patrimoine précise bien que cette primo-déclaration quelle qu'en soit la modalité informe les enchérisseurs et le public que l'État « entend éventuellement » user de sa prérogative de puissance publique. La préemption n'est donc pas encore réalisée et l'État n'a pas d'obligation de mener la procédure jusqu'à son terme. À partir de l'information de l'organisateur de la vente et de ce qui est bien une adjudication temporaire, ou plutôt conditionnelle ; s'ouvre alors une période de quinze jours pour que l'autorité administrative confirme sa préemption ou se désiste (L.123-1, III, C. patr.), laps de temps le législateur ne dit pas un mot et qui reste un angle mort en doctrine. À la déclaration d'intention de préempter doit donc succéder la notification de confirmation de la préemption qui réalise rétroactivement la vente à son profit[56]. La notification de confirmation de la préemption doit nécessairement être transmise dans ce délai de quinze jours et être motivée[57]. Infirmant une première position jurisprudentielle où les tribunaux estimaient que la notification pouvait intervenir postérieurement à une décision de confirmation prise avant l'expiration de la période[58], le Conseil d'État[59] a confirmé la

---

[55] Insistons ici sur le flou qui entoure la manière dont l'officier public « *procède [...] à l'information du ministre chargé de la culture sur la désignation des biens adjugés* » et leur prix. La coordination avec le conservateur de la collection de destination étant difficile à assurer dans des délais serrés.

[56] Tribunal civil de Morlaix, 8 janvier 1947, *D.* 1947, 121.

[57] En fait et en droit, sous contrôle du tribunal administratif, le vendeur ayant intérêt à agir et pouvant contester même une fois le transfert de propriété opéré : CE, 21 mai 2008, n° 296156.

[58] CA Paris, 14ème chambre, sect. C, 26 juin 1992, RG n° 91/15064, *Seydoux c/ Loudmer.*

solution de la Cour administrative d'appel de Paris qui annula une préemption publique en estimant que la confirmation de l'autorité administrative « *n'avait pas été portée à la connaissance du commissaire-priseur chargé de la vente, avant l'expiration du délai de 15 jours* »[60]. La circonstance que le Conseil artistique des musées nationaux consulté pour les acquisitions de ces institutions ait délivré un avis postérieurement à la décision de préemption est cependant sans influence sur sa légalité[61].

La subrogation à l'adjudicataire ne se réalise donc effectivement que par cette confirmation de l'exercice de la préemption[62]. Pendant la période de quinze jours entre la déclaration d'intention de préemption et la notification de confirmation, le primo-adjudicataire nous semble donc bien le propriétaire de l'œuvre mais « sous réserve » des droits de l'État pour raison patrimoniale. La vente avec adjudication constitue aux yeux de la rare doctrine s'étant intéressé à cette période, soit une vente sous condition suspensive[63], soit une vente sous condition résolutoire[64]. Retenir la seconde option transférerait les risques de la chose du vendeur à l'adjudicataire, ce qui paraît très injuste alors qu'il est encore incertain dans sa propriété. Il est peut être alors plus expédient de considérer qu'il s'agit plutôt d'une vente sous condition suspensive où seul le refus du ministre peut mettre fin à la transaction. Même si

---

[59] CE, 30 juillet 2003, n° 237168, *Ministère de la culture c/ Société Solow Management, Lebon*, p. 351, *AJDA*, 8 septembre 2003, p. 1525.

[60] CAA Paris, 4ème ch., sect. 1, 5 juin 2001 (req. n° 99PA03667), non publié.

[61] CE, 18 décembre 2015, n° 363163.

[62] Via une décision administrative « *écrite, claire, précise et complète* » (loi n° 79-587 du 11 juillet 1979 sur la motivation des actes administratifs et circulaires, *JORF* du 20 octobre 1987, p. 12173). A ce sujet, *cf.* Chatelain Jean, *Droit et administration des musées*, coll. Manuels École du Louvre, La documentation française, 1993, p. 359.

[63] Mauger-Vielpeau Laurence, *Les ventes aux enchères publiques*, coll. Pratique du droit, Economica, 2002, p. 197.

[64] Maurice René, « V° Ventes publiques mobilières », *Traité formulaire analyse de procédure civile*, Fascicule n° 10, 1994, n° 301, p. 23.

cette solution emporte moins notre conviction dans sa logique, elle est nettement plus satisfaisante dans ses effets vis-à-vis de celui qui est menacé de subrogation.

En tout état de cause, voir dans l'adjudicataire un propriétaire conditionnel est la seule position intellectuellement acceptable. En l'état de la jurisprudence, si l'État renonce explicitement ou implicitement à la préemption, l'acquéreur initial est contraint d'en payer le prix[65]. Or évidemment, si l'État ne donne pas suite à son intention initiale de préempter alors que sa primo-déclaration manifestait un intérêt manifeste de l'œuvre pour les collections publiques, c'est que son authenticité fait probablement défaut, ou en tout cas qu'elle ne mérite pas le prix qu'elle a atteint à l'issue du feu des enchères. Il n'existe pour autant aucun droit au désistement de l'adjudicataire après une renonciation à l'exercice de la préemption par l'État, qu'elle qu'en soit la cause, en particulier en cas de réévaluation de l'intérêt patrimonial à la baisse ou remise en cause de l'authenticité du lot. L'adjudicataire privé se trouve tenu par son engagement contractuel[66] « tenant lieu de loi entre les parties » depuis la perfection de la vente. À cet égard, il semble d'ailleurs logique d'affirmer qu'il y a eu vente par adjudication sous condition suspensive[67]. La solution peut paraître cruelle, elle est pourtant tout à fait respectueuse du jeu de marché, l'apport additionnel de l'expertise de l'État n'étant qu'incident, et le consentement initial de l'enchérisseur partie au contrat préservé. La situation est néanmoins ensuite de nature à générer un contentieux de l'annulation de la responsabilité pour erreur sur les qualités essentielles de la chose, même si ce dernier vise davantage les œuvres d'art que les imprimés et manuscrits qui nous intéressent ici.

---

[65] Tribunal civil de la Seine, 8 décembre 1950, *D.* 1951. 50 ; *Journal des commissaires-priseurs* 1954, p. 121 et *Gaz. Pal.* 1951. I. 153.

[66] Exemple pour un tableau attribué à Delacroix à l'occasion de la vente Maurice Rheims de 1948 rapporté par : Edjaharian Vérane, *op. cit.*, p.582.

[67] Comme le fait valoir Maurice René, *Le commissaire-priseur et les ventes publiques de meubles*, Bibliothèque de droit privé, tome 115, LGDJ, 1971, p. 139-142.

V- Les effets de la préemption

A.- La subrogation d'acquéreur : de l'espérance acquisitive de l'adjudicataire à l'intervention de l'État préempteur

La subrogation d'acquéreur conditionnée par la validité de l'adjudication. La subrogation au cœur de la préemption de biens culturels étant un mécanisme juridique de substitution de partie au contrat[68], se pose alors la question de savoir si la préemption est soumise à l'exigence de validité de la primo-adjudication ? Que décider en cas de nullité du transfert de propriété à l'adjudicataire initial ? Concernant la nullité d'une adjudication dans le cadre d'une relation indivisaire contraire aux exigences de l'article 883 du Code civil, la Cour de cassation[69] approuva la solution de la Cour d'appel de Paris considérant que « *l'État était valablement admis à préempter [...] sans qu'il y ait lieu de s'attacher aux conditions de la vente ou à la qualité de l'adjudicataire* ». Le Conseil des ventes volontaires a pourtant adopté une position contraire concernant cette-fois, non-plus une nullité du transfert de propriété à l'adjudicataire initial, mais une adjudication fictive[70]. La question était alors quelque peu différente : l'État peut-il être subrogé dans les droits d'un adjudicataire inexistant ? Dans l'exercice de son pouvoir disciplinaire, le CVV reprocha à l'opérateur de ventes volontaires d'avoir « *consenti à la subrogation de ladite enchère par la personne publique à un acheteur fictif, entachant la cession du bien d'irrégularités*

---

[68] Saint-Alary-Houin Corinne, « Approche conceptuelle du droit de préemption », *JCP N,* n° 40, 7 octobre 2011, p. 26-31.

[69] Cass. Civ. 1ère, 25 mai 1956, *Bull. civ.* I, n° 200, *Gaz. Pal.* 1956.2.67 confirmant CA Paris, 1ère ch., 3 janvier 1951, *S.* 1951. II. 77 ; *Gaz. Pal.* 1951 1.370 ; *JCP* 1951.6121 ; *Journal des commissaires-priseurs* 1953.161 contre le jugement initial de Tribunal de la Seine, 20 janvier 1949, *S.* 1949.2.84 ; *JCP* 1949.4796.

[70] Dans le cas d'une vente de manuscrits du comte de Chambord sans prix de réserve où le commissaire-priseur a de façon occulte « ravalé » le lot faute d'enchères en donnant l'impression de l'adjuger en salle via une enchère fictive.

susceptibles de recevoir une qualification pénale »[71]. La privation consécutive d'effet préempteur paraît extrêmement sévère car bien qu'évidemment motivée par une volonté légitime de sanctionner le commissaire-priseur de ventes volontaires commettant un délit, elle favorise *in fine* le vendeur qui n'a pas été prudent en ne stipulant pas de prix de réserve dans le mandat de vente et dont la fictive adjudication a été réalisée dans son seul intérêt. Plus encore, cette solution prive surtout injustement l'État du bénéfice de la préemption, alors que celui-ci se serait sûrement manifesté au prix comme premier acheteur ordinaire à défaut de la fictive adjudication à un tiers par première enchère. Et il n'est pas certain que l'État puisse rejouer le même jeu lors d'un deuxième passage en vente publique ; à condition même qu'elle se réalise d'ailleurs, qu'elles qu'en soient les modalités ; le droit de préemption constituant fondamentalement un « *droit d'aubaine* »[72] pour reprendre l'expression de Sylvie Hubac à son propos.

La préemption étant une substitution à l'adjudicataire et non au dernier enchérisseur, l'annulation d'une vente pour adjudication fictive prive donc définitivement l'État du bénéfice de la préemption en le plaçant dans une situation tout à fait défavorable car le vendeur n'a aucune obligation de lui céder le lot en *after sale* au prix atteint lors de la vente (montant qui a précisément conduit le commissaire-priseur à un retrait déguisé) ; et à défaut d'une autre cession *after sale* valide à un tiers, aucune préemption n'est possible, ni même d'acquisition publique en général si le lot n'est jamais représenté sur le marché de l'art.

Une subrogation strictement proportionnée aux droits du primo-adjudicataire. Concernant la nature des liens contractuels État/OVV à l'issue de la subrogation, comme le relevait Jean Chatelain[73], étant subrogé dans les droits de l'adjudicataire, l'État est partie au contrat initialement conclu et

---

[71] Décision disciplinaire n° 2007-642 du CVV du 27 octobre 2007.

[72] Expression de Sylvie Hubac utilisée dans ses conclusions sur l'affaire CE, 3 avril 1987, *Consorts Heugel*.

[73] Chatelain Jean, *Œuvres d'art et objets de collection en droit français*, Berger-Levrault, 1982, p. 231.

ne peut pas bénéficier de plus de droits que celui-ci, notamment en cas de contestation sur la validité de la vente. À l'occasion du contentieux Poussin/École des Carraches, le Tribunal des conflits a ainsi considéré à cette occasion qu'une « *vente d'œuvre d'art réalisée entre des particuliers par voie d'enchères publiques constituait un contrat de droit privé relevant de la compétence des tribunaux judiciaires et qu'il n'en allait pas autrement quand, par l'effet du droit de préemption, l'État se trouvait subrogé à l'adjudicataire et exerçait par suite les droits de celui-ci* »[74]. La substitution au profit d'un acquéreur public ne modifie donc pas le caractère privé de la vente[75]. Elle n'a donc aucune raison non-plus de toucher l'équilibre contractuel du *negocium.* La préemption est donc bien une substitution de partie contractante d'un primo-adjudicataire vers l'État préempteur. Rien de plus, mais rien de moins ; mais surtout rien de moins sans rien de plus.

B.- Droit régalien de captation patrimoniale et respect des droits fondamentaux

L'ingérence de l'État *a posteriori* d'une adjudication peut légitimement heurter les adjudicataires qui, l'espace de quelques secondes, remplissent l'espoir d'avoir acquis une œuvre pour leurs collections au terme de rudes enchères. Aux yeux du droit, la préemption aurait dès lors pu apparaître contraire à l'article 1er du premier protocole additionnel de la Convention Européenne des Droits de l'Homme (CEDH) consacrant le droit au respect des biens[76]. Toutefois, comme tous les droits fondamentaux, il n'est pas absolu, et la jurisprudence admet la légitimité de certaines ingérences

---

[74] Tribunal des conflits, 2 juin 1975 ; *Gaz. Pal.* 1975.2.572 ; *D.* 1975. IR 224.

[75] Wolkowitsch Gilles, *Archives Bibliothèques Musées - Statut des collections accessibles au public*, coll. Collectivités territoriales, Economica/Presses universitaires d'Aix-Marseille (PUAM), 1986, p. 82.

[76] Flauss Jean-François, « Le droit au respect des biens », *AJDA*, 20 juin 2000, p. 542-544.

justifiées par des considérations d'intérêt général[77] pour autant qu'elles soient légales, légitimes et proportionnelles[78], notamment en matière culturelle[79]. Tel est indubitablement[80] le cas dans l'usage d'un droit exercé aux fin de protection des biens culturels par leur acquisition publique[81] ou dans l'intérêt public qui permet la conservation durable du bien sur le territoire national du fait de son intégration au domaine public mobilier de l'État ou par son affectation garantie à des fonds accessibles au public[82].

---

[77] CE, 18 décembre 2015, n° 363163, *AJDA* 2012.2049 (confirmant CAA Paris, 1ère ch., 31 juillet 2012, n° 10PA01590) : « *la décision de préemption qui a pour objectif d'enrichir les collections nationales de biens de grande valeur afin de les exposer, de permettre au public d'en bénéficier et de renforcer le patrimoine culturel de l'État est constitutive d'une mesure prise dans l'intérêt général et ne peut être regardée comme ayant fait supporter à l'intéressé une charge spéciale et exorbitante* ».

[78] Sur le contrôle de proportionnalité en droit du patrimoine culturel, *cf.* Clippele (de) Marie-Sophie, « Quand l'équilibre devient art - Le Conseil de l'Europe et la balance des intérêts des propriétaires et de la collectivité en matière de patrimoine culturel », *Rev. trim. dr. h*, n° 100/2014, p. 914-935.

[79] Sur le rôle de la CEDH : Andriantsimbazovina Joël, « L'art et la Cour européenne des droits de l'homme », *Entertainment. Droit, Médias, Art, Culture*, Bruylant, vol. 2018, n° 1, p. 7-21.

[80] CE, 30 juillet 2003, n° 237168 (conformité de la préemption du tableau de Balthus *Cour de ferme et Chassy* à l'article 1er du protocole n° 1 de la CEDH).

[81] Haumont Francis, « La cour européenne des droits de l'homme et le droit de préemption », *AJDA*, 2008, p. 747.

[82] Ce sur quoi insiste pour légitimer la faculté CEDH, 28 juin 2011, n° 28979/08 *Ruspoli Mornes c/ Espagne* dont on critiquera toutefois le manque de mesure dans la mesure où la cour énonce que selon son appréciation, il ne fait « *nul doute* » que l'acquisition préférentielle au profit de l'État d'un tableau « *facilite dans une grande mesure l'exposition publique et permet d'en faire bénéficier un plus large public* ». Il y a là une pensée magique où l'appropriation publique garantirait la monstration. À sa défense, l'arrêt dit « *facilite* » dans un premier temps ; avant toutefois de perdre ce ton prudent en affirmant doctement « *permet* »… Pour autant, on conviendra que l'intérêt scientifique d'acquisition n'est pas nécessairement un intérêt

Par ailleurs, la jurisprudence a déjà eu à se prononcer la compatibilité du droit de préemption au droit de l'Union européenne et a estimé que la préemption n'était « *qu'une modalité d'acquisition des œuvres d'art par l'État, sans incidence, par elle-même, sur la circulation de ces œuvres à l'intérieur de l'Union européenne* », de sorte qu'elle « *ne constitue pas une restriction quantitative à l'importation ou à l'exportation, ou une mesure d'effet équivalent à une telle restriction prohibée* »[83]. Plus généralement au sujet de ce biais de régulation patrimoniale, la Cour de justice a pu estimer que « *le contrôle du marché de l'art par l'État constitue un but légitime dans le cadre de la protection du patrimoine culturel et artistique d'un pays* ». La préemption de biens culturels est donc possible dans le respect du principe de légalité avec des « *normes de droit interne suffisamment accessibles, précises et prévisibles* »[84] selon l'expression des juges de Luxembourg.

---

d'exposition publique, mais peut également être d'étude et de recherche. En utilisant jusqu'à l'expression de « *démocratisation publique* », la Cour européenne témoigne toutefois selon nous de cette vision trompeuse et trop souvent partagée d'une assimilation de l'intérêt de l'appropriation publique et de la sauvegarde et de la mise en valeur d'un patrimoine national. Si la première facilite indéniablement la seconde, elle n'en est ni une garantie, ni une condition *sine qua non*.

[83] CE, 18 décembre 2015, n° 363163.

[84] CEDH, 28 juin 2011, *op. cit.*

Livres et manuscrits anciens et mécénat

par
Céline VIESSANT
Professeur des Universités, Aix Marseille-Université
CEFF (EA 891)
Secrétaire général de la Société Française de Finances Publiques

Le *Livre d'Heures de François Ier* -magnifique manuscrit enluminé dans une reliure d'or émaillé, garnie de pierres précieuses- a rejoint, en 2018, les collections du Musée du Louvre où il est désormais exposé au public. L'acquisition de cette « *œuvre d'une grande rareté* »[1] a été rendue possible par la mobilisation de 8 500 donateurs dans le cadre de la campagne « Tous mécènes », orchestrée par le musée du Louvre, et le mécénat exceptionnel de l'entreprise LVMH/Moët Henessy-Louis Vuitton.

Le mécénat est défini par un arrêté du 6 janvier 1989 comme « *le soutien matériel apporté, sans contrepartie directe de la part du bénéficiaire, à une œuvre ou à une personne pour l'exercice d'activités présentant un caractère d'intérêt général* »[2]. Cette définition n'a, depuis, pas subi de modification mais la doctrine administrative l'a complétée en y ajoutant que le soutien peut être également financier et qu'il ne doit pas s'accompagner d'une contrepartie même indirecte[3] ; en outre, il doit être apporté à une personne morale[4].

---

[1] <https://presse.louvre.fr/le-livre-dheures-de-francois-ier-tresor-national-entre-dans-les-collections-du-louvre/>

[2] Arrêté du 6 janvier 1989, relatif à la terminologie économique et financière : annexe I, *JO* n° 26, 30 et 31 janvier 1989, p. 1448. Pour une critique de cette définition, voir J.-M. Pontier, « Le mécénat, une notion juridique singulière ? », *RDP* 2020, n° 2, pp. 443-454. Voir, également, F. Blanc, « Les formes juridiques du mécénat », *RDP* 2020, n° 2, pp. 369-380.

[3] L'absence de contrepartie doit toutefois être relativisée : voir, Cour des comptes, *Le soutien public au mécénat des entreprises. Un dispositif à mieux encadrer*, novembre 2018, pp. 27-28 :

Le mécénat est d'origine ancienne[5] mais les mécènes ont été, pendant longtemps, principalement des personnes privées[6], le mécénat d'entreprise ne s'étant véritablement développé en France qu'à partir des années 1970[7]. Par ailleurs, historiquement, « *l'acte du mécène est indissociablement lié à la vie artistique et culturel* »[8], mais il s'est déployé, à partir des années 1980, dans d'autres domaines que la culture et, notamment l'environnement et la solidarité[9].

Il y a en France un lien fort entre la fiscalité et le mécénat, l'outil fiscal étant privilégié par le législateur pour inciter particuliers et entreprises à devenir mécènes[10]. Ainsi, « *les principaux textes fondateurs de la politique de mécénat ne sont pas [...] des textes généraux mais de nature fiscale* »[11]. La loi du 14 août 1954 est « *l'intervention la plus marquante du*

<https://www.ccomptes.fr/fr/publications/le-soutien-public-au-mecenat-dentreprises>

[4] BOI-BIC-RICI-20-30-10-20, 3 févier 2021, n° 120. Cette définition est reprise par la Cour des comptes, *Le soutien public au mécénat des entreprises*, *op. cit.*, p. 17.

[5] Sur les origines du mécénat, voir, par exemple, F. Debiesse, *Le mécénat*, PUF, coll. « QSJ », 2007, pp. 15-22 ou A.-J. Poulet, *L'action de mécénat au bénéfice des personnes publiques*, thèse, Université Paris-Dauphine, 2020, § 5 et ss.

[6] Voir G. de Brébisson, *Le mécénat*, PUF, coll. « QSJ », 1986, p. 6.

[7] A. Gautier, « Le mécénat d'entreprise en France. Histoire et perspective », *RF gest.* 2015, n° 249, pp. 13-32.

[8] G. de Brébisson, *Le mécénat*, *op. cit.*, p. 6.

[9] S. Rozier, « Le mécénat culturel d'entreprise dans la France des années 1980-1990 : une affaire d'État », *Genèses* 2017, n° 109, pp. 80-99. Voir également, S. Piquet et J.-M. Tobelem, « Les enjeux du mécénat culturel et humanitaire », *RF gest.* 2006, n° 167, pp. 49-64.

[10] M. Collet, « La fiscalité du mécénat », *RDP* 2020, n° 2, p. 417. Voir également, S. El Haïri et N. Moutchoi, *La philanthropie à la française*, février 2020, p. 9 : <https://www.vie-publique.fr/sites/default/files/rapport/pdf/274626.pdf> (rapport parlementaire remis au Premier ministre).

[11] Cour des comptes, *Le soutien public au mécénat des entreprises*, *op. cit.*, p. 17.

législateur en ce domaine »[12]. Son article 11 a permis aux entreprises assujetties à l'impôt sur les sociétés ou à l'impôt sur le revenu sur les personnes physiques de déduire du montant de leur bénéfice imposable, dans la limite de 1 ‰ de leur chiffre d'affaires, les versements qu'elles ont effectués au profit d'œuvres ou d'organismes d'intérêt général, de caractère philanthropique, éducatif, scientifique, social ou familial[13]. Parallèlement, le second alinéa de ce même article a prévu la possibilité pour les contribuables autres que les entreprises de déduire des versements similaires, dans la limite de 0,5 %, de leur revenu imposable[14].

Pendant des décennies, ces dispositions ne vont être modifiées qu'à la marge[15]. Ce n'est qu'en 1987 que le législateur va intervenir pour renforcer les dispositifs incitatifs. Tout d'abord, la loi de finances pour 1987 va porter à 1,25 % du revenu imposable la déduction des versements pour les particuliers, l'avantage en impôt en résultant ne pouvant être inférieur à 25 % des sommes déduites pour la fraction annuelle des dons n'excédant pas 600 francs[16].

Puis, la loi du 23 juillet 1987 sur le développement du mécénat va porter à 2 ‰ le montant déductible du bénéfice imposable des entreprises, en permettant le report sur les cinq exercices suivants en cas de dépassement du plafond de déduction et en élargissant le champ d'application du dispositif notamment aux œuvres ou organismes d'intérêt général à caractère culturel ou concourant à la mise en valeur du

---

[12] Cour des comptes, *Le soutien public au mécénat des entreprises*, *op. cit.*, p. 17 et S. El Haïri et N. Moutchoi, *La philanthropie à la française*, *op. cit.*, p. 9.

[13] Loi n° 54-817, 14 août 1954, *relative à diverses dispositions d'ordre fiscal*, *JO* n° 190, 16 et 17 août 1954, p. 7893.

[14] Loi n° 54-817, 14 août 1954, *relative à diverses dispositions d'ordre fiscal*, *JO* n° 190, 16 et 17 août 1954, p. 7893.

[15] Le pourcentage de déduction a été porté à 1 % pour l'établissement de l'impôt sur le revenu dû au titre de l'année 1977.

[16] Loi de finances pour 1987, n° 86-1317, 30 décembre 1986, art. 5, *JO* n° 303, 31 décembre 1986, p. 15820. Voir *Dr. fisc.* 1989, n° 31, comm. 1491.

patrimoine[17]. Pour les particuliers, l'avantage en impôt en résultant va être porté, à compter de l'imposition des revenus de 1989, au taux de la dernière tranche du barème de l'impôt sur le revenu lorsque les sommes justifiées par le contribuable au titre de l'année d'imposition et de l'année précédente sont au moins égaux à 1 200 francs par an[18]. Cette même loi va, également, insérée un article 238 *bis*-0 A au Code général des impôts permettant aux entreprises de déduire de leur bénéfice imposable la valeur d'acquisition des œuvres d'art, des livres, des objets de collection ou des documents de haute valeur artistique ou historique, dont l'offre de donation à l'État a été acceptée, sous réserve que certaines conditions soient remplies, notamment l'engagement de remettre le bien à l'État dans les dix ans suivants une offre de don acceptée par lui et l'obligation de l'exposer au public[19]. D'autres dispositifs vont être également institués par cette loi, tel que celui relatif à l'achat d'œuvres d'artistes vivants[20].

Les dispositions relatives aux particuliers vont être modifiées par la loi de finances pour 1990 qui va substituer une réduction d'impôt à la déduction fiscale mise en place par la loi du 14 août 1954. Cette réduction d'impôt sur le revenu va être fixée à 40 % du montant des versements et dons, pris dans la limite de 1,25 % du revenu imposable[21]. Elle va être codifiée à l'article 200 du Code général des impôts, l'article 238 *bis* du même code restant dédié aux entreprises[22].

---

[17] Loi n° 87-571, 23 juillet 1987, sur le développement du mécénat, art. 2-I, *JO* n° 169, 24 juillet 1987, p. 8255.

[18] Loi n° 87-571, 23 juillet 1987, art. 1er, préc.

[19] Loi n° 87-571, 23 juillet 1987, art. 6, préc.

[20] Loi n° 87-571, 23 juillet 1987, art. 7, préc.

[21] Loi de finances pour 1990, n° 89-935, 29 décembre 1989, art. 5, *JO* n° 303, 30 décembre 1989, p. 16337. La loi de finances pour 2000 va porter le pourcentage à 50 % du montant des dons et versements dans la limite de 6 % du revenu imposable (loi de finances pour 2000, n° 99-1172, 30 décembre 1999, art. 4, *JO* n° 303, 31 décembre 1999, texte n° 1).

[22] Décret n° 90-798, 10 septembre 1990, portant incorporation au Code général des impôts de divers textes modifiant et complétant

La loi du 4 janvier 2002 relative aux musées de France va instituer deux dispositifs fiscaux favorisant le mécénat en faveur des musées de France et encourageant les entreprises à effectuer des versements pour l'acquisition par l'État (article 238 *bis*-0 A du CGI) ou leur propre compte (article 238 *bis*-0 AB du CGI) de trésors nationaux afin de les conserver dans le patrimoine artistique et historique national[23]. La loi sur le mécénat de 2003 va amplifier les dispositifs[24] en renforçant les avantages fiscaux relatifs aux dons et versements des particuliers[25] et des entreprises[26] et en modifiant le dispositif d'aide à l'acquisition de trésors nationaux[27]. Elle va conduire à « *un développement sans précédent du mécénat* »[28], grâce, notamment, à une « *généreuse réduction d'impôt* »[29].

Il n'y a pas, en pratique, de dispositions mettant en œuvre un mécénat spécifique aux livres et manuscrits anciens. Cependant, les dispositifs fiscaux en faveur du mécénat leur sont, en raison de leur objet, applicables.

Les dictionnaires définissent le livre comme « *un assemblage de feuilles imprimées et réunies en un volume, broché ou relié* », notamment lorsqu'il s'agit de livres rares ou anciens[30]. Quant au manuscrit, il s'agit d'un « *ouvrage écrit à la*

---

certaines dispositions de ce code, art. 1er, *JO* n° 210, 11 septembre 1990.

[23] Loi n° 2002-5, 4 janvier 2002, relative aux musées de France, art. 22 et 23, *JO* 5 janvier 2002, texte n° 1. Il va en résulter la suppression de l'ancien article 238 *bis*-0 A du Code général des impôts.

[24] Loi 2003-709, 1er août 2003, relative au mécénat, aux associations et aux fondations, *JO* n° 0177, 2 août 2003, texte n° 6. Voir, G. Cerutti, « Mécénat culturel. Pour un acte deux », *Commentaire* 2013, n° 143, pp. 623-628.

[25] Loi 2003-709, 1er août 2003, art. 1er, préc.

[26] Loi 2003-709, 1er août 2003, art. 6, préc.

[27] Loi 2003-709, 1er août 2003, art. 14, préc.

[28] Cour des comptes, *Le soutien public au mécénat des entreprises*, *op. cit.*, pp. 30 et ss.

[29] M. Collet, « La fiscalité du mécénat », *op. cit.*, p. 417.

[30] Définition du dictionnaire Larousse : <https://www.larousse.fr/dictionnaires/francais/livre/47531>

main avant la découverte de l'imprimerie ou destiné à être imprimé, même s'il est dactylographié »[31].

Comme cela a déjà été relevé, la notion de livres et manuscrits anciens n'est pas une notion juridique[32] et il n'en existe donc pas de définition juridique[33]. Toutefois, il est possible de les rattacher juridiquement, en raison de leur ancienneté, à la catégorie des objets d'antiquité[34], définis comme des « *biens meubles, autres que des œuvres d'art et des objets de collection, ayant plus de cent ans d'âge* »[35], et, en raison de leur nature, à la catégorie des œuvres de l'esprit définie comme « *toute création de l'esprit empreinte d'originalité qui, comme telle, donne prise aux droits d'auteurs* »[36]. Objets d'antiquité et œuvres de l'esprit peuvent constituer des biens culturels[37], notion qui ressortit des textes relatifs au mécénat, de même que la notion de trésor national[38].

La notion de bien culturel revêt une importance particulière pour le champ de notre étude. Elle a été définie à l'article 1er de la Convention pour la protection des biens culturels en cas de conflit armé signée le 14 mai 1954 à La Haye : « *sont considérés comme biens culturels, quels que soient leur origine ou leur propriétaire (...) les biens, meubles ou immeubles, qui présentent une grande importance pour le*

---

[31] Définition du dictionnaire Larousse : <https://www.larousse.fr/dictionnaires/francais/manuscrit/49283>

[32] X. Cabannes, « Livres anciens et fiscalité », *in Livres et manuscrits anciens. Approche juridique*, L'Harmattan, coll. « Logiques juridiques », 2020, p. 9.

[33] X. Cabannes, « Livres anciens et fiscalité » , *op. cit.*, pp. 27-29 ; l'auteur rappelle la définition du livre donnée par la doctrine administrative (BOI-TVA-LIQ-30-10-40, 15 juillet 2013, n° 40) mais constate l'absence de définition du livre ou du manuscrit ancien à proprement parler.

[34] Voir X. Cabannes, « Livres anciens et fiscalité », *op. cit.*, pp. 27-29.

[35] CGI, ann. III, art. 98 A.

[36] Cette notion a un contenu large puisqu'elle englobe non seulement les œuvres d'art, mais également les œuvres littéraires, cinématographiques… Voir G. Cornu, *Vocabulaire juridique*, PUF, coll. « Quadrige », 14ème éd., 2022, pp. 566-567.

[37] Sur la notion de bien culturel, voir *infra*.

[38] Sur la notion de trésor national, voir *infra*.

patrimoine culturel des peuples, tels que les monuments d'architecture, d'art ou d'histoire, religieux ou laïques, les sites archéologiques, les ensembles de constructions qui, en tant que tels, présentent un intérêt historique ou artistique, les œuvres d'art, les manuscrits, livres et autres objets d'intérêt artistique, historique ou archéologique, ainsi que les collections scientifiques et les collections importantes de livres, d'archives ou de reproductions des biens définis ci-dessus (...) »[39]. Elle englobe donc « *les manuscrits, livres et autres objets d'intérêt artistique, historique ou archéologique* » et « *les collections importantes de livres, d'archives ou de reproductions des biens* ».

Elle a, également, été définie par le droit de l'Union européenne par énumération dans un premier temps : l'article 1er du règlement du 18 décembre 2008[40] précisait qu'il fallait entendre par « biens culturels », les biens figurant à l'annexe I du règlement, annexe qui procédait à une énumération des biens entrant dans la notion : on y trouvait notamment les incunables[41] et manuscrits, isolés ou en collections, et les livres ayant plus de cent ans d'âge, isolés ou en collection. Cette énumération a été reprise à l'annexe I aux articles R. 111-1 et suivants du Code du patrimoine avec quelques précisions : sont mentionnés les incunables et manuscrits -y compris les lettres et

---

[39] Convention pour la protection des biens culturels en cas de conflit armé, La Haye, 14 mai 1954 (décret n° 60-1131, 18 octobre 1960, portant publication de la convention pour la protection des biens culturels en cas de conflit armé et de ses annexes, *JO* 25 octobre 1960, p. 9637). Pour une définition plus simple donnée par la doctrine, voir J. Fingerhut, *La fiscalité de l'œuvre* d'art, Economica, 1995, p. XIX ou F. Chatelain-Rey et P. Taugourdeau, *Œuvres d'art et objets de collection en droit français*, Lexis-Nexis, coll. « Droit & Professionnels », 2011, p. 11.

[40] Cons. UE, règl. (CE) n° 116/2009, 18 décembre 2008, concernant l'exportation de biens culturels, *JOUE* 10 février 2009, n° L. 39/1.

[41] Selon la définition du dictionnaire *Larousse*, un incunable est un livre imprimé en Occident avant 1500. Les auteurs du dictionnaire distinguent les incunables *tabellaires* ou *xylographiques,* obtenus au moyen de planches de bois d'une seule pièce, sculptées ou gravées, et les incunables *typographiques,* composés en caractères mobiles, d'abord en bois, puis en métal.

documents autographes littéraires et artistiques- isolés et ayant plus de cinquante ans d'âge ou en collection comportant des éléments de plus de cinquante ans d'âge et les livres isolés et ayant plus de cinquante ans d'âge ou en collection comportant des éléments de plus de cinquante ans d'âge.

L'article 2 du règlement du 17 avril 2019 en donne une définition plus précise : il s'agit de « *tout objet présentant de l'importance pour l'archéologie, la préhistoire, l'histoire, la littérature, l'art ou la science* »[42]. L'annexe de ce règlement énumère, encore, les manuscrits rares et les incunables ainsi que les livres, documents et publications anciens d'intérêt spécial.

Si l'on recoupe ces éléments, nous pouvons intégrer dans le champ de notre étude les ouvrages constitués d'éléments imprimés ou manuscrits, tendant à reproduire une œuvre de l'esprit, sans publicité et sans espace destiné aux lecteurs[43]. Le fait qu'ils soient reliés ne constitue pas, selon nous, un critère déterminant : il ne semble pas concevable d'exclure de nos propos des manuscrits non reliés, tel que le manuscrit autographe de François de Sade, *Les 120 journées de Sodome*, qui se présente sous la forme d'un rouleau de papier. Ensuite, concernant l'ancienneté, il nous paraît légitime de retenir les livres ayant plus de cent ans d'âge[44] et les manuscrits ayant plus de cinquante ans d'âge, seuils retenus au niveau européen et au niveau national concernant les biens culturels -même si nous allons au-delà de ce que peut admettre un bibliophile averti.

Ces précisions étant apportées, nous pouvons nous demander si les incitations fiscales au mécénat permettent l'acquisition de livres et manuscrits anciens. Il n'est possible de répondre à cette interrogation qu'en rappelant les dispositifs qui peuvent être utilisés (I) avant d'évaluer leur utilité (II).

---

[42] PE et Cons (UE), *règl.* (UE), n° 2019/880, 17 avril 2019, concernant l'introduction et l'importation de biens culturels, art. 2, *JOUE*, 7 juin 2019, n° L. 151/1.

[43] Ces critères sont ceux retenus pas l'administration fiscale, BOI-TVA-LIQ-30-10-40, 15 juillet 2013, n° 40.

[44] X. Cabannes, « Livres anciens et fiscalité », *op. cit.*, p. 28 ; l'auteur rappelle que pour les bibliophiles, le livre ancien est celui publié entre 1455 et 1830.

I.- Les dispositifs utilisables

Il existe plusieurs dispositifs qui ont été mis en œuvre par le législateur en faveur du mécénat. Il convient de se demander si tous ces dispositifs sont susceptibles de s'appliquer aux livres et manuscrits anciens. Leur examen nous conduit immédiatement à en écarter certains qui ne peuvent s'appliquer en la matière. Il en est ainsi du dispositif qui permet aux entreprises qui achètent des œuvres originales d'artistes vivants et les inscrivent à un compte d'actif immobilisé de déduire du résultat de l'exercice d'acquisition et des quatre années suivantes, par fractions égales, une somme égale au prix d'acquisition[45]. En effet, les livres et manuscrits anciens ne concernent pas des auteurs vivants. Par ailleurs, avant 2020, il aurait été possible de mentionner l'article 238 *bis*-0 AB du CGI qui permettait aux entreprises de bénéficier d'une réduction d'impôt pour l'acquisition de biens culturels faisant l'objet d'un refus de certificat d'exportation, pour leur propre compte, mais il a été supprimé par la loi de finances pour 2020[46] parce qu'il n'était pas utilisé[47].

Les dispositifs fiscaux en faveur du mécénat alors utilisables en faveur des livres et manuscrits anciens peuvent être classés en deux catégories : ceux qui ont un caractère général et qui ont vocation à bénéficier à divers organismes, œuvres, associations, fondation intervenant dans divers domaines au-delà de la culture (A) et un dispositif qui est naturellement rattaché à ce que certains nomment « *mécénat culturel* »[48] (B).

---

[45] CGI, art. 238 *bis* AB.

[46] Loi de finances pour 2020, n° 2019-1479, 28 décembre 2019, art. 29, *JO* n° 0302, 29 décembre 2019, texte n° 1.

[47] Voir G. Carrez, *Rapport fait au nom de la commission des finances, de l'économie générale et du contrôle budgétaire sur le projet de loi de finances pour 2020, annexe 12, Culture, Patrimoine*, Doc AN, n° 2301, 10 octobre 2019, p. 19.

[48] M. Kotzarijkian, « La loi du 1er août 2003 : vrai mécénat ou faux parrainage ? », *Legicom* 2006, n° 36, p. 53. L'auteur y oppose le mécénat solidaire dans lequel elle range les dispositifs de réduction d'impôt pour dons faits par les particuliers ou les entreprises.

A.- Les dispositifs généraux incitant au mécénat

Deux dispositifs, renforcés par la loi du 1er août 2003[49], ont contribué au développement du mécénat en faveur des livres et manuscrits anciens. Leur combinaison permet de mobiliser la générosité non seulement des entreprises, qu'elles soient soumises à l'impôt sur le revenu ou à l'impôt sur les sociétés[50], mais également des particuliers soumis à l'impôt sur le revenu[51]. Il faut y ajouter le dispositif applicable en matière d'impôt sur la fortune immobilière créé par l'article 31 de la loi de finances pour 2018[52] qui figure à l'article 978 du Code général des impôts[53].

Si le régime de réduction diffère d'un impôt à l'autre, le champ d'application de ces dispositifs présente de fortes similitudes.

Tout d'abord, la forme des dons éligibles est identique : il peut s'agir de versements en numéraire ou en nature[54], de cotisations ou d'abandons de revenus ou de produits[55]. L'administration précise, concernant les entreprises, que les dons en nature consistent en l'apport au bénéficiaire de biens, moyens en personnel, services ou compétence. Ensuite, ils doivent procéder d'une intention libérale, c'est-à-dire qu'il ne doit pas y avoir de contrepartie directe ou indirecte au profit de la personne qui l'effectue[56].

---

[49] Loi n° 2003-709, 1er août 2003, art. 1er et 6, préc.

[50] CGI, art. 238 *bis*.

[51] CGI, art. 200.

[52] Loi de finances pour 2018, n° 2017-1837, 30 décembre 2017, art. 31, *JO* n° 0305, 31 décembre 2017, texte n° 2.

[53] Il reprend, en fait, les termes de l'ancien article 885-0 V *bis* A du CGI applicable à l'ancien impôt de solidarité sur la fortune et créé par la loi TEPA de 2007 (loi n° 2007-1223, 21 août 2007, en faveur du travail, de l'emploi et du pouvoir d'achat, art. 16, *JO* n° 193, 22 août 2007, texte n° 1).

[54] BOI-IR-RICI-250, 12 septembre 2012, n° 50 (CGI, art. 200) et BOI-BIC-RICI-20-30-10-20, 3 février 2021, n° 5 (CGI, art. 238 *bis*).

[55] BOI-IR-RICI-250, 12 septembre 2012, n° 50 (CGI, art. 200) et BOI-BIC-RICI-20-30-10-20, 3 février 2021, n° 20 (CGI, art. 238 *bis*).

[56] BOI-BIC-RICI-20-30-10-20, 3 février 2021, n° 5 et n° 30 et ss.

Ensuite, les bénéficiaires de ces versements sont sensiblement les mêmes. Malgré leur diversité, le mécénat en faveur des livres et manuscrits anciens -et plus largement des biens culturels- ne va profiter qu'à certains d'entre eux. Sont concernés les œuvres et organismes d'intérêt général[57] ayant un caractère culturel ou concourant à la mise en valeur du patrimoine[58], notamment à travers les souscriptions ouvertes pour financer l'achat d'objets ou d'œuvres d'art destinés à rejoindre les collections d'un musée de France accessibles au public[59] et les fondations ou associations reconnues d'utilité publique ou les musées de France ayant une vocation d'intérêt général et œuvrant dans le domaine culturel[60]. Les versements aux fondations d'entreprise permettent également l'application des dispositifs fiscaux si elles sont d'intérêt général et revêtent un caractère notamment culturel[61].

Quel que soit le dispositif, l'administration fiscale définit le caractère culturel des œuvres et organismes d'intérêt général : il s'agit de ceux « *dont l'activité est consacrée, à titre prépondérant, à la création, à la diffusion ou à la protection des œuvres de l'art et de l'esprit sous leurs différentes formes* »[62]. Y sont assimilés les organismes qui, sans exercer directement une activité de création, de diffusion ou de protection des œuvres culturelles, mènent à titre prépondérant une activité propre en faveur du développement de la vie culturelle[63]. L'administration donne, notamment, comme exemple les actions tendant à faciliter et à élargir l'accès du

[57] Sur l'intérêt général en la matière, voir, par exemple, M. Collet, « La fiscalité du mécénat », *op. cit.*, pp. 420 et ss.
[58] CGI, art. 200, 1, b), et 238 *bis*, a).
[59] CGI, art. 200, 1, b).
[60] CGI, art. 238 *bis*, b).
[61] CGI, art. 200, 1, a), et 978, I, 2°. Pour l'impôt sur la fortune immobilière, l'administration fiscale précise que le a) du 1 de l'article 200 du CGI renvoie au b) du 1 de l'article 200 du CGI et que, de fait, sont concernées les fondations reconnues d'utilité publique qui ont le même objet que celles visées à l'article 200 du CGI.
[62] BOI-IR-RICI-250-10-20-10, 10 mai 2017, n° 120.
[63] *Idem*.

public aux œuvres artistiques et culturelles[64]. Les livres et manuscrits -en tant qu'œuvres de l'esprit ou biens ou œuvres culturels- sont donc susceptibles de bénéficier de ce dispositif. Par ailleurs, sont également définis par la doctrine administrative les organismes concourant à la mise en valeur du patrimoine artistique : il s'agit des organismes qui ont pour objet d'assurer la sauvegarde, la conservation et la mise en valeur de biens mobiliers ou immobiliers appartenant au patrimoine artistique national, régional ou local[65]. Il est précisé que la notion de patrimoine artistique doit être entendue dans un sens large qui permet d'y englober non seulement les œuvres d'art au sens strict mais également les biens qui ont une valeur historique[66].

Le régime fiscal de réduction d'impôt différent selon les dispositifs. En matière d'impôt sur le revenu, la réduction d'impôt est égale à 66 % du montant des versements effectués dans la limite de 20 % du revenu imposable[67]. En matière d'impôt sur les sociétés, la fraction des versements inférieure ou égale à 2 millions d'euros ouvre droit à une réduction d'impôt au taux de 60 % et la fraction supérieure à 2 millions d'euros à une réduction d'impôt au taux de 40 %[68], ces réductions étant plafonnées à 20 000 euros ou à 5 ‰ du chiffre d'affaires si ce dernier montant est plus élevé[69]. En matière d'impôt sur la fortune immobilière, le montant de la réduction correspond à 75 % des versements effectués dans la limite de 50 000 euros[70].

La Bibliothèque nationale de France est l'un des premiers bénéficiaires du mécénat en matière d'acquisition de livres et manuscrits anciens. Cet établissement public, placé sous tutelle du ministère de la Culture et dont la mission est de collecter, conserver, enrichir et communiquer le patrimoine

---

[64] *Idem.*
[65] BOI-IR-RICI-250-10-20-10, 10 mai 2017, n° 130.
[66] *Idem.*
[67] CGI, art. 200, 1.
[68] CGI, art. 238 *bis*, 2.
[69] CGI, art. 238 *bis*, 3.
[70] CGI, art. 978.

documentaire national[71], consacre une large part de son budget à l'enrichissement de ses collections mais fait également appel à des mécènes lorsqu'il s'agit d'acquisitions prestigieuses et patrimoniales. Elle a pu, ainsi, acquérir, en 2019, *Le Florilège des Amours de Ronsard* illustré de lithographies de Matisse, désormais conservés à la Réserve des livres rares[72]. En 2020, elle a enrichi ses collections -notamment celle des livres rares- de l'exemplaire de l'édition originale de *Du côté de chez Swann* enrichi d'une lettre-dédicace de Marcel Proust[73], d'un exemplaire de l'édition originale de *L'Anguria lirica (lungo poema passionale)* de Tullio d'Albisola[74] et d'un exemple rare d'une reliure française mosaïquée du XVIIIème siècle[75]. Dernièrement, elle a pu acquérir les archives de Maurice Genevoix qui englobent la plupart des manuscrits de l'auteur, dont nombreux écrits dans la première moitié du XXème siècle : l'appel a été lancé dans le courant de l'automne 2021 pour un montant de 400 000 euros et s'est terminé le 31 décembre 2021.

B.- Le dispositif spécifique d'aide à l'acquisition

Si le mécénat culturel ne se limite pas à l'aide à l'acquisition de trésors nationaux, l'article 238 *bis* 0 A du CGI est certainement la disposition la plus efficace en la matière. Il prévoit la possibilité pour certaines entreprises de bénéficier

---

[71] Décret n° 94-3, 3 janvier 1994, portant création de la Bibliothèque nationale de France, *JO* n° 0002, 4 janvier 1994, p. 149.

[72] Voir le rapport d'activité de la BnF de 2019 : <https://www.bnf.fr/fr/ra2019-les-ressources-propres>.

[73] Voir le rapport d'activité de la BnF de 2020 : <https://www.bnf.fr/fr/rapport-dactivite-2020-les-ressources-propres>. Selon le rapport, cette acquisition a été entièrement financée par des dons. Une souscription publique avait été lancée en octobre 2020 et plus de 1 700 donateurs et grands donateurs ont répondu à l'appel. Les fonds ainsi collectés ont été complétés grâce à la générosité des invités du dîner des mécènes.

[74] *Idem*. L'ouvrage a été acquis grâce au mécénat de la Fondation Breslauer.

[75] *Idem*. L'ouvrage a été acquis grâce au mécénat de Septodont/Henri Schiller.

d'une réduction d'impôt si elles participent, par des versements, à l'achat de certains biens culturels. Mais le bénéfice de cet avantage fiscal est conditionné.

Tout d'abord, les entreprises concernées sont celles soumises à l'impôt sur les sociétés d'après leur bénéfice réel[76], normal ou simplifié[77], c'est-à-dire toutes les personnes morales de droit public ou de droit privé qui remplissent les critères de l'article 206 du Code général des impôts[78], à condition de ne pas être exonérées[79].

Ensuite, les versements éligibles doivent être réalisés en faveur de l'achat de biens culturels présentant certaines caractéristiques. En pratique, il est nécessaire de distinguer deux catégories de biens : les biens culturels présentant le caractère de trésor national ayant fait l'objet d'un refus de délivrance d'un certificat d'exportation par l'autorité administrative et pour lesquels l'État a fait au propriétaire du bien une offre d'achat, d'une part, et, depuis la loi du 1er août 2003[80], les biens culturels situés en France ou à l'étranger présentant un intérêt majeur pour le patrimoine national au point de vue de l'histoire, de l'art ou de l'archéologie, d'autre part.

La première catégorie comprend les « *trésors nationaux par nature* »[81] : il s'agit des biens énumérés du premièrement au quatrièmement de l'article L. 111-1 du Code du patrimoine, c'est-à-dire les biens appartenant aux collections des musées de France, les archives publiques ou historiques, les biens classés au titre des monuments historiques et les biens faisant partie du domaine public mobilier au sens de l'article L. 2112-1 du Code de la propriété des personnes publiques. De fait, toutes les collections publiques entrent dans cette catégorie, notamment

---

[76] CGI, art. 238 *bis*-0 A, al. 1.

[77] BOI-IS-RICI-20-20, 9 septembre 2012, n° 1.

[78] *Idem*.

[79] *Idem*.

[80] Loi 2003-709, 1er août 2003, art. 14, préc.

[81] Voir P.-L. Frier, *Droit du patrimoine culturel*, PUF, coll. « Droit fondamental. Droit politique et théorique », 1997, p. 474. Sur la notion de trésor national, voir, notamment, P. Tosi, *La notion française de trésor national*, thèse, Aix-Marseille Université, 2016, 573 p.

toutes les œuvres appartenant aux musées de France[82]. Cette notion de trésor national, apparue pour la première fois dans la loi du 31 décembre 1992 relative aux biens soumis à restriction de circulation[83], est une *« arme dont le législateur a doté l'État afin de lui permettre d'endiguer des exportations massives d'objets d'art »*[84] puisqu'elle rend impossible leur sortie du territoire national quel que soit leur valeur et leur ancienneté.

Les autres biens culturels présentant un intérêt majeur pour le patrimoine national au point de vue de l'histoire, de l'art, de l'archéologie ou de la connaissance de la langue française et des langues régionale, visés au cinquièmement de l'article L. 111-1 du Code du patrimoine, peuvent se trouver sur le territoire national ou sur le territoire d'un autre État.

Si le bien est physiquement présent dans un autre État[85], il ne peut pas être classé « trésor national ». L'exemple du *Livre d'heure de François Ier* est particulièrement éclairant : avant son acquisition pour le musée du Louvre, il appartenait à un collectionneur britannique et l'avis d'appel au mécénat pour l'acquérir le qualifier « *d'œuvre présentant un intérêt majeur pour le patrimoine* ». S'il avait appartenu à un collectionneur français, il aurait été, sans aucun doute, classé « trésor national ». Le même constat s'impose concernant *Le livre des passe-temps* de Spirito acheté à la Fondation Otto Schäfer en Allemagne et *Les mémoires de Casanova*, acquises auprès de son propriétaire résident à Zurich.

En revanche, les biens peuvent être interdits de sortie du territoire s'ils sont présents sur le territoire national[86]. La

---

[82] Voir E. Pierrat, *Faut-il rendre les œuvres d'art ?*, CNRS Éditions, coll. « Débats », 2011, p. 87.

[83] Loi n° 92-1477, 31 décembre 1992, relative aux produits soumis à certaines restrictions de circulation et à la complémentarité entre les services de police, de gendarmerie et de douane, *JO* n° 3, 4 janvier 1993, p. 198.

[84] Mirieu de Labarre E., « La notion de trésor national : entre identité et diversité culturelles », *Dr. adm.* 2007, n° 2, Et. 3, § 6.

[85] BOI-RICI-20-20, 9 septembre 2012, n° 80.

[86] Mirieu de Labarre E., *op. cit.*, § 20 et ss. Voir, également, F. Allaire, « Les trésors nationaux, les propriétaires et l'État », *AJDA* 2004, n° 25, p. 1338.

nécessité de demander une autorisation pour leur exportation dépend, cependant, de leur valeur et de leur ancienneté. Concernant les livres et manuscrits anciens, l'annexe I au Code du patrimoine -modifiée en dernier lieu par un décret du 28 décembre 2020[87]- vise les incunables et manuscrits de plus de cinquante ans d'âge dont la valeur est supérieure à 3 000 euros et les livres imprimés de plus de cinquante ans d'âge et d'une valeur supérieure à 50 000 euros.

La demande de certificat d'exportation doit être adressée au ministre de la culture[88]. Á partir du moment où celui-ci dispose de tous les renseignements et des pièces justificatives nécessaires à son traitement[89], il peut délivrer ou refuser de délivrer le certificat dans un délai de quatre mois. S'il envisage de le refuser, il doit saisir la commission consultative des trésors nationaux et transmettre à son président un rapport scientifique sur le bien[90]. Le refus de délivrer le certificat fait l'objet d'un arrêté du ministre chargé de la culture qui doit être publié au *Journal officiel* accompagné de l'avis de la commission consultative[91] ; il est également notifié au propriétaire du bien par lettre recommandée avec demande d'avis de réception ou par voie électronique avec demande d'accusé de réception[92].

L'application de l'article 238 *bis*-0 A du Code général des impôts nécessite, également, que le bien fasse l'objet d'une offre d'achat au propriétaire par l'État -pour son compte ou pour le compte de toute personne publique[93]- en s'appuyant, éventuellement, sur l'avis de la commission consultative des trésors nationaux, consultée pour se prononcer sur l'intérêt d'acquérir le bien concerné et sur sa valeur[94]. Une fois qu'il y a

---

[87] Décret n° 2020-1718, 28 décembre 2020, modifiant le régime de circulation des biens culturels, art. 5, *JO* n° 0314, 29 décembre 2020, texte n° 36.
[88] C. patr., art. L. 111-2 et C. patr., art. R. 111-4.
[89] C. patr., art. R. 111-5.
[90] C. patr., art. R. 111-11.
[91] C. patr., art. R. 111-12.
[92] C. patr., art. R. 111-12.
[93] BOI-RICI-20-20, 9 septembre 2012, n° 70.
[94] CGI, ann. II, art. 171 BA.

accord sur le prix de cession entre l'État et le propriétaire, le ministre publie un avis au *Journal officiel* qui permet aux entreprises susceptibles de bénéficier de la réduction d'impôt d'être informées qu'elles peuvent présenter une offre de versement en faveur de l'achat du bien[95].

À partir de la publication de l'avis d'appel au mécénat, les entreprises intéressées doivent déposer auprès du Service des Musées de France, rattaché au ministère de la culture, une offre de versement en faveur de l'achat par l'État ou toute personne publique d'un trésor national conformément au modèle proposé[96]. L'acceptation de l'offre résulte d'une décision conjointe du ministre chargé de la culture et du ministre chargé des finances et est notifiée à l'intéressé dans le délai de trois mois suivant la réception de l'offre de versement[97]. En cas d'échec de la procédure d'acquisition du bien pour lequel un versement aurait été accepté, le bénéfice de la réduction d'impôt demeure acquis à l'entreprise dont l'offre a été agrée à condition qu'elle consente à la proposition des ministres chargés de la culture et du budget de réaffecter les versements à l'acquisition d'un ou d'autres trésors nationaux dans les douze mois qui suivent[98]. En cas de refus de l'entreprise, celle-ci perd le bénéfice de la réduction d'impôt et obtient la restitution de son versement[99].

Dès lors que toutes les conditions sont remplies, l'entreprise peut retrancher du montant de son impôt dû au titre de l'exercice au cours duquel les versements sont effectués auprès de la Réunion des musées nationaux et du Grand Palais des Champs-Elysées, 90% du coût d'acquisition du bien[100]. Cette réduction d'impôt est, cependant, plafonnée : elle ne peut pas être supérieure à 50% du montant de l'impôt dû par

---

[95] CGI, ann. II, art. 171 BA.

[96] BOI-RICI-20-20, 9 septembre 2012, n° 100.

[97] CGI, ann. II, art. 171 BC.

[98] CGI, ann. II, art. 171 BD.

[99] BOI-RICI-20-20, 9 septembre 2012, n° 130.

[100] CGI, art. 238 *bis*-0 A, al. 1, et BOI-RICI-20-20, 9 septembre 2012, n° 140.

l'entreprise[101]. Par ailleurs, si le montant de la réduction d'impôt excède la moitié de l'impôt dû au titre de l'exercice au cours duquel les versements ont été effectués, la fraction non imputée de la réduction ne peut pas donner lieu à remboursement, ni à report sur l'impôt sur les sociétés dû au titre des exercices suivants[102].

Une fois identifiée les dispositifs utilisables, il convient de s'interroger sur leur utilisation.

II.- L'utilisation des dispositifs

L'examen des acquisitions de livres et manuscrits anciens par l'État nous montre que ces dispositifs ont une utilité certaine. Nous constatons que les biens les plus prestigieux tant pour leur intérêt que dans leur valeur sont acquis grâce au dispositif d'aide à l'acquisition fixé à l'article 238 *bis*-0 A du Code général des impôts (A). Mais, dans certains cas, l'utilisation de ce dispositif ne fonctionne qu'en combinaison avec les dispositifs généraux (B)

A.- La prépondérance du dispositif d'aide à l'acquisition

La Cour des comptes considère que le dispositif de l'article 238 *bis*-0 A du Code général des impôts est « *le plus puissant et le plus utilisé des dispositifs fiscaux incitatifs* »[103]. Il a, en effet, permis, depuis la fin des années 90, d'acquérir un certain nombre d'œuvres d'art tel que l'*Album des Pyrénées* d'Eugène Delacroix, en 2003, au profit du musée Delacroix, *La jeune fille à la gerbe* de Camille Claudel, en 2003, au profit du musée Rodin ou *La fuite en Egypte* de Nicolas Poussin en 2004 pour ne citer que quelques exemples.

Depuis 2002, année d'entrée en vigueur de l'article 25 de la loi du 4 janvier 2002 relative aux musées de France, pas moins de cent-vingt-quatre avis d'appel au mécénat dans le

---

[101] CGI, art. 238 *bis*-0 A, al. 5, et BOI-RICI-20-20, 9 septembre 2012, n° 150.

[102] BOI-IS-RICI-20-20, 12 septembre 2012, n° 190.

[103] Cour des comptes, *Le soutien public au mécénat des entreprises*, *op. cit.*, p. 29.

cadre de l'article 238 *bis*-0 A du Code général des impôts ont été publiés au *Journal Officiel* par le ministre de la culture. Sur ces cent-vingt-quatre avis, quatorze ont concerné des livres ou manuscrits anciens dont la plupart ont été acquis par l'État au profit de la Bibliothèque nationale de France (BnF). Cette dernière a ainsi enrichi ses collections de livres et manuscrits classés trésors nationaux tels que *La Vie et les Miracles de Saint-François d'Assise*, manuscrit enluminé sur parchemin, daté vers 1480[104], le manuscrit enluminé de *La Vie de Sainte-Catherine d'Alexandrie* daté vers 1474[105], le *Livre d'Heures à l'usage de Paris de Jeanne de France* daté du milieu XVème siècle[106], *La Description des douze Césars*, manuscrit sur parchemin daté vers 1520[107], le *Bréviaire de Saint-Louis de Poissy* daté vers 1310-1315[108], le manuscrit autographe de Sade, *Les 120 journées de Sodome* daté de 1785[109] et un ensemble de manuscrits autographes d'André Breton daté de 1924[110].

Ont également été acquis par la BnF des livres et manuscrits présentant un intérêt majeur pour le patrimoine national tel qu'un ensemble de manuscrits autographes de Giovanni Giacomo Casanova de Seingalt datés de 1725 à 1798, dont *Histoire de ma vie* (dit *Mémoires de Casanova*) et le manuscrit *Nadja* d'André Breton daté de 1928 ainsi qu'un ensemble de quarante-trois manuscrits modernes et contemporains comprenant notamment des manuscrits de Rétif de la Bretonne et de Flaubert[111] et un ensemble de quatorze manuscrits du Moyen Âge et de la Renaissance dont *La complainte de la Dame Pasmée contre fortune* de Catherine

---

[104] *JO*, 6 septembre 2007, texte n° 126. Voir F. Avril, « Vie et miracles de saint François d'Assise. Une importante acquisition de la BNF », *Art de l'enluminure*, n° 27, décembre 2009 ou C. Hornus, « Un nouveau trésor national à la BnF », *Chronique de la BnF* 2008, n° 44, pp. 24-25.
[105] *JO*, 17 juin 2011, texte n° 144.
[106] *JO*, 9 décembre 2012, texte n° 97.
[107] *JO*, 1er novembre 2014, texte n° 158.
[108] *JO*, 13 décembre 2015, texte n° 99.
[109] *JO*, 18 février 2021, texte n° 150.
[110] *JO*, 18 février 2021, texte n° 151.
[111] *JO*, 27 octobre 2014, texte n° 101.

d'Amboise datée vers 1540 et un exemplaire très précieux des *Grandes Chroniques de France* réalisé à Paris vers 1370-1380.

L'article 238 *bis*-0 A du Code général des impôts a, également, permis l'acquisition de deux œuvres littéraires par le musée du Louvre : un *papyrus médical* (issu initialement d'un rouleau de dix mètres) daté de la XVIIIème dynastie, constituant un véritable livre de médecine destiné à l'usage d'un médecin professionnel, classée trésor national[112] et le *Livre d'Heures de François Ier*, œuvre présentant un intérêt majeur pour le patrimoine national[113].

Concernant les entreprises mécènes, il est possible d'opérer certains constats. Tout d'abord, certaines entreprises souhaitent garder l'anonymat : par exemple, les sociétés mécènes qui ont permis l'acquisition des *Mémoires de Casanova* ou de la *Description des douze Césars* n'ont pas souhaité que leur nom soit publiquement divulgué[114].

Ensuite, le mécénat peut être pluriel. Certaines livres et manuscrits anciens ont été acquis grâce au concours financier de plusieurs entreprises. Cette pluralité apparaît, généralement, lorsque le montant de l'acquisition est élevé. Par exemple, le manuscrit enluminé de la *Vie de Sainte-Catherine d'Alexandrie*, dont le prix d'acquisition était fixé à 3,6 millions d'euros, a pu rejoindre les collections de la BnF grâce aux entreprises Aristophil et Septodont. De même, le *Livre d'Heures à l'usage de Paris de Jeanne de France*, d'une valeur de 1 million d'euros, a été acquis grâce au mécénat du Groupe CNIM, d'Henri Schiller, dirigeant de la société Septodont et du Laboratoire Luis Godinho et le *Bréviaire de Saint-Louis de Poissy*, d'une valeur de 1,5 million d'euros, grâce au mécénat du Groupe CNIM, des laboratoires Septodont/Henri Schiller et du Groupe Maisons & Domaines Henriot. Mais on ne peut pas généraliser ce constat puisque des œuvres d'une valeur supérieure à 1 million d'euros ont été acquises grâce à l'intervention d'une seule personne morale : pour l'acquisition

[112] *JO*, 11 février 2006, texte n° 113.

[113] *JO*, 24 septembre 2017, texte n° 54.

[114] *Le Monde*, 18 février 2010 : <https://www.lemonde.fr/culture/article/2010/02/18/la-bnf-acquiert-les-memoires-de-casanova_1307677_3246.html>.

du *Livre d'Heures de François Ier*, dont le prix d'acquisition était fixé à 8 millions d'euros, la société LVMH/Moët-Henessy-Louis Vuitton a participé à hauteur de 5 millions d'euros apportant, ensuite, 2,9 millions d'euros supplémentaires.

Les mécènes uniques participent souvent à des acquisitions dont le montant est moindre : ainsi le Club français du Livre a apporté les 125 000 euros qui ont permis l'achat du *Livre des passe-temps* de Lorenzo Spirito ou le Groupe pharmaceutique IPSEN a apporté les 670 000 euros nécessaire pour que le *papyrus médical* rejoigne les collections du Louvre.

B.- La combinaison des dispositifs

De plus en plus souvent, on constate que l'acquisition de trésors nationaux par l'État donne lieu à une combinaison du mécénat d'entreprises et du mécénat dit populaire. Il n'est pas rare qu'après avis d'appel au mécénat par le ministre chargé de la culture, les organismes susceptibles d'en bénéficier lancent parallèlement ou postérieurement des appels aux dons. Concernant *Le Livre d'Heures de François Ier*, l'appel au mécénat d'entreprise a permis un premier versement de 5 millions d'euros par la société LVMH. Le prix d'achat étant fixé à 8 millions d'euros, le musée du Louvre a lancé une grande campagne « Tous mécènes » qui lui a permis de collecter « *une somme jamais égalée de 1,4 million d'euros, largement supérieure à l'objectif initial de 1 million d'euros* »[115] auprès de 8 500 donateurs[116].

La BnF en a fait de même pour l'acquisition de plusieurs livres ou manuscrits anciens : pour le *Livre d'Heures de Jeanne de France* (2012), elle a bénéficié de la souscription de 1 600 donateurs qui ont contribué à hauteur de 250 000 euros. Concernant les *Douze Césars*, 2 246 donateurs ont, en 2014, apporté 316 437 euros. Quant au *Bréviaire de Saint-Louis de Poissy*, il a rejoint les collections de la BnF grâce à la générosité de 3 318 donateurs à hauteur de

---

[115] CGI, art. 200, 238 *bis* et 978.

[116] <https://presse.louvre.fr/le-livre-dheures-de-francois-ier-tresor-national-entre-dans-les-collections-du-louvre>.

440 000 euros. Parmi les donateurs « habituels » figurent les membres du *Cercle de la BnF*, créé en 2000 et présidé par Jean-Claude Meyer, qui réunit des bibliophiles qui soutiennent régulièrement l'enrichissement des collections de la Bibliothèque. C'est notamment lors d'un dîner de gala, organisé chaque année en partenariat avec la BnF, que des fonds -relevant du mécénat populaire- sont réunis, grâce à la générosité des participants, pour compléter le mécénat d'entreprise. Parmi les donateurs, figurent également des Fondations : par exemple, la Fondation BH Breslauer a participé à l'acquisition du manuscrit enluminé de la *Vie de Sainte-Catherine d'Alexandrie* et la Fondation Khôra à l'acquisition du *Livre d'Heures à l'usage de Paris de Jeanne de France*. Le Fonds du patrimoine apporte, également et régulièrement, des fonds : il a, par exemple, participé à l'acquisition du *Livre d'Heures à l'usage de Paris de Jeanne de France*.

Les dispositifs fiscaux en faveur du mécénat ont incontestablement permis à l'État d'enrichir son patrimoine de livres et manuscrits anciens prestigieux. De nouveaux « trésors nationaux » se sont vus refuser récemment le certificat d'exportation et pourraient grâce à ces dispositifs rejoindre les collections nationales si l'État fait une offre d'achat à leur propriétaire. Ainsi, figureront peut-être prochainement dans les collections de la BnF ou autres, le *Livre d'heures à l'usage des Chartreux*, daté entre 1483-1561[117], l'*Evangéliaire de Saint-Mihiel* daté vers 1100[118], le manuscrit enluminé de Guillaume de Digulleville, *Le Pèlerinage de la vie humaine*, daté de la 2e moitié du XVe siècle[119] ou encore la *Pièta entourée de Saint-*

[117] Arrêté du 17 février 2022, refusant le certificat prévu à l'article L. 111-2 du Code du patrimoine, *JO* n° 0050, 1er mars 2022, texte n° 28 et Avis n° 2022-02 de la Commission consultative des trésors nationaux, *JO* n° 0050, 1er mars 2022, texte n° 85.

[118] Arrêté du 21 février 2020, refusant le certificat prévu à l'article L. 111-2 du Code du patrimoine, *JO* n° 0052, 1er mars 2020, texte n° 35 et Avis n° 2020-01 de la Commission consultative des trésors nationaux, *JO* n° 0050, 1er mars 2020, texte n° 81.

[119] Arrêté du 27 décembre 2019, refusant le certificat prévu à l'article L. 111-2 du Code du patrimoine, *JO* n° 0002, 3 janvier 2020, texte

Jean et des saintes femme, extrait des *Heures de Louis XII* (enluminure sur parchemin), daté de 1498-1499[120].

Refus de certificat d'exportation	Reconnais-sance	Date de publication de l'avis d'appel au mécénat	Œuvre	Acquér-eur	Mécènes	Mécénat populaire
Condition non nécessaire	Intérêt patrimonial majeur	*JO* n° 0202, 31 août 2005, texte n°131	*Livre des passe-temps* de Lorenzo Spirito (1480)	BnF[121]	Club français du livre (Alain Aubry)	———
A. 16 déc. 2005[122]	Trésor national	*JO* n° 0036, 11 fév. 2006, texte n°113	*Papyrus médical* (1550-1055 avril. JC)	Musée du Louvre[123]	Groupe pharmaceutiq ue IPSEN	———
A. 15 nov. 2004[124]	Trésor national	*JO* n° 0206, 6 sept. 2007, texte n°126	La Vie et les Miracles de Saint-François d'Assise, texte de Saint Bonaventure (1480)	BnF[125]	Jacqueline Pasteur Vallery-Radot	Non
Condition non nécessaire	Intérêt patrimonial majeur	*JO* n° 0045, 22 fév. 2009, texte n°40	Manuscrits autographes de Giovanni Giacomo Casanova de Seingalt (dits *Mémoires de Casanova*) (1725-1798)	BnF[126]	Anonyme	———

n° 36 et Avis n° 2019-17 de la Commission consultative des trésors nationaux, *JO* n° 0002, 3 janvier 2020, texte n° 84.

[120] Arrêté du 6 juin 2019, refusant le certificat prévu à l'article L. 111-2 du Code du patrimoine, *JO* n° 0136, 14 juin 2019, texte n° 25 et Avis n° 2019-05 de la Commission consultative des trésors nationaux, *JO* n° 0136, 14 juin 2019, texte n° 79.

[121] Montant sollicité : 125 000 euros ; année d'acquisition : 2005.

[122] Arrêté du 16 décembre 2005, refusant le certificat prévu à l'article L. 111-2 du Code du patrimoine, *JO* n° 302, 29 décembre 2005, texte n° 96 et Avis n° 2005-24 de la Commission consultative des trésors nationaux, *JO* n° 33, 8 février 2006, texte n° 101.

[123] Montant sollicité : 670 000 euros ; année d'acquisition : 2007.

[124] Arrêté du 15 novembre 2004, refusant le certificat prévu à l'article L. 111-2 du Code du patrimoine, *JO* n° 274, 25 novembre 2004, texte n° 51 et Avis n° 2004-24 de la Commission consultative des trésors nationaux, *JO* n° 274, 25 novembre 2004, texte n° 118.

[125] Montant sollicité : 1 100 000 euros ; année d'acquisition : 2009.

[126] Montant sollicité : 7 250 000 euros ; année d'acquisition : 2010.

Arr. 13 oct. 2008[127]	Trésor national	*JO* n° 0139, 17 juin 2011, texte n°144	Manuscrit enluminé de *La Vie de Sainte-Catherine d'Alexandrie* (1474)	BnF[128]	Entreprise Aristophil SAS Septodont Cercle de la BNF Fondation BH Breslauer Association du mécènat de l'Institut	Participants au dîner en faveur des acquisitions de la BNF
Arr. 7 juin 2011[129]	Trésor national	*JO* n° 0287, 9 déc. 2012, texte n° 97	*Livre d'Heures à l'usage de Paris de Jeanne de France* (milieu XVe siècle)	BnF[130]	Groupe CNIM Henri Schiller Fondation Khôra - Institut de France Laboratoire Luis Godinho Fonds national du patrimoine	1 600 particuliers pour 250 000 €
Condition non nécessaire	Intérêt patrimonial majeur	*JO* n° 0245, 22 oct. 2014, texte n° 101	Ensemble de 43 manuscrits modernes et contemporains	BnF[131]	Fonds de la Société des manuscrits des assureurs français (SMAF)	———
Arr. 24 oct. 2013[132]	Trésor national	*JO* n° 0254 1er novembre 2014, texte n° 158	Manuscrit sur parchemin : *Description des douze César* (1520)	BnF[133]	Anonyme	2 246 donateurs pour 316 437 €
Condition non nécessaire	Intérêt patrimonial majeur	*JO* n° 0095, 23 avril 2015, texte n° 125	Ensemble de 14 manuscrits du Moyen Âge et de la Renaissance	BnF[134]	Fonds de la Société des manuscrits des assureurs français (SMAF)	———

[127] Arrêté du 13 octobre 2008, refusant le certificat prévu à l'article L. 111-2 du Code du patrimoine, *JO* n° 0246, 21 octobre 2008, texte n° 28 et Avis n° 2008-14 de la Commission consultative des trésors nationaux, *JO* n° 0246, 21 octobre 2008, texte n° 130.

[128] Montant sollicité : 3 600 000 euros ; année d'acquisition : 2011.

[129] Arrêté du 7 juin 2011, refusant le certificat prévu à l'article L. 111-2 du Code du patrimoine, *JO* n° 0145, 24 juin 2011, texte n° 28 et Avis n° 2011-05 de la Commission consultative des trésors nationaux, *JO* n° 0145, 24 juin 2011, texte n° 115.

[130] Montant sollicité : 1 000 000 euros ; année d'acquisition : 2013.

[131] Montant sollicité : 3 692 000 euros ; année d'acquisition : 2015.

[132] Arrêté du 24 octobre 2013 refusant le certificat prévu à l'article L. 111-2 du Code du patrimoine, *JO* n° 0258, 6 novembre 2013, texte n° 10 et Avis n° 2013-06 de la Commission consultative des trésors nationaux, *JO* n° 0258, 6 novembre 2013, texte n° 88.

[133] Montant sollicité : 1 655 000 euros ; année d'acquisition : 2014.

[134] Montant sollicité : 3 135 000 euros ; année d'acquisition : 2015.

Arr. 27 déc. 2014[135]	Trésor national	*JO* n° 0289, 13 décembre 2015, texte n° 99	*Bréviaire de Saint-Louis de Poissy* (1310-1315)	BnF[136]	Groupe CNIM, Laboratoires Septodont/ Henri Schiller Groupe Maisons & Domaines Henriot	3 318 donateurs pour 440 000 €
Condition non nécessaire	Intérêt majeur pour le patrimoine national	*JO* n° 0238, 12 oct. 2016, texte n° 90	Manuscrit *Nadja* d'André Breton (1924)	BnF[137]	Fonds du patrimoine pour 1 000 000 € Mécènes non connus	———
Condition non nécessaire	Intérêt majeur pour le patrimoine national	*JO* n° 0224, 24 sept. 2017, texte n° 54	*Livre d'Heures de François Ier*	Musée du Louvre[138]	LVMH-Moët Henessy – Louis Vuitton à hauteur de 7,9 millions	8 500 donateurs pour 1,4 million d'€
Arr. 14 déc. 2017[139]	Trésor national	*JO* n° 0042, 18 fév. 2021, texte n° 150	Manuscrit autographe de Sade : *Les 120 journées de Sodome*	BnF[140]	Emmanuel Boussard, ancien banquier d'affaires cofondateur du fonds d'investisse-ment Boussard & Gavaudan	———
Arr. 14 déc. 2017[141]	Trésor national	*JO* n° 0042 ; 18 fév. 2021, texte n° 151	Ensemble de manuscrits autographes d'André Breton	BnF[142]	Jean-Claude Meyer, Alain Minc, Fondation Khôra – Institut de France Carlo Perrone	———

[135] Arrêté du 27 décembre 2014 refusant le certificat prévu à l'article L. 111-2 du Code du patrimoine, *JO* n° 0027, 1er février 2015, texte n° 21 et Avis n° 2014-13 de la Commission consultative des trésors nationaux, *JO* n° 0027, 1er février 2015, texte n° 46.
[136] Montant sollicité : 1 500 000 euros ; année d'acquisition : 2016.
[137] Montant sollicité : 2 000 000 euros ; année d'acquisition : 2017.
[138] Montant sollicité : 7 880 000 euros ; année d'acquisition : 2017.
[139] Arrêté du 14 décembre 2017 refusant le certificat prévu à l'article L. 111-2 du Code du patrimoine, *JO* n° 0295, 19 décembre 2017, texte n° 49 et Avis n° 2017-14 de la Commission consultative des trésors nationaux, *JO* n° 0295, 19 décembre 2017, texte n° 148.
[140] Montant sollicité : 4 550 000 euros ; année d'acquisition : 2021.
[141] Arrêté du 14 décembre 2017 refusant le certificat prévu à l'article L. 111-2 du Code du patrimoine, *JO* n° 0295, 19 décembre 2017, texte n° 50 et Avis n° 2017-15 de la Commission consultative des trésors nationaux, *JO* n° 0295, 19 décembre 2017, texte n° 149.
[142] Montant sollicité : 900 000 euros ; année d'acquisition : 2021.

L'affaire Aristophil : un millefeuille d'infractions ?

par
Christophe AUBERTIN,
Maître de conférences honoraire en droit privé
Université Paris Cité

L'affaire Aristophil est hors du commun. Elle se singularise d'abord par les procédés employés. À compter de sa création en 1990, la société Aristophil a acheté à des marchands ou aux enchères des manuscrits, qu'il s'agisse de pièces isolées ou de collections. Le plus souvent, les œuvres étaient ensuite regroupées dans diverses masses indivises. Les quotes-parts de ces indivisions étaient en général commercialisées par l'intermédiaire d'un réseau de courtiers et de conseillers en gestion de patrimoine. Le fractionnement de la propriété facilitait la vente des écrits aux nombreux particuliers dont les ressources auraient été insuffisantes pour acquérir la propriété exclusive d'un ou plusieurs manuscrits. En fait, les clients étaient moins des collectionneurs que des investisseurs. Ces placements atypiques étaient présentés au public sous un jour attractif. Les quotes-parts avaient vocation à être rachetées, au bout de quelques années, par la société Aristophil pour un prix supérieur à celui que l'acheteur avait initialement payé. Compte tenu de la plus-value escomptée, le rendement atteignait un taux fort élevé, compris entre cinq et dix pour cent par an. Même quand la promesse ferme de rachat n'était pas expresse, le placement paraissait sûr. Il était d'autant plus attractif que les quotes-parts n'entraient pas dans l'assiette de l'ancien impôt de solidarité sur la fortune. En accord avec la finalité financière de l'opération, la garde des manuscrits vendus pouvait être laissée à la société Aristophil en vue de leur présentation dans des musées ou des expositions.

L'affaire sort aussi de l'ordinaire par son envergure. La société Aristophil aurait constitué la première collection de manuscrits d'Europe. Les placements proposés auraient attiré environ 18 000 investisseurs. Dans les années 2000, la société a fondé des filiales à l'étranger, en particulier en Belgique,

Autriche et Suisse. Son dirigeant contrôlait aussi le magazine « Plume », spécialisé dans les écrits précieux. Pour exposer les collections, la société a ouvert au public un premier « Musée des lettres et des manuscrits » à Paris et un second à Bruxelles. Elle y organisait des « Rencontres internationales » que fréquentaient des personnalités des médias, du spectacle ou de la politique telles que Patrick Poivre d'Arvor, Charles Berling ou Jean-Louis Debré. Pour garder la confiance des investisseurs, la société veillait sur sa réputation. Elle aurait ainsi offert plus de deux millions d'euros à la Bibliothèque Nationale de France pour que celle-ci achète un manuscrit. En 2007, elle a obtenu le retrait de l'avertissement défavorable à ses produits que l'Autorité des marchés financiers (AMF) avait précédemment publié. Deux ans plus tard, elle a incité un conservateur spécialisé dans les manuscrits à supprimer le billet publié sur l'Internet dans lequel il soulignait l'opacité de ses opérations.

Ces signes avant-coureurs de difficultés furent suivis d'alertes plus inquiétantes. Dès 2011, une association de consommateurs, UFC-Que choisir, attirait l'attention de ses lecteurs sur les risques que présentaient les investissements proposés[1]. Le 24 février 2014, le procureur de la République près le tribunal de grande instance de Paris fut saisi par la direction générale de la concurrence, de la consommation et de la répression des fraudes (DGCCRF) d'une procédure d'infraction menée, à la suite d'un signalement de l'AMF, sur les pratiques de la société Aristophil. L'enquête fut confiée à la brigade de répression de la délinquance économique (BRDE), déjà saisie par la plainte d'un particulier. Le juge des libertés et de la détention autorisa des perquisitions sur les sites de la société Aristophil, au domicile de son dirigeant, dans les locaux de ses partenaires et de l'entreprise de presse éditant le magazine « Plume ». Sur réquisitoire introductif du 5 mars

---

[1] Voir le dossier publié sur le site de l'association (<www.quechoisir.org>). Le 3 mars 2011, dans un article paru sous le titre « *Lettres et manuscrits, étranges investissements* », l'association relève que l'augmentation de la valeur des manuscrits ressemble à une bulle spéculative et que les derniers investisseurs risquent fort d'être perdants.

2015, une information judiciaire fut ouverte des chefs, notamment, de pratiques commerciales trompeuses, escroqueries en bande organisée et présentation de comptes infidèles. La société Aristophil a été mise en examen du chef des deux premières infractions et son dirigeant du chef de tous ces délits. L'instruction a aussi retenu des charges de complicité de pratiques commerciales trompeuses contre certains partenaires de la société. L'un d'entre eux est un avocat et professeur des Facultés de droit qui a été placé sous le statut de témoin assisté. Les requêtes en nullité de certains actes de la procédure ont été écartées par la chambre de l'instruction et les pourvois en cassation formés contre ces arrêts rejetés par la chambre criminelle de la Cour de cassation[2].

La société Aristophil a cessé ses paiements en 2015. Elle a été placée en redressement judiciaire puis en liquidation judiciaire. Les opérations liquidatives devraient se poursuivre pendant de longues années, notamment parce qu'elles impliquent la vente des manuscrits dont beaucoup dépendent de masses indivises. Bien que les pertes des investisseurs et des créanciers ne soient pas évaluées avec précision, il n'est guère douteux qu'elles seront considérables. Mais il n'y a pas lieu d'examiner ici les problèmes posés par ces procédures collectives.

Cette étude a pour seul objet les questions de droit pénal de fond soulevées par l'affaire Aristophil. Or, aucune condamnation définitive n'a encore été prononcée dans cette affaire par une juridiction pénale de jugement. Tous les acteurs de l'affaire continuent donc de bénéficier de la présomption d'innocence. Aussi resteront-ils anonymes dans cette étude, à l'exception de la société Aristophil et du magazine « Plume » qu'il est impossible de désigner autrement que par leurs noms. Au demeurant, ils conservent des défenseurs qui les considèrent comme des victimes de la versatilité de l'opinion et des

---

[2] Cass. crim., 4 octobre 2016, pourvoi n° 16-82.309 (sur les requêtes en annulation de l'enquête préliminaire et de la garde à vue) ; 4 octobre 2016, pourvoi n° 16-82.308 (sur les requêtes en annulation des saisies et placements sous scellés de documents en provenance ou à destination d'un avocat). Ces arrêts de la Cour de cassation confirment des solutions acquises en procédure pénale.

médias[3]. La plupart des analyses juridiques développées dans cette étude seront présentées sur le mode hypothétique. Les faits sur lesquels s'appuient les arguments seront allégués et non prouvés[4]. Couverts pour l'instant par le secret de l'instruction, ils restent d'ailleurs sujets à discussion faute d'avoir été établis par un jugement public, contradictoire et définitif. L'objectif n'est donc ni de savoir si les infractions envisagées sont ou non constituées, ni d'apprécier si les personnes mises en cause sont ou non coupables des délits pour lesquels elles sont poursuivies. Il ne s'agit pas de graver dans le marbre des conclusions définitives, mais de fixer le cadre juridique dans lequel s'inscriront les probables débats sur l'action publique qui, à l'issue de l'information judiciaire en cours, devraient se dérouler devant le tribunal correctionnel.

Or, deux catégories d'infractions sont reprochées aux personnes impliquées. Les unes, telles que les pratiques commerciales trompeuses, auraient été commises à l'occasion des activités externes de la société Aristophil et mettent en cause ses relations avec les investisseurs. Les autres, telles que la présentation ou publication de comptes infidèles, concernent les activités internes à la société et à ses filiales, c'est-à-dire les actes accomplis par leurs dirigeants sociaux. Il convient donc de distinguer les problèmes selon qu'ils sont posés par la commercialisation des manuscrits (I) ou par la gestion des sociétés (II).

I.- La commercialisation des manuscrits

Les manuscrits proposés par la société Aristophil étaient des investissements atypiques. Présentés comme des

---

[3] Isabelle Horlans, *Affaire Aristophil : liquidation en bande organisée,* Éd. Le Passeur, 2019, Préface Didier van Cauwelaert ; Julien Mucchielli, « *Affaire Aristophil : entreprise de démolition médiatique* », *Dalloz actualités,* 10 septembre 2021.

[4] En dehors des indications fournies par les arrêts de procédure rendus par la Cour de cassation dans cette affaire (Cass. crim., 4 octobre 2016 (2 arrêts cités *supra*) et dans le dossier de l'association UFC-Que choisir, les faits sont puisés dans l'encyclopédie en ligne *Wikipedia* (v° Aristophil) et dans des coupures de presse.

placements, leur commercialisation aurait pu être soumise au droit pénal boursier (A). Comme celui-ci a été écarté, la juridiction d'instruction a reproché aux personnes soupçonnées des tromperies relevant du droit pénal commun et du droit pénal des affaires (B).

A.- L'exclusion du droit pénal boursier

Au sens du droit boursier, la société Aristophil n'était pas un intermédiaire financier, autrement dit un « prestataire de services d'investissement ». Les manuscrits et les livres dont les investisseurs achetaient des quotes-parts n'étaient pas des instruments financiers, mais des biens corporels[5]. Il n'était toutefois pas certain que la société fût soustraite à toutes les obligations que la loi impose aux professionnels pour la protection de l'épargne. Il existe en effet des placements qui, même s'ils ne portent pas sur des titres boursiers, présentent au moins autant de risques que des placements financiers. Aussi convient-il de leur appliquer un encadrement analogue, d'autant que le fractionnement des collections en quotes-parts indivises n'est pas sans ressemblance avec les fonds communs de placement en valeurs mobilières.

Depuis la loi du 3 janvier 1983 *sur le développement des investissements et la protection de l'épargne*, les professionnels qui proposent certains placements non financiers sont, en tant qu'intermédiaires en biens divers, placés sous le contrôle de l'autorité de régulation des marchés boursiers et tenus de certaines obligations dont l'inexécution est sanctionnée pénalement[6]. D'après la loi, cette intermédiation consiste notamment à proposer habituellement, par publicité ou

---

[5] CMF, art. L. 531-0 et s. renvoyant à l'art. L. 211-1 du même code pour la définition des instruments financiers. Ceux-ci s'entendent des titres financiers (actions, obligations, titres voisins ainsi que parts et actions des organismes de placement collectif) et de contrats financiers (certains contrats à terme).

[6] Loi n° 83-1 du 3 janvier 1983, art. 36, ultérieurement codifié au CMF, art. L. 550-1, plusieurs fois modifié. Les peines encourues en cas de violation de ces dispositions pouvaient s'élever jusqu'à cinq ans d'emprisonnement.

démarchage, l'acquisition de biens mobiliers ou immobiliers « *lorsque les acquéreurs n'en assurent pas eux-mêmes la gestion ou lorsque le contrat offre une faculté de reprise ou d'échange et la revalorisation du capital investi* ». Or, la société Aristophil offrait aux acheteurs de se charger elle-même de la garde des œuvres vendues et se réservait la faculté de les racheter en exerçant un « droit de préemption ». Aussi l'AMF a-t-elle publié au début du millénaire un avertissement défavorable à ces placements. Mais, par jugement du 3 octobre 2006, le tribunal correctionnel de Paris a relaxé le maître de l'affaire et un courtier partenaire, poursuivis pour exercice irrégulier de l'activité d'intermédiaire en biens divers, en retenant une conception fort étroite de cette activité. Cette décision fut lourde de conséquences. En entravant l'intervention de l'AMF, elle facilitait la continuation de la diffusion des œuvres.

Cependant, le nombre croissant des investisseurs déçus par des placements non financiers a incité ensuite le législateur à élargir la notion d'intermédiation en biens divers. Désormais, « *Est également un intermédiaire en biens divers toute personne qui propose à un ou plusieurs clients ou clients potentiels d'acquérir des droits sur un ou plusieurs biens en mettant en avant la possibilité d'un rendement financier direct ou indirect ou ayant un effet économique similaire* » [7]. Il résulte de cette disposition que les personnes dont l'activité est de même nature que celle de la société Aristophil sont aujourd'hui considérées comme des intermédiaires en biens divers[8]. En cas de manquement à leurs obligations légales, au demeurant de plus en plus lourdes, des sanctions disciplinaires peuvent leur être infligées par l'AMF[9] et des sanctions pénales par le juge judiciaire[10]. Néanmoins, les personnes impliquées dans l'affaire

---

[7] CMF, art. L. 550-1, II, ajouté par la loi n° 2014-344 du 17 mars 2014, dite « loi Hamon ».
[8] *Ibid.*, art. L. 621-9, II, 8°.
[9] *Ibid.*, art. L. 621-15, II. À titre d'exemple, v. not. la décision de la Commission des sanctions du 13 novembre 2018 à l'égard de la société « Signatures », anciennement « Artecosa ».
[10] *Ibid.*, art. L. 573-8, qui prévoit des peines de cinq ans d'emprisonnement et 18 000 euros d'amende.

Aristophil ne sont pas actuellement poursuivies pour violation du droit pénal boursier. Au demeurant, même si elles l'étaient, seules les infractions commises postérieurement au 1er juillet 2016 pourraient leur être reprochées[11]. Cette limitation dans le temps est en revanche inapplicable aux infractions de tromperie pour lesquelles les acteurs de l'affaire Aristophil sont à présent poursuivis.

B.- Les soupçons de tromperie

Au cours de l'instruction préparatoire, la société Aristophil et le maître de l'affaire ont été mis en examen pour escroqueries et pratiques commerciales trompeuses en bande organisée[12]. L'escroquerie figure ainsi en tête de la liste des infractions reprochées aux personnes poursuivies. Les peines principales encourues par les personnes physiques sont de cinq ans d'emprisonnement et 375 000 euros d'amende. En cas de commission en bande organisée[13], par un groupe structuré et avec préméditation[14], les peines sont portées à dix ans d'emprisonnement et 1 000 000 euros d'amende. La procédure dérogatoire relative à la délinquance organisée est alors en partie applicable[15]. Quant à la société Aristophil, elle encourt notamment, en tant que personne morale, une amende dont le

---

[11] Il s'agit de la date d'entrée en vigueur du paragraphe II de l'article L. 550-1 CMF. La loi nouvelle, élargissant la définition de l'intermédiation en biens divers, doit être considérée comme une loi d'incrimination plus sévère que la loi ancienne, qui retenait une définition plus étroite. Elle ne s'applique donc qu'aux faits postérieurs à son entrée en vigueur.

[12] Cass. crim., 4 octobre 2016, pourvoi n° 16-82.308.

[13] La bande organisée est définie par la loi comme « *tout groupement formé ou toute entente établie en vue de la préparation, caractérisée par un ou plusieurs faits matériels, d'une ou de plusieurs infractions* » (C. pén., art. 132-71).

[14] Cass. crim., 11 janvier 2017, pourvoi n° 16-80.610 ; *Dalloz actualité*, 25 janvier 2017, obs. Goetz ; *Gaz. Pal.* 2017. 265, note Tellier-Cayrol.

[15] C. pr. pén., art. 706-73, 8° *bis* ; Cons. constit., décision n° 2014-420/421 QPC, 9 octobre 2014, cons. 25-27.

montant est le quintuple de celui prévu pour les personnes physiques[16].

L'escroquerie consiste à obtenir par la ruse un avantage au préjudice d'autrui[17]. La loi exige que la ruse soit accomplie « *soit par l'usage d'un faux nom ou d'une fausse qualité, soit par l'abus d'une qualité vraie, soit par l'emploi de manœuvres frauduleuses* ». Seule cette dernière modalité semble devoir être envisagée dans l'affaire Aristophil. L'escroquerie est en outre une infraction complexe. Il ne suffit pas que la dupe soit trompée par la ruse de l'escroc. Encore faut-il que cette tromperie la détermine « *à son préjudice ou au préjudice d'un tiers, à remettre des fonds, des valeurs ou un bien quelconque, à fournir un service ou à consentir un acte opérant obligation ou décharge* ». Enfin, c'est une infraction intentionnelle. Le plus souvent, néanmoins, la nature fallacieuse des moyens utilisés suffit à établir sa volonté de tromper et à exclure la bonne foi.

Or, dans l'affaire Aristophil, chaque investisseur a versé une somme d'argent pour s'acquitter du prix d'achat d'un manuscrit ou d'une quote-part d'une collection. Il est apparu ensuite que les manuscrits étaient fortement surévalués[18]. Non seulement de nombreux investisseurs n'ont pas réalisé les plus-values escomptées, mais encore ils ont subi des pertes en capital faute de récupérer la somme versée lors de l'achat. Des remises d'argent au préjudice d'autrui se sont donc effectivement produites. Mais il s'agit de savoir si elles ont été déterminées par des manœuvres frauduleuses. En effet, le simple mensonge

---

[16] Ibid., art. 313-9.

[17] Prévue et réprimée par l'art. 313-1, al. 1er, C. pén., l'escroquerie est classée, de même que des délits tels que le vol et l'abus de confiance, parmi les appropriations frauduleuses. Sur cette infraction, v. not. A. Lepage et H. Matsopoulou, *Droit pénal spécial,* n° 703 et s. ; A. Lepage, P. Maistre du Chambon, R. Salomon, Droit pénal des affaires, n° 128 et s.

[18] Par exemple, la correspondance échangée entre Albert Einstein et Michele Besso fut vendue 560 000 euros en 2002, à New York, chez Christie's. En vue de la revente aux investisseurs, la collection fut ensuite estimée par la société Aristophil à 12 millions d'euros (source : *Wikipedia,* v° Aristophil).

ne constitue pas une manœuvre frauduleuse, tant qu'il n'est pas corroboré par un élément distinct tel qu'une mise en scène, l'intervention d'un tiers ou la production d'un écrit[19]. Dans ces conditions, la surestimation d'un bien par majoration indue de son prix dans le contrat de vente n'est qu'un mensonge sur sa valeur. Elle ne saurait, en l'absence d'un fait extérieur lui donnant force et crédit, constituer une escroquerie.

Il semble cependant que des moyens frauduleux aient été employés pour commercialiser les œuvres proposées par Aristophil. De nombreux tiers, de bonne ou de mauvaise foi, sont intervenus. Ce sont non seulement les courtiers qui ont donné du crédit à la surestimation des œuvres, mais aussi les personnalités du monde politique, médiatique ou artistique qui ont fréquenté les réceptions au « Musée des lettres et manuscrits ». Entre les mains du maître de l'affaire, ce musée aurait été, tout comme le magazine « Plume », un instrument de promotion des produits de la société Aristophil. Leur commercialisation a donc été soutenue par une publicité tapageuse. Elle ressemble en outre à une pyramide de Ponzi, dans la mesure où la rétribution de chacun des investisseurs paraît prélevée sur les versements des suivants[20]. Le gain espéré est alors chimérique. Dès que le nombre de nouveaux acheteurs cesse d'être suffisant, la pyramide s'effondre parce qu'il devient impossible de donner satisfaction aux investisseurs antérieurs. Ainsi, la société Aristophil aurait laissé croire à chaque investisseur qu'elle était disposée à racheter les œuvres vendues à un prix majoré par rapport au prix initial. Mais, tôt ou tard, les fonds versés par les nouveaux acheteurs seraient tombés à un niveau trop faible pour financer la totalité des rachats. En tant que professionnels de la vente de manuscrits, les acteurs de l'affaire Aristophil ne pouvaient ignorer le caractère illusoire du gain qu'ils faisaient miroiter.

---

[19] Il importe peu que le mensonge soit oral ou écrit : v. not. Crim., 26 novembre 1990, pourvoi n° 89-86.771, *Dr. pén.* 1991, comm. 107, obs. M. Véron.

[20] Du nom de son inventeur, Charles Ponzi, qui utilisa ce montage pour la première fois à Boston (USA), dans les années 1920. L'un de ses imitateurs fut B. Madoff.

Si ces faits, à les supposer établis, ne suffisaient pas à constituer des escroqueries, la qualification de pratiques commerciales trompeuses resterait envisageable. La loi réprime en effet le fait de tromper un contractant sur certaines caractéristiques de la marchandise telles que sa quantité, ses qualités substantielles ou les risques inhérents à son utilisation[21]. Sans doute n'est-il pas usuel de considérer des manuscrits comme des marchandises. Cependant, d'après la jurisprudence, le terme de « *marchandises* » désigne tous les objets mobiliers corporels[22]. Or, les œuvres que commercialisait la société Aristophil constituaient les supports corporels de certaines œuvres littéraires. Il est également vrai que la tromperie portant sur la seule valeur de la marchandise n'est pas punissable. Cependant, l'erreur de l'investisseur sur la possibilité d'obtenir le rachat à un prix majoré du manuscrit par la société Aristophil portait en réalité sur des qualités substantielles du bien vendu, c'est-à-dire sur le rendement du placement et sur sa liquidité. En tant que spécialistes des manuscrits, les vendeurs ne pouvaient guère ignorer que les espoirs de gain étaient illusoires. Or, le simple mensonge suffit à constituer le délit de pratiques commerciales trompeuses, même en l'absence de manœuvres frauduleuses. Les personnes physiques coupables de ce délit encourent principalement deux ans d'emprisonnement et 300 000 euros d'amende et les personnes morales l'amende du quintuple. Les peines s'élèvent à sept ans d'emprisonnement et 750 000 euros d'amende quand les tromperies sont commises en bande organisée. Toutefois, si les tromperies étaient accompagnées de véritables manœuvres frauduleuses, il conviendrait de retenir uniquement l'expression pénale la plus haute. L'escroquerie l'emporterait alors sur la pratique commerciale trompeuse, la première étant plus sévèrement punie que la seconde[23].

---

[21] C. consomm., art. L. 441-1. Sur cette infraction, v. not. A. Lepage, P. Maistre du Chambon, R. Salomon, *op.cit.*, n° 1176 et s.

[22] Cass. crim., 22 juin 1977, *Bull. crim.*, n° 232 ; *D.* 1977, inf. rap. p. 581.

[23] CA Paris, 12 février 1991, *Dr. pén.* 1991, comm. 206, obs. J.-H. Robert.

Que des infractions aient ou non été commises au préjudice des investisseurs, la commercialisation des manuscrits a fourni d'abondantes liquidités à la société Aristophil et à ses filiales. Aussi n'est-il pas surprenant que l'information judiciaire porte aussi sur d'autres infractions que le maitre de l'affaire est soupçonné d'avoir commises dans l'administration des sociétés qu'il contrôlait.

II.- La gestion des sociétés

Alors que la société Aristophil est suspectée d'avoir participé aux infractions qui auraient été commises dans la commercialisation des manuscrits, elle se présente surtout comme la victime des délits dont le maître de l'affaire, en qualité de dirigeant social, est suspecté d'être l'auteur. Il est en effet soupçonné de mauvaise gestion (A) et de blanchiment (B).

A.- Le reproche de mauvaise gestion

Si l'abus de biens sociaux et l'abus de confiance permettent de réprimer certaines malhonnêtetés commises par des dirigeants sociaux, ils ne s'appliquent pas cumulativement aux mêmes faits. En effet, le premier est puni de cinq ans d'emprisonnement et 375 000 euros d'amende et le second de trois ans d'emprisonnement et 45 000 euros d'amende[24]. Comme l'abus de biens sociaux est la plus haute expression pénale, il évince l'abus de confiance. Mais en dehors du domaine propre à l'abus de biens sociaux, l'abus de confiance de droit commun reprend son empire. Or, le maître de l'affaire Aristophil contrôlait plusieurs sociétés : d'une part, en France, une société à responsabilité limitée devenue ensuite société anonyme simplifiée, et, d'autre part, à l'étranger, d'autres sociétés, implantées notamment en Belgique et en Suisse. Dans

---

[24] Ainsi, l'abus de confiance est prévu et réprimé par le Code pénal (art. 314-1 et s.), tandis que l'abus de biens sociaux l'est par diverses dispositions du droit des sociétés commerciales dont les principales concernent les sociétés anonymes (C. com., art. L. 242-6, 3°) et les sociétés à responsabilité limitée (*ibid.*, art. L. 241-3, 4°).

ces conditions, il devrait être poursuivi pour abus de biens sociaux au préjudice de la société française et pour abus de confiance en ce qui concerne la gestion des sociétés étrangères.

En effet, l'abus de biens sociaux ne concerne que des dirigeants sociaux qui ne sont pas personnellement tenus aux dettes sociales. C'est le cas dans les sociétés anonymes et dans les sociétés à responsabilité limitée. Encore faut-il qu'elles soient soumises à la loi française[25]. Quant aux dirigeants qui ne remplissent pas les conditions précédentes, ils sont assimilables à des mandataires qui peuvent être poursuivis, en tant que détenteurs de biens sociaux remis à titre précaire, pour abus de confiance en cas de détournement. Mais la substitution d'un abus à l'autre n'est pas sans incidence sur la détermination des actes répréhensibles. Alors que l'abus de confiance suppose le détournement d'un bien, tout acte contraire à l'intérêt social peut constituer, même en l'absence de détournement, l'élément matériel de l'abus de biens sociaux. Celui-ci peut résulter, par exemple, du caractère excessif de la rémunération perçue par le dirigeant.

En outre, le maître de l'affaire a été mis en examen pour présentation de comptes infidèles de la société Aristophil par « *omission de provisions concernant les engagements fermes de rachat et omission de comptabilisation de la taxe forfaitaire due pour les années 2010 à 2014* »[26]. Il est en effet interdit aux dirigeants de certaines sociétés, dont font partie les sociétés anonymes et les sociétés à responsabilité limitée, de présenter ou de publier des comptes annuels qui ne donnent pas une image fidèle du résultat des opérations de l'exercice, en vue de dissimuler la véritable situation de la société. La violation de cette interdiction est un délit puni de cinq ans

[25] Sur l'exclusion des sociétés étrangères, v. not. Cass. crim., 3 juin 2004, pourvoi n° 03-80.593, *Bull. crim.*, n° 152 ; *RSC* 2004.892, obs. D. Rebut ; *Rev. soc.* 2004.92, obs. B. Bouloc ; *Dr. Sociétés* 2004, n° 198, obs. R. Salomon. Toutefois, dans le cas où le siège à l'étranger des filiales serait considéré comme fictif et où leur siège réel se trouverait en France, l'abus de biens sociaux serait applicable aux actes de gestion des filiales soumises à la loi française.

[26] Cass. crim., 29 janvier 2019, précité.

d'emprisonnement et 375 000 euros d'amende[27]. Or, il n'est pas douteux que l'élément matériel de l'infraction est constitué en cas de présentation ou de publication d'un bilan dans lequel une dette future de l'entreprise n'aurait pas été inscrite au compte de provisions pour risques et charges[28]. S'agissant de l'exercice de l'action civile, la jurisprudence déclare recevable non seulement la constitution de la société elle-même, de ses associés ou de ses actionnaires, mais encore celle des créanciers sociaux qui, comme le prétendent les banquiers de la société Aristophil, ont subi un préjudice directement causé par le délit en contractant sur la foi des comptes inexacts[29].

Cependant, faute de connaître tous les détails de l'affaire Aristophil, deux interrogations demeurent. En premier lieu, les « engagements fermes de rachat » semblent être l'ombre portée de la pyramide de Ponzi sur le patrimoine de la société. Il s'agit des obligations de racheter les œuvres vendues contractées envers les investisseurs par la société Aristophil. Leur inscription au passif eût été de nature à inverser les résultats, en rendant déficitaire le bilan apparemment bénéficiaire. Si le rachat n'avait pas été obligatoire mais facultatif pour la société, les engagements n'auraient pas été « fermes ». Même s'il n'avait pas été absolument nécessaire de les provisionner, ils n'en auraient pas moins contribué à l'édification de la pyramide de Ponzi. De fait, la perspective d'un rachat, même facultatif, suffisait à créer dans l'esprit des investisseurs l'espoir d'un gain chimérique. En second lieu, la « taxe forfaitaire » omise n'est pas précisément identifiée. Il s'agit sans doute de la taxe sur les objets précieux[30], applicable notamment, au taux de 6 %, au prix de cession d'objets d'art et d'antiquité tels que les livres et manuscrits. A l'infraction de présentation ou publication de bilan inexact pourrait donc s'ajouter, le cas échéant, un délit de fraude fiscale puni à titre

---

[27] C. com., art. L. 242-6, 2°, et L. 241-3, 3°.

[28] Cass. crim., 14 novembre 2013, pourvoi n° 12-85.616 ; *Dr. sociétés* 2014, comm. 16, obs. R. Salomon.

[29] Cass. crim., 29 janvier 2019, précit.; dans le même sens, v. déjà Cass. crim., 3 avril 1995, *Dr. pén.* 1995, comm. 286, note J.-H. Robert.

[30] CGI, art. 150, VI.

principal d'un emprisonnement de cinq ans et d'une amende de 500 000 euros. L'infraction résulterait d'une soustraction frauduleuse à l'établissement de l'impôt, voire d'une omission ou d'une inexactitude dans les documents comptables[31]. Malgré l'identité ou la proximité des faits à qualifier, les délits de présentation de bilan inexact et de fraude fiscale pourraient se cumuler, dans la mesure où ils protègent des valeurs différentes[32].

B.- L'éventualité du blanchiment

Dans l'affaire Aristophil, l'instruction préparatoire a été ouverte du chef, notamment, de blanchiment en bande organisée. De même que le recel de choses, le blanchiment est une infraction de conséquence, dont la consommation suppose la commission d'une infraction préalable, qui doit constituer un crime ou un délit[33]. Comme c'est une infraction intentionnelle, l'auteur des faits doit avoir connaissance de l'infraction préalable. Les délits précédemment envisagés, notamment les escroqueries ou pratiques commerciales trompeuses, les abus de biens sociaux et abus de confiance ainsi que la fraude fiscale, sont susceptibles de constituer les infractions sous-jacentes. La loi réprime deux variétés de blanchiment : la première consiste à faciliter la justification mensongère de l'origine des biens ou des revenus de l'auteur d'un crime ou d'un délit ; la seconde à apporter son concours à une opération de placement, dissimulation ou conversion du produit d'un crime ou d'un délit. Les agissements incriminés ressemblent à des actes de complicité, si ce n'est qu'ils sont postérieurs à l'infraction principale.

---

31 *Ibid.*, art. 1741, al. 1er, et 1743, 1°.

32 Sur le cumul idéal d'infractions protégeant des intérêts distincts, v. not. Cass. crim., 3 mars 1960, *Bull. crim.*, n° 138 ; *RSC* 1961.105, obs. Legal.

33 C. pén., art. 324-1 et s.
Sur le blanchiment, v. not. A. Lepage et H. Matsopoulou, *précit.*, n° 909 et s. ; A. Lepage, P. Maistre du Chambon, R. Salomon, *précit.*, n° 415 et s.

Faute de connaître tous les détails de l'affaire Aristophil, il n'est pas possible de savoir quel type de blanchiment est reproché aux personnes poursuivies. Il apparaît néanmoins que l'existence d'un groupe de sociétés, composé de la société-mère française et de ses filiales étrangères, était de nature à faciliter, grâce à des transferts de fonds entre les sociétés, la dissimulation du produit d'éventuelles escroqueries ou pratiques commerciales trompeuses. Il est vrai que de telles opérations auraient pu aussi être considérées comme des actes de recel, dont l'une des variétés est constituée en cas de dissimulation ou de transmission d'une chose provenant d'un crime ou d'un délit[34]. L'une des qualifications serait alors exclusive de l'autre, car les deux ne sauraient s'appliquer ensemble aux mêmes faits sans violer la maxime *Non bis in idem*[35]. Or, à certains égards, le blanchiment assure une répression plus efficace que le recel. Il permet de punir l'agent qui blanchit le produit d'une infraction qu'il a lui-même commise[36]. Autrement dit, l'« auto-blanchiment » est réprimé. Au contraire, l'auteur de l'infraction principale ne saurait être condamné pour le recel de la chose qui en provient[37]. Alors que recel et blanchiment sont des infractions jumelles, il est difficile de trouver la raison pour laquelle la maxime *Non bis in idem* s'applique ainsi à l'une et non à l'autre.

Quoiqu'il en soit, dans l'affaire Aristophil, la qualification de blanchiment rendrait possible la condamnation du maître de l'affaire et les sociétés qu'il contrôle pour escroqueries ou pratiques commerciales trompeuses et, en même temps, pour blanchiment des produits de ces délits, quand bien même le cumul de ces délits avec le recel serait exclu. Il serait encore concevable de cumuler l'abus de biens sociaux et le blanchiment, pourvu que, conformément à la

[34] C. pén., art. 321-1, al. 1er.

[35] Cass. crim., 26 octobre 2016, pourvoi n° 15-84.552 ; *AJ pén.* 2017.35, obs. Gallois ; *Dr. pén.* 2017, comm. 1, note Ph. Conte ; *JCP* 2017.16, note N. Catelan.

[36] Jurisprudence inaugurée par Cass. crim., 14 janvier 2004, *Dr. pén.* 2004, comm. 48 ; *JCP* 2004.II.10081, obs. H. Matsopoulou ; *D.* 2004.1377, note C. Cutajar.

[37] V. not. Cass. crim., 15 décembre 1949, *Bull.c rim.*, n° 350.

règle *Non bis in idem*, les deux qualifications ne fussent pas appliquées aux mêmes actes de gestion[38]. Que l'infraction retenue soit le recel ou le blanchiment, les peines principales applicables aux personnes physiques seraient un emprisonnement de cinq ans et une amende de 375 000 euros. Elles seraient portées, respectivement, à dix ans et 750 000 euros si la circonstance aggravante de bande organisée était retenue. Quant aux personnes morales, elles encourraient notamment l'amende du quintuple.

Dans sa dimension pénale, l'affaire Aristophil confirme que la justice répressive française ne manque pas de lois, mais de moyens. Les textes applicables offrent un arsenal impressionnant d'incriminations et de peines, au point de provoquer de fréquents concours de qualifications. Il est en revanche préoccupant que l'affaire ne soit toujours pas jugée, alors que les premiers actes d'enquête sont intervenus en 2015. Il est vrai que les faits sont complexes, que les suspects et surtout les plaignants sont nombreux, que la régularité des actes de procédure a été contestée et que, ces dernières années, la crise sanitaire a fortement perturbé l'administration de la justice. Il faut néanmoins espérer que l'affaire trouve rapidement une solution définitive devant les juridictions pénales de jugement. Cet espoir risque d'être déçu en raison de l'encombrement chronique des juridictions correctionnelles. Cependant, si des condamnations définitives étaient enfin prononcées, la désillusion des investisseurs serait complète. Plus haute est la tour, dit le proverbe, plus terrible est la chute.

---

[38] Ainsi, le cumul est exclu lorsque les faits reprochés au dirigeant social sont uniquement des virements de fonds entre sociétés prétendument justifiés par des prestations fictives (Cass. crim., 7 décembre 2016, pourvoi n° 15-87.335 ; *Dr. pén.* 2017, comm.1, obs. Ph. Conte.

Faux en écritures. L'affaire Vrain Lucas

par
Anne LAMORT
Expert - Libraire
Présidente d'honneur
du Syndicat de la Librairie Ancienne et Moderne

Comment un homme d'une éducation moyenne, d'une extraction des plus simples, sans guère de relations, a-t-il pu sous le Second Empire berner une partie de l'Institut de France et vendre près de 27 000 autographes prétendument historiques à un savant de renom ? Parmi ces documents, de plus en plus sensationnels et de moins en moins recevables, on trouve des lettres de personnages illustres de l'époque moderne (Pascal, Molière, Charles Quint, etc.) ; ensuite on entre dans la plus complète fantasmagorie avec l'Antiquité et le Moyen Âge : lettres de Lazare le ressuscité, de Platon, de Cléopâtre à César, de Jeanne d'Arc aux Parisiens, de Christophe Colomb à Rabelais -toujours en vieux français de pacotille, et sur papier. Comment le processus s'est-il enclenché ? Comment l'hallucination individuelle et collective a-t-elle pu ainsi se prolonger ? Comment la justice est-elle passée ? Nous allons tenter de résumer les faits, d'éclairer les enchaînements psychologiques qui ont permis une escroquerie aussi rocambolesque, puis de relater l'action de la justice pour mettre fin à cette farce grinçante.

I.- « *Le laborieux M. Lucas va vivre à Paris* »

Dans l'introduction à son livre sur Vrain Lucas (*Le Parfait Secrétaire des grands hommes*)[1], Georges Girard présente malicieusement un homme à l'intelligence maléfique

[1] Georges Girard, *Le Parfait secrétaire des grands hommes, ou les Lettres de Sapho, Platon, Vercingétorix, (...) et autres personnages illustres mises au jour par Vrain Lucas*, Paris, la Cité des livres, Collection Fantaisies littéraires, 1924.

supérieure. Par antiphrase, le biographe emploie les termes *œuvre admirable*, *homme de génie*, *curiosité*, *ardeur au travail*.

Qu'en est-il vraiment ? Denis Vrain Lucas naît en 1818 dans la région de Châteaudun. Fils d'un ouvrier de ferme, il semble avoir reçu une instruction rudimentaire avant de quitter l'école pour aider sa famille dans des travaux agricoles ou comme domestique. On peut penser toutefois que l'école de l'époque dispensait un savoir durable et de qualité car on le retrouve à vingt ans clerc dans l'étude d'un avoué, d'où il obtient une place de greffier puis de commis à la conservation des hypothèques. Déjà le patrimoine écrit en quelque sorte... D'après plusieurs témoignages, il fréquente la bibliothèque de Châteaudun durant ses heures de loisir. Il découvre l'Histoire, la Pensée, et sa soif de savoir est inextinguible.

Lorsqu'en 1852 -il a 33 ans, âge symbolique pour bien des hommes-, il décide de quitter sa province pour venir à Paris tenter sa chance, le bibliothécaire de Châteaudun note sur ses registres le départ de ce lecteur assidu auquel il semble s'être attaché : « *Le laborieux M. Lucas va vivre à Paris. Il mérite de réussir. Jeune homme de Lanneray [près de Châteaudun] formé par lui-même* ».

Ce *formé par lui-même* montre la perspicacité du vieil abbé : il voit bien que l'effort du jeune homme pour sortir de sa condition n'est secondé par aucun maître bienveillant ou ami de qualité. Son principal talent est son ardeur au travail. Des déconvenues attendaient notre ambitieux à la capitale. Il voit sa candidature à la Bibliothèque Nationale refusée car il n'est pas titulaire du baccalauréat -déjà la distinction française par les diplômes. Sa lettre de candidature au poste de bibliographe a été exhumée d'un recueil de lettres de ce type conservé à la BnF grâce aux patientes recherches de Raymond-Josué Seckel, historien du livre. Elle n'est pas d'un grand niveau d'expression : maladroite, ampoulée, légèrement prétentieuse, mais surtout déjà mensongère puisqu'il n'a encore rien publié :

Paris, le 7 février 1852

Monsieur,
Je viens, sous la recommandation de plusieurs personnes très honorables, solliciter votre bienveillance à l'effet d'obtenir des travaux à la confection du catalogue de la Bibliothèque nationale dont vous êtes l'administrateur.
Ce genre d'occupation rentre parfaitement dans mes connaissances car j'en ai toujours fait mes études favorites. J'aime faire des rapprochements entre les éditions anciennes et nouvelles des vieux livres, à l'effet d'en compléter, autant que possible, les lacunes ; j'aime compulser les fastes du passé et recueillir les faits historiques épars afin d'en faire ressortir les noms anciens, honorables pour ma patrie ou les lettres en général, mais oubliés par suite des vicissitudes des temps ou de l'insouciance des hommes ; j'aime rechercher les écrits précieux, enfouis dans la multiplicité des Recueils édités mais peu connus, et cela, dans l'intérêt des connaissances humaines.
Dans ces genres de travaux et d'études je suis servi par la mémoire, la curiosité et la patience. Parfois il m'est arrivé de faire des découvertes heureuses en Bibliographie, et j'ai produit des notices historiques, généalogiques et archéologiques qui ont été utiles et qui m'ont valu des félicitations de la part de plusieurs de nos savans.
Je puis vous répondre de mon zèle assidu, de mon respect pour les devoirs imposés par la probité et le dévoument, enfin de mon éternelle reconnaissance pour l'assistance généreuse que vous accorderiez à un jeune homme studieux, soutien d'une famille infortunée, et qui, daignez le croire, saura s'en rendre digne.
Recevez, je vous prie, Monsieur, l'assurance de ma considération distinguée, Vrain Lucas
à Paris rue de l'Échaudé n° 6
À Monsieur Jules Taschereau, administrateur adjoint de la Bibliothèque nationale.[2]

[2] Lettre découverte par Raymond-Josué Seckel et commentée par ses soins in *Revue de la BnF*, n° 34, « Enfin un autographe authentique de Vrain Lucas », 2010, pp. 75-76.

Recommandé par un collectionneur d'autographes, M. Roux, auprès d'Auguste Durand, propriétaire d'une librairie de livres anciens, il ne parvient pas non plus à faire illusion. Le libraire ne veut pas d'un employé qui ne sait pas le latin. C'est d'ailleurs cette lacune qui, contre toute vraisemblance, conduira Vrain Lucas à écrire tous ses faux autographes en français. Après ces échecs, il parvient tout de même à entrer dans un cabinet de recherches généalogiques spécialisé dans l'ennoblissement de bourgeois par la fabrication d'arbres généalogiques à racines nues : Vrain Lucas aurait appris là le jaunissement artificiel du papier et la calligraphie des différents types d'écritures anciennes. Parallèlement à cette nouvelle activité professionnelle, il s'inscrit à la Sorbonne pour suivre des cours, fréquente assidûment les plus riches bibliothèques de Paris et commence à vendre pour son compte des manuscrits anciens de faible valeur. On dit qu'au cours de ses recherches, il fut surpris à la bibliothèque Sainte-Geneviève un ciseau à la main et qu'il en fut chassé par un surveillant. En 1856, toujours grâce à l'appui de M. Roux, il est nommé membre correspondant de la Société archéologique d'Eure-et-Loir. Voici enfin un titre qui le positionne dans le monde savant, quoiqu'on ne trouve aucune trace d'articles qu'il aurait publiés pour cette vénérable institution. Il semble n'avoir jamais assisté aux séances ni commencé le travail d'archivage qu'il s'était engagé à diligenter.

En 1862, il se présente chez Michel Chasles, de l'Académie des Sciences, né à Chartres. La proximité des villes où les deux hommes avaient passé leur enfance créa immédiatement entre eux des liens d'amitié. Mathématicien de haut niveau, Michel Chasles (1793-1880) avait consacré sa vie à la géométrie et découvert le théorème qui porte son nom. Aisé, célibataire endurci, il avait eu toute liberté de se livrer à cette passion exclusive, ou presque, car il était aussi ardent collectionneur d'autographes. Amateur altruiste, il avait eu la générosité d'en offrir parfois à des institutions qui lui semblaient mériter ces documents : en 1866, il faisait don à l'Académie Royale de Belgique de lettres de Charles Quint à François Rabelais ; en 1867, il offrait à l'Institut des lettres de Rotrou à Richelieu sur la création de l'Académie française.

Mais, à peine quelques semaines plus tard, ce qui devait avoir un retentissement mondial fut la présentation dans l'hémicycle d'un ensemble de lettres de Blaise Pascal (1623-1662) relatives à l'attraction terrestre, remettant en cause l'attribution de cette découverte à Isaac Newton (1642-1727).

À la séance de l'Académie des Sciences (l'un des cinq satellites de l'Institut avec l'Académie française, celle des Inscriptions et Belles-Lettres, des Beaux-Arts, des Sciences morales et politiques) le 22 juillet 1867, Chasles donna communication des lettres de Pascal qui établissaient clairement que ce génie national avait devancé Newton. La semaine suivante, un premier et léger grondement se fit entendre : deux savants écrivirent à l'Académie, relevant les anachronismes scientifiques et littéraires qui émaillaient les documents. Dans les semaines qui suivirent des correspondants anglais, hollandais, allemands de l'Académie entrèrent dans la danse, scandalisés qu'on puisse ôter à Newton son titre de gloire. Mais l'Académie des Sciences en la personne de Michel Chasles tint bon grâce à des preuves complémentaires. Il revint triomphal en brandissant une nouvelle lettre de Pascal fournie par Vrain Lucas « *au jeune Newton, estudiant, ce 2 décembre 1657. Mon jeune amy, je vous fais parvenir (...) une liasse de petits escrits que j'ai réunis à votre intention et pour servir à votre instruction, ainsy que vous me l'avez tesmoigné dans une de vos lettres. Ce sont des notes, réflexions et pensées touchant les sciences, entr'autre les lois de l'attraction et de l'équilibre...* ».

À chaque objection levée par un savant, un document nouveau sortait des mains de Chasles comme le lapin du chapeau, mettant en lumière un fait inconnu jusqu'alors, expliquant l'aberration repérée, neutralisant l'adversaire. Relevait-on que des notes présentées comme celles de Pascal avait été intégralement copiées dans l'*Histoire des philosophes modernes*, d'Alexandre Savérien, parue en 1761 ; la semaine suivante, après un nouvel achat d'autographes, Michel Chasles produisait une lettre de Savérien à la marquise de Pompadour dans laquelle il expliquait avoir découvert des lettres de Pascal et de Galilée de première importance. Les débats, animés de nombreux rebondissements, durèrent deux ans entre les zélateurs de la découverte scientifique et les « complotistes », considérés comme partisans de l'étranger. Les soutiens de Michel Chasles étaient nombreux car nul n'imaginait que l'aimable et digne savant puisse s'être rendu coupable de quelque forfaiture que ce fût. Mais en juillet 1869, l'astronome Urbain Le Verrier décida de faire cesser la comédie. Il remit une étude relevant tous les emprunts faits par Vrain Lucas dans les ouvrages imprimés de scientifiques et de philosophes du XVIIIème siècle, tous les anachronismes indéfendables qui entachaient les textes ; enfin des expertises graphologiques menées scientifiquement en Italie sur des manuscrits de Galilée conclurent sans doute possible à des faux.

II.- Fourberie, naïveté et cascades d'opinion.

Henri Bordier, avocat des Archives nationales et Émile Mabille, expert en manuscrits, posent en termes simples la question qui taraude encore ceux qui se penchent sur cette affaire : « *Comment une passion louable, désintéressée, purement littéraire, peut-elle aveugler complètement un grand esprit ? Comment est-il possible que l'erreur soit si aisément accueillie et la vérité si malaisément défendue ?* »[3]

Il faut distinguer dans cette rocambolesque affaire trois éléments immuables des grands scandales d'escroquerie : l'absence totale de scrupules d'une personnalité trop médiocre pour réussir par son seul talent, Vrain Lucas ; une victime au tempérament naïf, Michel Chasles ; enfin un cadre, un décor dans lequel la farce peut se jouer, ici l'hémicycle de l'Institut.

Dans la lettre de candidature écrite à son arrivée à Paris reproduite plus haut, le jeune Vrain Lucas dévoile inconsciemment les projets qu'il mettra à exécution quinze ans plus tard : « *j'aime compulser les fastes du passé et recueillir les faits historiques épars afin d'en faire ressortir les noms anciens, honorables pour ma patrie* ». « *J'aime faire des rapprochements entre les éditions anciennes et nouvelles des vieux livres, à l'effet d'en compléter, autant que possible, les lacunes* ». On n'oubliera pas le motif pécuniaire, prépondérant

---

[3] Henri Bordier et Émile Mabille, *Une fabrique de faux autographes, ou récit de l'affaire Vrain Lucas*, Paris, Techener, 1870.

pour un homme ambitieux, sans fortune et sans soutiens. Mais la manière très originale de parvenir à ses fins mérite qu'on s'y attarde. Qui penserait à amasser une petite fortune en créant des documents anciens et en suscitant parallèlement la convoitise pour ces mêmes documents ? Dans une période de six ans, l'escroc a vendu pour environ 140 000 francs (soit autour de 600 000 euros) d'autographes à Michel Chasles.

On l'a déjà dit plus haut, Vrain Lucas ne disposait pas d'une intelligence supérieure, ni d'une culture très étendue. D'innombrables bévues ont été relevées par l'enquête et par les experts : il fait par exemple adresser une lettre *Au bienheureux saint Vincent de Paul*, comme si ce dernier avait été canonisé de son vivant ; il écrit *aristogratique* pour *aristocratique* ; lorsqu'il fait parler Fénelon, évêque de Cambrai des *Nouvelles converties*, il croit qu'il s'agit d'une revue quand il s'agit d'un couvent…

Mais un aspect de sa personnalité est plus déroutant car il cadre mal avec l'absence totale de vergogne. En effet, le contenu de nombre de ses créations littéraires semble indiquer un penchant patriotique réel, à moins qu'il ne s'agisse que de flatter les pulsions des acheteurs : Dürer complimente son ami Arétin qui parcourt la France et lui recommande de bien respecter le roi de France, *le meilleur roy du monde* ; Pline vante à son ami Sentius Augurius *l'estat des sciences et des lettres dans les Gaules* ; sainte Marie-Madeleine trouve que les Gaulois ne sont nullement barbares : « *à en juger par ce que ja avons apprins, ce doibt estre de là que la lumière des sciences a deut partir* » ; l'empereur Alexandre conseille à Aristote d'aller en voyage d'études en Gaule « *car n'ignorez pas l'estime que je fais d'icele nation que je considère comme estant cele qui a porté la lumière dans le monde* ». Les exemples sont innombrables.

Quelques jours après son arrestation en septembre 1869, Vrain Lucas rédige un mémoire tentant d'expliquer ses actes : « *Tel était entr'autres mon projet : c'était de faire connaître que la première idée des lois de l'attraction qu'on attribue communément à Newton ne lui appartient pas, mais qu'elle appartient à des Français à qui Newton l'a ravie. J'ai vu cela écrit quelque part (...). Je voulais encore faire connaître que beaucoup d'autres découvertes avaient été dérobées à des Français, tant par Newton que par d'autres savants étrangers, et je suis étonné que nos savants d'aujourd'hui restent insouciants et indifférents à cet égard* »[4]. Autrement dit, les savants de l'Institut qui ont contrecarré ses projets sont des traîtres à la patrie, accusation autrement plus infamante -mais gratuite- que celle d'avoir gribouillé quelques faux.

Le second axe de défense est donc d'avoir tenté de « *faire des rapprochements (...) afin de combler des lacunes* »[5]. Le faussaire, dans sa médiocrité et son arrogance, pense avoir vu le fond des choses et si des pièces manquent dans le puzzle de l'histoire, c'est à lui de reconstituer les chaînons manquants. Comment cela pourrait-il venir en opposition avec les lois ? « *Je pensais au contraire que cela ne pouvait être considéré comme une mauvaise action, d'autant qu'il devait en résulter un ouvrage qui, tout en étant jusqu'à un certain point apogriphe [Vrain Lucas maîtrisait l'écriture, mais pas entièrement l'orthographe], avait pour but l'utilité publique...* ». Ces tentatives de justification morale visent non pas à se défendre devant la justice mais à se construire pour lui-même une image moins dévalorisante. Car comment se pardonner en son for intérieur d'avoir trompé la confiance d'un vieux savant doux et sage, universellement aimé, un « pays » de plus, qu'on a ferré en partageant les souvenirs d'une enfance beauceronne… Comment expliquer à soi-même et aux autres qu'on a menti en face pendant des années à cet inoffensif vieillard, abusant d'une amitié inconditionnelle autant qu'irrationnelle. Il fallait d'impérieux motifs patriotiques, ceux-là mêmes qui apparaissent sous-jacents dans sa lettre de jeunesse, et humains : Vrain Lucas n'a pas voulu laisser son « ami » seul face aux ennemis de la Nation. « *Lorsque M. Chasles commença à publier ses lettres et qu'il me fit part des*

---

[4] *Galilée Pascal Newton, Mémoire, Motifs qui m'ont fait agir.* Manuscrit autographe de Vrain Lucas daté du 20 septembre 1869 à la prison de Mazas. Le mémoire de 8 pages est relié à la suite du recueil de spécimens de faux autographes offerts par les experts après le procès (BNF, Manuscrits, NAF 709, f. 181-184).

[5] Idem.

contestations qu'il éprouvait (...) je fis plus attention tant à la simulation de l'écriture qu'au choix des documents qui pouvaient lui être utiles, car je le voyais si désireux de triompher que je l'aidais de tout mon possible »[6].

Lorsque les deux hommes se rencontrent, Michel Chasles a déjà soixante-huit ans et toute une vie consacrée à la géométrie derrière lui. Professeur, chercheur, académicien, il est aussi historien des sciences, non parce qu'il est formé à la méthodologie historique mais parce qu'il maîtrise la discipline. Vivant dans un monde d'équations, le nez dans sa boîte à compas, il n'a semble-t-il connu qu'une brève aventure avec une danseuse dans sa jeunesse et ne fréquente plus que les fauteuils de l'Institut. La camaraderie, l'intimité avec Vrain Lucas est une expérience nouvelle et délicieuse pour un homme cadenassé dans une solitude affective et une immaturité peut-être accentuée par l'hypertrophie de son cerveau gauche.

Après la première vente d'une lettre de Molière vers 1862 (on n'en connaît aucune, seulement trois ou quatre signatures au bas de documents sont répertoriées dans le monde) et quelques mois de fréquentation, l'escroc confie à Chasles qu'il a accès à une source extraordinaire de documents historiques. Au fil des mois, pressé de questions, Vrain Lucas étoffe son histoire de détails dignes des romans des éditions Harlequin : il aurait rencontré le lointain cousin d'une antique famille, les Boisjourdain, -aux pressants besoins d'argent bien sûr- qui posséderait des coffres remplis de documents dans son grenier. Dernier légataire de cette famille émigrée, le propriétaire détiendrait une incroyable collection formée en partie de celle de Blondeau de Charnage[7] et considérablement enrichie depuis. La famille aurait fui vers l'Amérique en 1791, le bateau aurait fait naufrage, mais les documents auraient survécu à l'eau de mer… enfin bref une histoire à dormir debout, mais Chasles, littéralement ensorcelé, gobait tout dans son incapacité à concevoir qu'il existe sur terre des êtres

---

6 « Mémoire », Mazas, 29 septembre 1869.

7 Charles-François Blondeau de Charnage (1710-1776). Cette collection de chartes anciennes un peu ennuyeuses existait bel et bien. L'inventaire en a été publié en 5 volumes entre 1764 et 1774. On en a perdu la trace.

malfaisants. Vrain Lucas prétendait n'être payé qu'à la faible commission de 25 % et trouvait toujours des artifices nouveaux pour donner du crédit à ses mensonges : un jour il prétendait n'avoir rien su déchiffrer de la lettre qu'il apportait, un autre, si Chasles s'était montré récalcitrant, il allait vendre quelques pièces à un collectionneur concurrent (Belley, employé au ministère des travaux publics ou Du Prat, deux victimes collatérales). Caché derrière son rôle d'intermédiaire, l'escroc n'avait guère besoin de survendre la marchandise. Le déclic de convoitise s'enclenchait seul dans la conscience de Chasles ; c'était toujours lui qui estimait les objets et faisait son offre, presque toujours acceptée. Pour entretenir le feu, Vrain Lucas prétendait parfois que le gentilhomme désargenté voulait racheter quelques pièces qu'il regrettait trop violemment, proposition contre laquelle Chasles se cabrait aussitôt, fier d'être le nouveau dépositaire d'une si illustre collection.

« *Tout est pur pour ceux qui sont purs* » dit la Bible[8] ; Chasles en fit l'amère expérience. S'il n'a pas pu imaginer, dans les premiers temps, qu'il traitait avec un mystificateur impitoyable et sans scrupules, il est tout de même singulier de n'avoir jamais été effleuré par l'aile noire du doute au cours des deux années de réfutations de plus en plus étayées qui ont suivi. Toutes les histoires d'escroqueries reposent en partie sur le déni de la victime, notion psychologique totalement inconnue au temps de Chasles. Tant que l'escroc peut apporter des réponses aux accusations qui fusent de toute part, la victime, en proie à une forme de syndrome de Stockholm, lui emboîte le pas et le protège jusqu'au dernier bastion, surtout si sa propre crédibilité est en cause. « *Rien ne pouvait rompre le charme dont il subissait l'empire* ».[9]

Alors que la mystification est reconnue par tous à l'issue de deux ans de débats, alors que des expertises graphologiques poussées ont parlé, Chasles défend encore sa collection et son fournisseur à l'Institut le 13 septembre 1869 avec des mots qui reflètent la pagaille psychologique et

---

[8] Epître de saint Paul à Tite, I, 15.

[9] P. Faugère, *Défense de B. Pascal (...) contre les faux documents présentés par M. Chasles...*, Paris, Hachette, 1868, p. 7.

intellectuelle qui a envahi son cerveau, en principe bien organisé : « *Ma collection s'étend aux premiers temps de l'ère chrétienne, et même au-delà ; car il s'y trouve quelques lettres et de nombreuses notes de Jules César et des empereurs romains ; des apôtres, principalement saint Jérôme, de Boëce, de Cassiodore, de Grégoire de Tours, de saint Augustin ; de plusieurs rois mérovingiens ; un grand nombre de Charlemagne ainsi que d'Alcuin. Je ne me porte point garant de ces pièces. Quelles qu'elles soient, il est certain que leur composition, si elles ne sont pas originales, a dû exiger un long travail, de nombreux matériaux ; et si l'on considère qu'elles s'ajoutent à tant d'autres, de tous les temps jusqu'au siècle dernier, et traitant de tant de matières différentes, on ne peut croire qu'elles soient l'œuvre d'un seul individu, d'un seul fabricateur, qui, du reste, ne sait ni le latin, ni l'italien, ni aucune partie des mathématiques ou des autres sciences sur lesquelles roule une partie considérable des documents. Il y a donc un mystère à pénétrer, et, jusque-là, il n'y a rien à conclure avec certitude* ».

Ce « *Je ne me porte point garant de ces pièces* » a dû lui coûter, mais il lutte encore contre le réel. « *La vérité, comme la lumière, aveugle. Le mensonge est un beau crépuscule qui met chaque objet en valeur* » dit Albert Camus dans *La Chute*. La main devant les yeux, Chasles cherche à tâtons à sauver ce qui peut l'être : une partie des documents est nécessairement authentique, Vrain Lucas ne peut être le coupable… Pauvre homme dont la bonne foi se mue en une farouche obstination pour ne pas tomber avec son partenaire, lui qui pressent peut-être qu'il sera bientôt la risée du monde savant. On saisit à travers cet ultime témoignage que le commerce de Vrain Lucas aurait pu durer indéfiniment si Chasles n'avait pas orgueilleusement présenté les autographes de Pascal à l'Institut. C'est d'ailleurs précisément cet élément qui démontre sa totale ingénuité. S'il avait lu les *Pensées* de Pascal, il aurait eu en tête certains des avertissements du philosophe sur les dangers de l'imagination dans les sciences, « *cette superbe puissance ennemie de la raison, qui se plaît à la contrôler et à la dominer* ». « *C'est cette partie dominante de l'homme, cette maîtresse d'erreur et de fausseté, et d'autant plus fourbe qu'elle ne l'est pas toujours, car elle serait règle infaillible de vérité, si elle l'était infaillible du mensonge* » (*Pensées*, 44).

Et qu'en est-il de l'attitude de l'Académie des Sciences ?

Lors du don des lettres de Pascal à l'Institut le 15 juillet 1867, principal élément déclencheur du processus de révélation, seul un membre de l'Académie des Sciences avait émis des doutes sur la validité des documents. « *Le physicien Duhamel fit observer que [la découverte] supposait de la part de Pascal la connaissance de formules ignorées de son temps et que dans ces conditions elle lui semblait inexplicable* »[10]. La plupart des savants, peu versés dans la science astronomique -il y a à l'Institut de géographes, des économistes, des historiens, etc.-, reçurent avec enthousiasme les communications de leur confrère Chasles. Comment expliquer un consentement aussi immédiat et durable ?

Bertrand Lemennicier († 2019), économiste et sociologue, a popularisé la théorie des cascades d'opinion qui éclaire de façon originale la manière dont émergent choix individuels ou décisions publiques. La cascade d'opinion repose sur deux travers humains en général inconscients : le biais cognitif et l'ignorance rationnelle. Elle se définit comme un processus d'auto-renforcement d'une croyance collective lorsqu'une perception exprimée déclenche une réaction en chaîne qui la rend de plus en plus persuasive au fur et à mesure qu'elle se trouve relayée dans le discours public. Le mécanisme d'entraînement comprend deux motifs : un motif *d'information* et un motif *de réputation*. Dans le premier cas, les individus se rallient à la cascade en formant leurs croyances grâce aux connaissances des autres. La *cascade d'information* se forme lorsque la paresse ou l'intuition impose de croire les opinions d'un individu [ici Chasles] ou d'un groupe de confiance car le coût de la vérification des informations est trop élevé. « *Si l'homme était forcé de se prouver à lui-même toutes les*

---

[10] Georges Girard, *Le Parfait secrétaire des grands hommes...*, précité, p. 13.

vérités dont il se sert chaque jour, il n'en finirait point ; il s'épuiserait en démonstrations préliminaires sans avancer » dit Tocqueville, *De la Démocratie en Amérique*. C'est là qu'intervient la cascade de réputation, ou pression sociale. Le sujet aura tendance à « tordre » ses préférences de façon à se maintenir socialement dans un groupe adhérent. S'il s'exonère de ce comportement harmonieux, la communauté va juger, voire punir un individu qui s'écarte de la pensée dominante. Le coût subi au cas où un égaré exprime sa désapprobation peut être immense. Coût en temps d'abord : on exigera de la brebis galeuse plus d'explications et de justifications à propos de ses théories. Coût social ensuite : le rebelle verra son avancement ralenti, ses amis se détourner. Si son tempérament est faible, il en arrivera soit à masquer ses préférences et opinions en société (c'est le cas bien connu de la falsification par les sondés que les instituts de sondages n'arrivent toujours pas à pondérer), ou pire à remettre en cause son propre raisonnement jusqu'à une paralysie intellectuelle volontaire. Il suffit d'ouvrir la page d'accueil de l'Académie des Sciences en notre beau mois de mars 2022 pour voir qu'une cascade d'opinion y est en cours au sujet des éoliennes. Gare à celui qui les critiquerait.

Kuran et Sunstein[11] ajoutent que pour qu'une cascade d'information s'enclenche efficacement, il faut que les individus soient au départ les moins renseignés possibles à propos du sujet qu'on cherche à leur imposer : le coût représenté par la nécessité de s'informer sur le sujet sera plus important, l'individu rationnel sera porté à éviter ce coût et la cascade prendra d'autant mieux. Voilà exactement ce qui se produisit à l'Institut. Adolphe Thiers, excellent historien du XIXème siècle, mais totalement ignorant en sciences, prit fait et cause pour Chasles, criant comme lui que rien n'était au-dessus du génie de Pascal. Quelques autres exprimèrent leur soutien, la plupart se turent, laissant croire qu'ils acquiesçaient. Le 5 avril 1869, après de nombreuses discussions, le secrétaire perpétuel

---

[11] Les travaux théoriques sur les cascades d'opinion ont été mis en forme par T. Kuran et Cass R. Sunstein (1999), *Availability Cascades and Risk Regulation.* Les auteurs ont utilisé des outils d'analyse multidisciplinaires : économie, sociologie, psychologie, sciences politiques, etc.

de l'Académie des Sciences, Elie de Beaumont, valida les documents de Chasles. Il souligna le caractère évident de vétusté des papiers, la haute morale et la cohérence qui ressortait des contenus. « *Les autres pièces en assez grand nombre que M. Chasles a consignées dans les comptes rendus depuis près de deux ans sans qu'on y trouve aucune des incohérences qui n'auraient pas manqué à des faussaires, portent d'une manière non moins évidente le cachet moral de leur authenticité* »[12].

Il fallut des coups de boutoir répétés durant presque deux ans pour que le courant s'inverse. Et pourtant… Il aurait suffi que Chasles apporte à l'Académie ses autographes de l'Antiquité : le simple fait que les lettres soient toutes sur papier -support inventé en Chine au IIème siècle, mais importé en Occident seulement à compter du XIème siècle- aurait en soi suffit à discréditer tout l'ensemble. Aucun des 27 000 documents de la collection n'était sur papyrus ou sur parchemin. De même la similitude graphique et linguistique des lettres devait sauter aux yeux de tout observateur attentif.

Quelques lettres de l'Antiquité et du Moyen Âge
Prétendument conservées au bas Moyen Âge par l'abbaye de Tours
(orthographe des documents respectée)

Thalès, le mathématicien, à Ambigat, roi des Gaules :

Très puissant prince, vous me mandez aulcune des sentences que saves que ay recueillies sur la manière de se bien gouverner et bien conduyre. Cy joint en trouverez que je vous prins prendre en bone considération, car pour bien vivre il faut s'abstenyr d'abord de chose que l'on treuve reprehensible dans

[12] Henri Bordier et Émile Mabille, *Une Fabrique de faux autographes…*, précité, p. 14.

les autres. (...). Quant a ce qui est de l'astronomie sur quoy me mandez aulcunes observations, les treuveres cy joint avec icelle lettre ains que quelques desseins de la sphère que j'ay partagé en cinq cercles parallèles, trouverez aussi aulcunes de mes observations touchant les raisons physiques des eclipses du soleil et de la lune, de tout cecy je seray heureux si en estes satisfait pour l'instruction des princes vos neveux me mandez vous. Je vous salut ce XX febvrier.

Lazare, le ressuscité, à saint Pierre :

Mon tres amé Petrus vous me mandes avoir remarqué dans les escrits de Cesar et en ceulx de Ciceron qu'une des principales parties de la religion des druides estoit de sacrifier des hommes saulxvaiges, cela est vray ; ils prenoient en un sens errone ce principe que l'homme ne peut bien recognoistre la vie que dieu luy a donnee qu'en luy offrant la vie d'un homme [Référence à l'Evangile selon saint Jean 15, 13 : « *Il n'y a pas de plus grand amour que de donner sa vie pour ceux qu'on aime* »]. *Ils ont continue cette pratique inhumaine et sanglante jusqu'au temps de Ciceron, c'est pourquoi il dit qu'ils souillent et profanent leur temple et leurs autels en y offrant des victimes humaines, et icy Ciceron a raison d'insulter un culte aussy barbare (...). L'infamie de cette horrible maxime a rejailli sur tous les Gaulois quoique cela ne se soit pratique qu'en certaines contrees, mais les armes et les conquestes des Rommains ont fait cesser cette infamie et ne crois pas qu'on la pratique nulle part de maintenant.. Ainsy soit-il, ce X aout XLVII. Lazare.*

Cléopâtre à Jules César :

Cleopatre royne, a son tres amé Jules Cesar impereur.
Mon tres amé nostre fils Cesarion va bien. J'espere que bientôt il sera en estat de supporter le voyage d'icy a Marseille ou j'ay dessein le faire instruire tant a cause du bon air qu'on y respire

et des belles choses qu'on y enseigne. Je vous prins donc me dire combien de temps encore resterez en ces contrees car j'y veux conduire moy mesme nostre fils et vous prier par ycelle occasion, c'est vous dire mon tres amé le contentement que je ressens lorsque je me treuvre pres de vous et ce attendant je prins les dieux avoir vous en consideration. Le XI de mars l'an de Rome VCCIX.

Jeanne d'Arc aux Parisiens

Aux Parysiens de la part de Jehanne dicte la Pucelle

JESUS † MARIE

Braves Parysiens, soyez et restez en repos. L'armee de voste roy est arrivee devant Paris et est ceans campee entre le village de la Chapelle et la porte Saint-Honore. Moy mesme viens d'aborder la butte des Moulins. Parys est a nous, demain nous y coucherons, cela est vray comme a pareil jour la mere de Dieu est nee.
Ce septieme jour de septembre
Jehanne

– – –

Il faut préciser que ces lettres ne furent pas produites à l'Académie des Sciences, où elles auraient probablement été universellement contestées. Les lettres et notes présentées par Chasles ne portaient que sur l'astronomie et avaient souvent été recopiées dans des traités d'érudition anciens, ce qui leur donnait une relative vraisemblance.

III.- Fin de partie

Le procès, tenu à la 6e chambre du Tribunal correctionnel de Paris, débuta sous la présidence du juge Brunet le 17 février 1870, sous la prévention d'abus de confiance et d'escroquerie.

Le plaignant, âgé de 76 ans, arriva à la barre tout penaud pour témoigner : plus de 140 000 francs or étaient passés de sa poche à celle de Vrain Lucas, sans compter les nombreux échanges consentis, par lesquels il apportait des pièces authentiques pour repartir avec des fausses. Il faut souligner que Chasles n'avait pas porté plainte contre Vrain Lucas après avoir pourtant acquis la certitude de ses manœuvres en juillet 1869. C'est parce qu'il avait payé un lot de 3 000 pièces qui n'arrivait pas que, craignant de les voir partir pour l'étranger, il s'était résolu à déposer plainte. Interpellé le 9 septembre 1869, Vrain Lucas avait immédiatement avoué.

Les experts Mabille et Bordier témoignèrent ensuite : d'après leurs calculs, l'ensemble des documents vendus à Chasles ne valait pas plus de 500 francs pour une centaine de livres et autant d'autographes authentiques, tous de faible valeur et dégradés par les ajouts manuscrits du faussaire. Ils décrivirent ensuite soigneusement la technique de fabrication des faux, sur du papier du XVIIIème siècle extrait de registres, utilisant une encre vieillie artificiellement faisant assez bien illusion. Le procès s'appuya sur le rapport très étayé des experts. Notons que le premier rapport scientifique fut publié par Prosper Faugère dès l'été 1868. Pascalien de premier ordre et directeur des archives du ministère des Affaires étrangères, cet homme de lettres, si calme par habitude, par éducation et par principe, s'emporta au point d'accuser nommément son confrère Chasles dans le titre de son ouvrage : *Défense de B. Pascal et accessoirement de Newton, Galilée, Montesquieu, etc., contre les faux documents présentés par M. Chasles à l'Académie des Sciences*[13]. Cet important mémoire (116 pages très denses au format in-4) renfermait déjà toutes les preuves

[13] Paris, Librairie Hachette, 1868, 116 pp., in-4, avec 19 fac-similés (écriture de Blaise Pascal et fausses écritures).

nécessaires : comparaisons graphologiques, erreurs de chronologie, emploi d'un vocabulaire anachronique, comme le mot *mystification*, amusant hasard, que le faussaire glisse dans une lettre de Pascal[14] et qui n'apparaîtra que bien plus tard dans les dictionnaires.

Au total, les experts Mabille et Bordier dénombrèrent dans la collection formée par Chasles 27 320 faux documents, 76 manuscrits authentiques mais enrichis par des notes de la main du faussaire, et 105 livres revêtus de faux ex-libris manuscrits de personnages célèbres[15].

Le prévenu ayant avoué, il restait une incertitude à lever pour le ministère public, représenté par Fourchy, avocat impérial : l'escroc avait-il agi seul ? Son incroyable fécondité avait en effet fait peser des doutes sur ce point. Mais les experts avaient remarqué trop de similitudes entre les différents documents pour en douter, et Vrain Lucas, très fier de son travail en revendiqua l'entière paternité.

À l'issue d'un réquisitoire qu'on imagine des plus faciles, le ministère public réclama une application très stricte de l'article 405 du Code pénal relatif à l'escroquerie.

Avocat commis d'office, Maître Horace Helbronner prit la parole le 24 février. Il plaida d'abord la prescription, les premières ventes remontant à plus de 3 ans et les poursuites ne précisant pas quels documents précisément étaient en cause. Il s'attacha ensuite à contester l'abus de confiance puisque les échanges étaient librement consentis. Enfin, sur l'escroquerie :

---

[14] Lettre de Pascal à Robert Boyle le 6 janvier 1654 au sujet de Newton : « *On m'a dit qu'il avoit à peine treize ans. C'est au point que j'ai esté un instant tenté de croire que ces travaux devoient venir d'un savant fort versé dans ces matières, mais qui sans doute par mystification auroit emprunté le nom de ce jeune estudiant.* »

[15] Ces documents ont presque tous été détruits. L'un d'eux est passé récemment sur un catalogue d'Eva et Hervé Valentin, Librairie Walden : Alessandro Tassoni. *Annotazioni sopra il vocabulario degli accademici della Crusca*. Venise, 1698 ; in-folio, exemplaire enrichi par Vrain Lucas d'un ex-libris et de notes manuscrites de Montesquieu. Ce serait la seule relique connue de cette affaire en mains privées.

« *Attendu que l'escroquerie a pour élément constitutif et indispensable les manœuvres frauduleuses ;*
« *Que l'existence de ces manœuvres ne peut résulter de simples allégations mensongères ou exagérées, répréhensibles en morale, mais impunies en loi pénale ;*
« *Que la loi exige pour reconnaître les manœuvres frauduleuses constitutives du délit d'escroquerie, qu'il y ait eu des faits extérieurs ou matériels, l'intervention de tiers ou un ensemble de combinaisons ;*
« *Qu'en admettant, par impossible, que les manœuvres frauduleuses caractéristiques se retrouvassent dans la cause, il n'y aurait pas, pour cela, délit d'escroquerie, attendu en effet qu'elles n'auraient pas été employées pour persuader l'existence de fausses entreprises, d'un pouvoir ou d'un crédit imaginaire, ni pour faire naître l'espérance ou la crainte d'un succès, d'un accident ou de tout autre événement chimérique ;*
« *Par ces motifs, renvoyer le prévenu des fins de la plainte, sans dépens.* »[16]

Ce dernier point fut âprement discuté. Selon l'avocat, les boutiques et Drouot seraient pleins de faux sans que jamais la qualification d'escroquerie soit invoquée. La loi antique s'appliquerait au monde de l'art : *Caveat emptor !* (Qu'il fasse attention, celui qui achète !). Puis, rabaissant l'intelligence de son client, vantant la perspicacité d'un géomètre illustre comme Chasles qui devait savoir juger les autographes scientifiques mieux que quiconque, il laisse entendre qu'il n'y a pas de manœuvre frauduleuse lorsque les deux intelligences en présence sont si déséquilibrées. « *Maître Horace Helbronner, avocat, insista sur la crédulité de Chasles, sa persévérance dans l'erreur alors même que tant d'experts venaient l'alerter du caractère apocryphe des autographes. Par son aveuglement et son imprudence, par son insatiable boulimie, le collectionneur avait en quelque sorte encouragé le faussaire dans un commerce qui dès lors perdait tout caractère*

[16] Bordier et Mabille, *Une fabrique de faux autographes…*, précité, p. 97.

frauduleux »[17]. Enfin les 27 000 documents ne seraient pas une manœuvre, un enchaînement, mais plutôt une maladresse qui témoigne bien que son client n'est pas un escroc. Cette partie de la plaidoirie est la plus délicate car elle met en cause Michel Chasles à plusieurs reprises, appuyant sur le point douloureux : l'extraordinaire cécité du savant devant ce « *conte à dormir debout (...) Les auteurs et les arrêts ont déclaré que les manœuvres frauduleuses ne pouvaient être incriminées que si elles avaient été de nature à faire impression sur un homme d'une prudence ordinaire (Cassation, 7 mars 1817)* »[18]. Chasles avait-il été d'une prudence ordinaire ? Certes pas.

Sa bonne foi était si totale qu'à chaque observation de l'Académie, il décrivait à Vrain Lucas les pièces dont il aurait besoin pour contrer ses détracteurs. La liste devenait aussitôt un programme de fabrication pour le faussaire. La défense de Vrain Lucas consista donc à accabler le pauvre Chasles en le présentant comme celui qui l'avait conduit puis encouragé dans ce cercle vicieux. « *N'est-ce pas vous* », écrivait de sa prison Vrain Lucas à Chasles le 7 octobre 1869, *« n'est-ce pas vous qui m'avez fait connaître l'écriture de Newton ? Qui m'avez indiqué et fait voir comment il faisait ses e, ses h, ses l, ses t, et surtout comment il faisait sa signature ? Pour Galilée, n'en est-il pas de même : n'est-ce pas vous qui m'avez observé comment il faisait toujours le G de son nom, comment il n'oubliait jamais les points sur les i, et plusieurs autres remarques ? Et cette lettre du 5 novembre 1639, rectifiée plusieurs fois, ne l'a-t-elle pas été d'après vos indications ?* ».

Le jugement fut rendu le jour même après une heure seulement de délibéré. La Cour considéra que l'invention d'un vieil aristocrate, les techniques mises au point pour la fabrication des faux, la manipulation dans l'espoir d'acquérir des pièces de plus en plus rares étaient bien constitutives de faits d'escroquerie. Mais la prévention d'abus de confiance fut rejetée, Chasles ayant donné la sienne avec trop de libéralité.

---

[17] Jean-François Pradeau et Henri Vignes, *Le savant et le faussaire*. Magazine du bibliophile, juin 2005, n° 48, p. 4-7.

[18] Bordier et Mabille, *Une fabrique de faux autographes...*, précité, p. 105.

Vrain-Lucas fut condamné à deux ans de prison, peine intermédiaire car le Code pénal prévoyait de un à cinq ans, et à 500 francs d'amende.

Sa vie tombe ensuite dans l'obscurité et il semble être mort assez misérablement après quelques entourloupes de bas niveau et deux autres condamnations à des peines de prison. Sa dernière trace est une pathétique lettre de protestation au Ministre de l'Instruction publique en juillet 1876 après une interpellation qui lui avait valu de se voir interdire l'accès aux bibliothèques publiques[19], ce qui mettait fin à tout espoir de travailler à nouveau pour la plus grande gloire de l'Histoire et de la France.

Quant au délicieux Michel Chasles, tout de sucre et de miel, il compensa son amertume en solitaire et mourut d'une indigestion de guimauve en 1880.

La plus grande faute de Vrain Lucas est d'avoir voulu récrire à sa façon l'histoire des sciences, faute pour laquelle il n'existe pas d'article en droit. Remplissant toujours le trébuchet qui allait bientôt l'écraser, il fut pris dans un engrenage fatal qui éclaboussa une partie du monde savant.

La collection Chasles a été entièrement détruite, à l'exception de 180 documents parmi les plus représentatifs, réunis dans un recueil par les experts, recueil aujourd'hui conservé à la BnF[20].

*

* *

Cette déplorable affaire aurait pu être le sujet d'un roman balzacien à la façon d'*Illusions perdues*, mais le romancier avait déjà disparu depuis vingt ans lors du procès. Elle inspira toutefois Alphonse Daudet pour *L'Immortel*[21],

---

[19] Marie-Laure Prévost, « Vrain Lucas, le Balzac du faux », *Revue de la Bibliothèque nationale de France*, n° 13, 2003, p. 59-69. Références de la lettre : BNF, Archives, 2005/028/07, pièce 19.

[20] Notice du catalogue :
<http://archivesetmanuscrits.bnf.fr/ark:/12148/cc414484>
[Consultable en ligne].

[21] Éditions Lemerre, 1888.

violente satire de l'Académie, et plus récemment Philippe Cohen-Grillet avec son roman *Usage de faux*[22]. Quand la vérité est invraisemblable, elle offre un bon sujet à la fiction.

---

[22] Éditions Ecriture, 2014.

Sommaire pour un livre virtuel

Cela a été évoqué en début d'introduction ; il est peu probable (façon de dire qu'il n'y a aucune chance) que les articles publiés dans les deux volumes de *Livres et manuscrits anciens. Approche juridique* soient un jour réunis dans un seul et même ouvrage. Mais si certains tentaient de trouver une organisation logique à ces contributions, elle pourrait ressembler à cela (des variantes étant envisageables, des articles recoupant plusieurs champs).

Introduction, par Xavier Cabannes (réunissant en un seul texte les introductions aux deux volumes)

Editions et rééditions

Emmanuel Pierrat, *La protection de l'édition de textes anciens* (article figurant au volume 2)

Céline Husson-Rochcongar, *La protection juridique contre les livres anciens.* Mein Kampf *et les temporalités de la démocratie* (article figurant au volume 2)

Commerce de livres et manuscrits anciens

Jean-Luc Albert, *Droit douanier et commerce des livres et manuscrits anciens* (article figurant au volume 1)

Anne Lamort, *Vente de livres anciens. De quelques cas de conscience* (article figurant au volume 1)

Pierre Poulain, *Expert en livres de collection* (article figurant au volume 1)

Propriété de livres et manuscrits anciens

Agnès Maffre Baugé, *Revendication des manuscrits et livres anciens* (article figurant au volume 2)

Régis Casso, *La transmission successorale des manuscrits et ouvrages anciens* (article figurant au volume 2)

Thierry Rambaud, *La « restitution » des manuscrits coréens* (article figurant au volume 1)

Eric Canal-Forgues, *Remarques profanes sur les manuscrits de la mer Morte* (article figurant au volume 1)

Assurer les livres et manuscrits anciens

Charlotte Broussy, *Le livre ancien, parent pauvre de la couverture d'assurance* (article figurant au volume 2)

Livres et manuscrits anciens et collections publiques

Claire Bosseboeuf-Hautefaye, *Musées et manuscrits anciens* (article figurant au volume 1)

Ronan Bretel, *La préemption du patrimoine écrit : du droit aux pratiques* (article figurant au volume 2)

La fiscalité rencontre les livres et manuscrits anciens

Xavier Cabannes, *Livres anciens et fiscalité* (article figurant au volume 1)

Céline Viessant, *Livres et manuscrits anciens et mécénat* (article figurant au volume 2)

Escroqueries, fraudes et faux en tous genres

Agnès Maffre Baugé, *Livre (ancien) et faux : de quelques aspects juridiques* (article figurant au volume 1)

Christophe Aubertin, *L'affaire Aristophil : un millefeuille d'infractions ?* (article figurant au volume 2)

Anne Lamort, *Faux en écritures. L'affaire Vrain Lucas* (article figurant au volume 2)

Conclusion

Un colophon en guise de conclusion…

Conclure le volume 1 de ce travail juridique collectif sur les livres et manuscrits anciens n'avait pas été un réel problème, car déjà un second volume s'annonçait nécessaire et donc la conclusion n'était pas en soi une fin. Il en va différemment ici.

Celui qui s'intéresse aux livres et manuscrits anciens découvre tout un vocable poétique et mystérieux[1], dont le mot « colophon » qui désigne la note finale à un livre manuscrit ou à un incunable. Le colophon donnait des indications sur le titre de l'ouvrage, éventuellement l'auteur, l'imprimeur et la date de réalisation de l'ouvrage manuscrit ou d'impression du livre[2].

Alors…

---

[1] Voir, pour découvrir, ce vocabulaire not., Octave Uzanne, *Dictionnaire bibliographique*, Paris, Imprimé pour les sociétaires de l'Académie des beaux livres. Bibliophiles contemporains, 1896 ; ouvrage rare réimprimé il y a quelques années (chez Bertrand Hugonnard-Roche, Alise-Sainte-Reine, 2015) -en seulement 200 exemplaires. A noter que le mot « colophon » est absent de ce *Dictionnaire*, il faut consulter l'entrée « Achevé d'imprimé », p. 2.

[2] La présence d'un colophon sur les ouvrages manuscrits est quasi-systématisée dès le XIIème siècle et au XVème siècle il va se « répandre » avec les incunables. Au cours du XVIème siècle il va être délaissé au profit de la page de titre qui mentionnera les informations figurant initialement en fin d'ouvrage.
Si les premiers ouvrages imprimés en Occident datent de la mise au point du caractère mobile d'imprimerie typographique par Gutenberg, dont on retient la fameuse *Bible à quarante-deux lignes* (B42), achevée, semble-t-il en février 1455, le premier livre imprimé paru avec une date certaine est le « Psautier de Mayence » ; imprimé, selon le colophon, le 14 août 1457 (voir un grand classique de la bibliophilie, paru au XIXème : Edouard Rouveyre, *Connaissances nécessaires à un bibliophile*, tome 2, Paris, Edouard Rouveyre Editeur, toutes éd.).

Ce petite ouvrage collectif, constituant le second volume de
Livres et manuscrits anciens. Approche juridique,
a été donné au libraire-imprimeur
parisien L'Harmattan
au bel été
MMXXII

Présentation des auteurs

Christophe AUBERTIN est maître de conférences honoraire en droit privé et sciences criminelles. Ses centres d'intérêt sont le droit pénal spécial, la procédure pénale et le droit de la sécurité privée. Il a enseigné ces matières à l'Université Paris Descartes, devenue Paris Cité, et à l'Université Paris II Panthéon-Assas. Il est membre du conseil d'administration de l'Association de droit de la sécurité et de la défense.

Ronan BRETEL est juriste en droit de l'art, de la culture et du patrimoine et travaille sur la figure de la propriété privée d'intérêt culturel. Attaché temporaire d'enseignement et de recherche (ATER) à l'Université Paris II Panthéon-Assas et doctorant à l'Institut des Sciences sociales du Politique (ISP - UMR CNRS 7220) de l'ENS Paris Saclay, il achève une thèse sur « l'appréhension juridique du marché de l'art : entre jeu de marché et enjeux patrimoniaux » sous la direction de Marie Cornu (directrice de recherche au CNRS). Diplômé de l'Université Paris II Panthéon-Assas en droit du marché et du patrimoine artistiques et ancien étudiant de l'Université Paris-Sud XI en droit d'auteur, il fut chargé d'étude en droit de la circulation des biens culturels pour le CNRS et contribue à la veille jurisprudentielle pour le Code du Patrimoine (Dalloz). Il enseigna notamment le droit d'auteur (Université Paris 3 Sorbonne Nouvelle), le droit des contrats du marché de l'art (Université de Nantes) et le droit du patrimoine culturel (Université Catholique de Lille). Parmi ses dernières contributions : « La circulation juridique et matérielle des œuvres d'art en Europe : penser la frontière », « Les archives privées, une nouvelle figure juridique », « Hériter et transmettre. La loi Malraux et la dation en paiement d'œuvres d'art », « La peau humain tatouée comme propriété corporelle : à la vie, à la mort » et « Copier l'original : dupliquer, répliquer, substituer, contrefaire - exploration juridique de la réplique ».

Charlotte BROUSSY est maître de conférences en histoire du droit à l'Université de Montpellier. Chercheur au sein de l'Institut d'Histoire du droit de l'Université de Montpellier (UR-UM 206), ses travaux de recherche portent sur l'histoire du droit des assurances, l'histoire du droit des obligations, l'histoire du droit des affaires et l'histoire du droit maritime depuis le XVIème siècle jusqu'au début du XXème siècle.

Xavier CABANNES est professeur de droit public à l'Université Paris Cité ; il est membre du Centre Maurice Hauriou (EA 1515). Ces enseignements et travaux portent essentiellement sur le droit des finances publiques et le droit fiscal.

Régis CASSO est notaire en Saône-et-Loire. Il est secrétaire général de NOTALIS, un réseau de notaires français et étrangers doté d'un comité scientifique dont l'objet porte sur la défense du service public de l'authenticité et de l'excellence juridique française. Spécialiste du conseil patrimonial, Régis Casso est membre de l'AUREP Clermont aux côtés de son fondateur, le doyen honoraire Jean Aulagnier. Il est investi dans les domaines de la déontologie notariale et de la discipline.

Céline HUSSON-ROCHCONGAR est diplômée de l'Institut des Hautes Études Européennes et docteure des Universités de Genève et Strasbourg ; elle est maître de conférences en droit public à l'Université de Picardie Jules Verne où elle dirige l'axe de recherche *Normes et réflexivités* du Centre Universitaire de Recherches sur l'Action Publique et le Politique, Épistémologie et Sciences Sociales (UMR 7319). Elle est l'auteure d'une thèse publiée en 2012 (*Droit international des droits de l'homme et valeurs*, Bruylant) et d'une centaine d'articles, contributions à des ouvrages et communications en droit international et européen des droits de l'homme, théorie du droit et finances publiques. Consacrés à la fonction sociale du Droit et aux relations qu'il entretient avec les Sciences humaines et sociales, ses travaux l'ont amenée à diriger plusieurs ouvrages interdisciplinaires, not. *L'identité nationale : instruments et usages* (PUF, 2014, avec L. Jourdain) ; *Justice fiscale (Xe-XXIe s.)* (Bruylant, 2020, avec E. de Crouy-Chanel et C. Glineur) ; *La légitimité en finances publiques* (Mare & Martin, 2022).

Anne LAMORT après vingt années d'observation du marché de la bibliophilie a acquis une solide expérience des difficultés où la passion des livres peut parfois nous entraîner. Présidente d'honneur du Syndicat national de la Librairie Ancienne et Moderne, vice-présidente de la Ligue internationale de la Librairie Ancienne, elle a été amenée à étudier de nombreux problèmes juridiques ou administratifs. Elle a publié plus de cent cinquante catalogues de livres anciens et modernes, dont certains forment des monographies, et a écrit un guide pratique de la bibliophilie pour faciliter l'immersion des curieux dans le monde des livres de collection. Mais la mission qui occupe pour elle le premier rang consiste à opérer la rencontre entre auteur et lecteur et à faciliter l'adoption de milliers de livres rares par les collectionneurs qui en feront bon usage.

Agnès MAFFRE BAUGÉ est maître de conférences (HDR) à l'Université d'Avignon, où elle est responsable pédagogique des parcours Métiers du droit et Droit notarial du Master Droit. Chercheur au sein du Laboratoire Biens, Normes et Contrats de l'Université d'Avignon (LBNC - EA 3788) et associée au CRJ - CUERPI de l'Université de Grenoble-Alpes, ses activités de recherche portent plus particulièrement sur la propriété intellectuelle, le droit des nouvelles technologies et des biens culturels, ainsi que le droit de la consommation.

Emmanuel PIERRAT est écrivain et avocat au Barreau de Paris, spécialiste en droit de la propriété intellectuelle et en droit des médias. Il dirige un cabinet spécialisé dans le droit de la culture et les affaires de censure. Il est l'ancien Conservateur du musée du Barreau de Paris et Secrétaire Général du Musée

Yves Saint Laurent Paris. Il est notamment connu pour son engagement en faveur de la liberté d'expression en tant qu'auteur et Président du Comité des Écrivains pour la Paix du PEN Club International. Emmanuel Pierrat est l'auteur de nombreux romans récits et essais sur la censure, le droit d'auteur, la bibliophilie et la littérature. Il rédige régulièrement des chroniques juridiques et culturelles dans plusieurs journaux et alimente un blog chaque semaine, sur le site de livreshebdo.fr.

Céline VIESSANT est professeur de droit public à Aix-Marseille Université ; elle est membre du Centre d'Etudes Fiscales et Financières (EA 891) et co-directrice du M2 *Fiscalité personnelle et du patrimoine*. Céline Viessant est Secrétaire générale de la Société Française de Finances Publiques (SFFP).

Table des matières

Structures éditoriales du groupe L'Harmattan

L'Harmattan Italie
Via degli Artisti, 15
10124 Torino
harmattan.italia@gmail.com

L'Harmattan Hongrie
Kossuth l. u. 14-16.
1053 Budapest
harmattan@harmattan.hu

L'Harmattan Sénégal
10 VDN en face Mermoz
BP 45034 Dakar-Fann
senharmattan@gmail.com

L'Harmattan Cameroun
TSINGA/FECAFOOT
BP 11486 Yaoundé
inkoukam@gmail.com

L'Harmattan Burkina Faso
Achille Somé – tengnule@hotmail.fr

L'Harmattan Guinée
Almamya, rue KA 028 OKB Agency
BP 3470 Conakry
harmattanguinee@yahoo.fr

L'Harmattan RDC
185, avenue Nyangwe
Commune de Lingwala – Kinshasa
matangilamusadila@yahoo.fr

L'Harmattan Congo
67, boulevard Denis-Sassou-N'Guesso
BP 2874 Brazzaville
harmattan.congo@yahoo.fr

L'Harmattan Mali
ACI 2000 - Immeuble Mgr Jean Marie Cisse
Bureau 10
BP 145 Bamako-Mali
mali@harmattan.fr

L'Harmattan Togo
Djidjole – Lomé
Maison Amela
face EPP BATOME
ddamela@aol.com

L'Harmattan Côte d'Ivoire
Résidence Karl – Cité des Arts
Abidjan-Cocody
03 BP 1588 Abidjan
espace_harmattan.ci@hotmail.fr

Nos librairies en France

Librairie internationale
16, rue des Écoles
75005 Paris
librairie.internationale@harmattan.fr
01 40 46 79 11
www.librairieharmattan.com

Librairie des savoirs
21, rue des Écoles
75005 Paris
librairie.sh@harmattan.fr
01 46 34 13 71
www.librairieharmattansh.com

Librairie Le Lucernaire
53, rue Notre-Dame-des-Champs
75006 Paris
librairie@lucernaire.fr
01 42 22 67 13

www.ingramcontent.com/pod-product-compliance
Lightning Source LLC
LaVergne TN
LVHW011019061026
849535LV00006B/1965
* 9 7 8 2 1 4 0 2 8 1 5 3 2 *